누구나 활용 가능한

데이터 분석론

이상근 · 김용정 · 김아현 · 강호준 지음

∑ 시그마프레스

누구나 활용 가능한
데이터 분석론

발행일 | 2021년 9월 10일 1쇄 발행

지은이 | 이상근, 김용정, 김아현, 강호준
발행인 | 강학경
발행처 | (주)시그마프레스
디자인 | 이상화
편 집 | 류미숙

등록번호 | 제10-2642호
주소 | 서울시 영등포구 양평로 22길 21 선유도코오롱디지털타워 A401~402호
전자우편 | sigma@spress.co.kr
홈페이지 | http://www.sigmapress.co.kr
전화 | (02)323-4845, (02)2062-5184~8
팩스 | (02)323-4197

ISBN | 979-11-6226-334-1

저자 서문

오늘날 디지털 시대가 도래하였음을 그 누구도 부인할 수 없을 것입니다. 특히 언택트 시대의 조류에 따라 페이스북, 인스타그램, 카카오톡, 라인, 왓츠앱, 텔레그램과 같은 SNS 이용자 수와 제페토, 로블록스, 이프랜드, 인게이지 같은 가상세계의 이용자 수는 큰 폭으로 증가하고 있습니다.

그런데 이러한 가상세계를 주관하는 디지털 공룡인 아마존, 구글, 넷플릭스, 애플, 네이버, 카카오톡 같은 플랫폼을 운영하는 기업이 초기 포식적 가격정책으로 이익보다는 성장을 추구하면서 경쟁자들의 시장진입 장벽을 쌓아 승자독식 현상으로 소비자들에게 선택의 폭을 줄이고 있는 실정입니다. 그보다 더 큰 폐단은 바로 플랫폼을 이용하는 이용자뿐만 아니라 경쟁자의 정보를 이용함으로써 독과점 현상을 심화시키고 있다는 것입니다. 이러한 폐단을 막기 위해서라도 다양한 분석툴에 대한 이해가 필요합니다.

분석툴의 사용은 데이터에 의미를 부여하는 행위입니다. 데이터(Data)는 그 자체로는 아무런 효용이 없지만 이를 분류하여 유의미한 정보(Information)를 생산할 수 있고, 정보가 모이면 지식(Knowledge)으로 발전하여 나아가 가치(Value)로 창출할 수 있습니다. 옛말에 구슬이서 말이라도 꿰어야 보배라는 속담이 있듯이 파이썬이나 R을 통해 데이터를 수집해 가치 있는 구슬로 만드는 일련의 과정이 분석툴인 것입니다.

그러나 개인과 기업이 이용할 수 있는 분석툴의 깊이에 격차가 있어 분석툴이 발전할수록 기업의 정보 독점이 심화되어 가는 실정입니다. 특히 분석툴의 이론적인 부분에 대한 책은 많지만 실제로 개인이 손쉽게 사용할 수 있는 책은 그다지 많지 않은 것이 이러한 현상을 더욱 크게 만든다는 생각이 들었습니다. 그래서 저자들은 이론보다는 실제로 데이터를 분석하고 해석할 수 있는 책의 필요성을 느껴 집필을 결심하였습니다.

이 책에 열거되고 있는 분석툴은 저자들이 논문을 작성하면서 실제로 사용한 데이터를 바탕으로 분석 설명하였으며, 실습을 하게 되면 누구나 바로 적용할 수 있도록 구성했습니다. 먼저 '기본개념'을 설명하고, '적용예제'를 이용하여 '분석절차'를 시연하고, 마지막으로 '결과 해석'을 통해 분석 데이터 결과치를 어떻게 해석해야 하는지, 사회현상을 어떻게 데이터로 표현할 수 있는지에 대해 전달하고자 하였습니다.

전체는 1장 타당성과 신뢰성 분석, 2장 t 검정과 ANOVA, 3장 회귀분석, 4장 자료포락분석(DEA), 5장 계층분석법(AHP), 6장 구조방정식(AMOS), 7장 부분최소제곱법(PLS), 8장 생존분석, 9장 투입산출분석, 10장 구조적 공백 이론, 11장 사건연구, 12장 Bass의 혁신확산모형, 13장 비모수 통계 검정, 14장 텍스트 마이닝, 총 14장으로 구성하였습니다.

내용 중 오류나 잘못된 설명이 있다면 이것은 전적으로 대표 저자의 잘못이며, 오류를 지적해주신다면 기꺼이 개정판에 반영하겠습니다. 스스로의 게으름으로 정리하지 못한 20년 남짓 강의안을 정리해준 공동저자들의 노고에 진심으로 감사드립니다.

2021년 8월, 소나기 내리는 연구실에서
대표 저자 이상근

차례

1장

타당성과 신뢰성 분석

2장

t 검정과 ANOVA

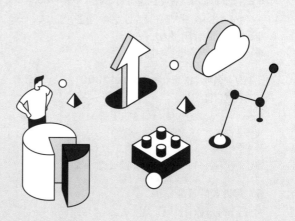

회귀분석

자료포락분석(DEA)

계층분석법(AHP)

구조방정식(AMOS)

## 제1장

타당성과 신뢰성 분석

1.1 기본개념

타당성의 개념과 종류

일반적으로 **타당성**(Validity)은 자료수집을 위한 설문자료가 얼마나 정확하게 측정되었는가를 판단하는 기준이며, **요인분석**(Factor Analysis)을 통해 확인할 수 있다. 즉, 분석을 위해 개발한 도구를 사용하여 측정하고자 하는 개념을 얼마나 정확하게 도출할 수 있는가를 나타내는 지표 이다. 이러한 타당성은 연구설계의 관점에서는 적합성을 판단하는 기준이 되며, 내적 타당성 과 외적 타당성으로 구분할 수 있다.

내적 타당성

내적 타당성(Internal Validity)은 종속변수의 변화가 독립변수의 변화에 의하여 발생한 것임을 확신할 수 있는 정도를 말한다. 즉, 독립변수와 종속변수 사이의 인과관계에 대한 추론가능성 이 얼마나 높은지를 보여주는 것이 내적 타당성이다. 종속변수의 변화가 독립변수만의 영향에 의해서 발생한 것이라면 내적 타당성이 높다고 할 수 있으며, 이는 두 변수 간의 인과성에 대 한 경험적 검증력이 강하다는 것을 의미한다. 연구의 내적 타당성을 높이려면 가능한 한 순수 하게 독립변수 효과만을 정확히 추출해 낼 수 있는 연구설계가 필요하다. 내적 타당성을 저해 하는 요인들을 적절히 통제하지 못하면 연구자가 관심을 가지는 변수들 사이에 실제로 인과관 계가 없는데도 불구하고 인과관계가 있는 것으로 나타날 수도 있다.

내적 타당성은 척도 또는 측정도구 자체가 측정하고자 하는 개념을 정확히 반영할 수 있는 가의 문제이며, 이는 측정하고자 하는 개념을 어떻게 정의하였으며, 또 그 개념에 대한 정의를 어떻게 조작적으로 정의하였는가에 따라 영향을 받게 된다. 내적 타당성의 세부적인 유형으로는 내용타당성(Content Validity), 기준타당성(Criterion Validity), 구성(개념)타당성(Construct Validity)의 세 가지가 있다.

내용타당성

논리적 타당성으로서 측정도구 내용의 대표성 또는 표본추출의 정확성을 의미한다. 즉, 측정을 위해 개발한 도구가 측정하고자 하는 대상의 정확한 속성값을 얼마나 포괄적으로 포함하고 있는가의 정도를 나타내는 타당성을 의미한다. 내용타당성은 연구자의 주관적인 판단에 의해서 평가된다.

기준타당성

경험적 타당성으로 어떤 척도와 측정도구를 사용하여 측정한 결과를 다른 기준에 의한 측정결과와 비교하여 나타나는 관련성의 정도를 의미한다. 대표적인 예로는 측정 대상의 속성 상태를 측정한 결과가 미래 시점에서 다른 속성의 상태변화를 얼마나 정확하게 예측할 수 있는지의 정도를 의미하는 예측타당성(Predictive Validity)이 있다.

구성(개념)타당성

측정 대상의 속성(구성 개념)과 관련되는 이론적 관계로부터 평가한다. 즉, 실제 측정결과가 추상적인 개념들 사이에 만들어진 이론적 틀에 얼마나 부합하는지를 파악하기 때문에 개념적 타당성이라고도 한다. 구성타당성은 측정의 기초를 이루고 있는 이론적 구성의 타당성을 문제 삼기 때문에 추상성을 지닌 개념을 효과적으로 측정할 수 있다. 구성타당성은 이해타당성(Nomological Validity), 집중(수렴)타당성(Convergent Validity), 판별(차별)타당성(Discriminant Validity)으로 나눌 수 있다. 세 가지 타당성은 서로 독립된 것이 아니라 서로 보완적으로 상호작용하고 있으며, 이들이 모두 높아야 구성타당성이 높아진다. 요인분석에 의한 구성타당성 평가도 집중타당성과 판별타당성의 논리에 기초하고 있다. 하나의 요인 내에 묶여진 측정문항들은 동일한 개념을 측정하는 것(집중타당성)으로 판단할 수 있고, 다른 요인에 적재된 측정문항들은 다른 개념을 측정하는 것(판별타당성)이라고 간주할 수 있다.

외적 타당성

외적 타당성(External Validity)은 연구결과를 일반화할 수 있는 정도를 의미한다. 즉, 특정집단을 대상으로 특정 시기에 특정 상황에서 연구된 결과를 다른 집단, 다른 시기, 다른 상황에 일반화할 수 있는 범위에 관한 것이다. 내적 타당성이 특정 연구에서 인과적 추론이 얼마나 진실한가에 관한 것이라면, 외적 타당성은 그러한 인과적 추론의 진실이 다른 집단, 다른 시기, 다른 상황에도 적용될 수 있는가에 관한 것이다.

요인분석의 개념과 종류

요인분석(Factor Analysis)은 여러 변수 간의 공분산과 상관관계 등을 이용하여 변수들 간의 상호관계를 분석하고 공통적으로 작용하고 있는 내재된 요인을 추출하여 전체 자료를 대변할 수 있는 변수의 수를 줄이는 기법이다. 요인분석을 실시하면 여러 변수에 대한 정보가 몇 개의 핵심 요인으로 정리된다. 이에 따라 정보를 이해하고 추가적인 분석을 진행하기에 용이하다. 요인분석은 탐색적 요인분석(Exploratory Factor Analysis, EFA)과 확인적 요인분석(Confirmatory Factor Analysis, CFA)으로 나누어진다. 이 두 기법은 요인분석이라는 공통된 명칭을 사용하고 있지만 서로 상이한 특성을 가지고 있다. 특히 구조방정식 모델(Structural Equation Modeling, SEM)에 대한 전반적인 이해를 위해서는 이 두 기법의 개념에 대한 이해가 반드시 선행되어야 한다.

탐색적 요인분석

탐색적 요인분석(EFA)은 SPSS나 SAS 프로그램으로 분석하는 기법이다. 일반적으로 요인분석이라고 불렀는데, 최근에 구조방정식 모델을 연구에 많이 사용하면서부터 확인적 요인분석의 사용빈도가 높아져 이 둘을 구분하기 위해 탐색적 요인분석으로 구분하여 부르고 있다. 이러한 탐색적 요인분석은 변수 간의 구조를 조사하고 통계적 효율성을 높이기 위해 변수의 수를 줄이기 위한 방법으로 사용되고 있다. 탐색적 요인분석은 변수와 요인의 관계가 이론상으로 체계화되지 않거나, 논리적으로 정립되지 않은 상태에서 이용되므로 탐색의 성격이 강한 요인분석이다. 이와 같이 탐색적 요인분석의 핵심은 아무런 사전 정보 없이 분석이 이루어지기 때문에 조사자가 데이터를 분석하기 전까지는 요인에 대한 통제가 불가능하며, 요인의 수에 대해서도 알수가 없고, 요인이 어떤 항목으로 묶일지도 예측할 수 없다. 이러한 특성 때문에 새로운 구성개념의 척도 개발처럼 가설을 세우기에 충분한 증거들이 없을 때 주로 사용하게 된다. 그러므로 탐색적 요인분석은 선행연구를 통한 이론적 배경이나 논리적 근거 대신 데이터가 보여주는 결과 자체를 그대로 받아들이게 되므로 이론 생성과정에 가깝다고 할 수 있다.

요인추출 방법으로 주성분분석과 공통요인분석이 있다. 주성분분석(Principle Component Analysis)은 먼저 추출되는 주성분요인일수록 입력변수들이 가지고 있는 총분산을 많이 설명할 수 있도록 주성분요인을 순차적으로 추출하는 방법이다. 공통요인분석(Common Factor Analysis)은 입력변수들이 가지고 있는 공통분산만을 이용하여 공통요인을 추출하는 방법이다.

요인회전 방법으로는 직각회전과 사각회전을 적용할 수 있다. 직각회전(Orthogonal Rotation)은 베리멕스(Varimax), 이쿼멕스(Equimax), 쿼티멕스(Quartmax), 그리고 사각회전 (Oblique Rotation)은 오블리민(Oblimin), 오블리크(Obliqu) 등의 방법이 있다. 직각회전은 베리멕스, 사각회전은 오블리민 방법이 주로 이용된다. 일반적으로 사용상의 편리성, 해석의 용이성 등 때문에 사각회전보다 직각회전이 더 선호된다.

또한 자료가 요인분석이 가능한 것인지를 확인하게 위하여 Bartlett 검정과 KMO(Kaiser-Meyer-Olkin) 테스트를 먼저 수행해야 한다. 이러한 테스트를 통하여 입력변수간에 충분한 상관관계가 존재한다는 것을 확인한 후에 요인분석을 진행하는 것이 바람직하다.

확인적 요인분석

확인적 요인분석(CFA)은 잠재변수와 관측변수 간의 관계 및 잠재변수 간의 관계를 검증하는 것으로서 탐색적 요인분석과 다른 점은 분석 전에 요인(잠재변수)의 수와 요인별 측정항목(관측변수)들이 이미 지정된 상태에서 분석이 이루어진다는 것이다. 따라서 확인적 요인분석에서는 분석 전에 이미 요인이 지정되어 있기 때문에 요인의 수가 중요하지 않고, 분석결과 특정 요인의 관측변수 중 하나가 또 다른 요인의 관측변수들과 상관이 높아서 처음의 의도와는 다르게 다른 요인으로 묶이게 되더라도 이론적 배경이나 논리적 근거가 없다면 확인적 요인분석에서는 그러한 관계설정이 인정되지 않는다. 즉, 이론적 배경이나 논리적 근거가 없는 상황에서 추출된 탐색적 성격의 요인분석 결과는 무의미하다고도 볼 수 있다. 이와 같이 확인적 요인분석은 선행연구의 이론적 배경이나 논리적 근거를 중요시하기 때문에 이론 검증과정에 가깝다고 할 수 있다. 이러한 특성으로 인해 확인적 요인분석은 집중타당성이나 판별타당성과 같은 측정도구의 타당성 검증에 이용되며 모델의 평가는 모델의 적합도(GFI, AGFI, CFI, RMR)에 따라 이루어지기도 한다.

두 가지 요인분석을 형태상으로 비교해보면 **탐색적 요인분석(EFA)**은 모든 지표가 모든 요인과 연결되어 있기 때문에 요인부하량이 높은 변수들은 같은 요인으로 묶이고, 낮은 변수들은 다른 요인으로 묶이게 되며, 어느 요인에도 묶이지 않는 변수는 제거된다. 반면 확인적 요인분석은 잠재변수에 관측변수가 이미 지정되어 있기 때문에 잠재변수가 모든 관측변수와 관계를 갖고 있지 않으며, 잠재변수와 관측변수 간의 관계(요인부하량)에 초점이 맞추어져 있다. 그러나 확인적 요인분석에서도 관측변수 중 요인부하량이 낮은 변수는 제거된다. 다시 말해서 탐색적 요인분석이 다수의 변수들로부터 소수의 요인을 추출하는 요인분석이라면 확인적 요인분석은 잠재변수와 관측변수 간의 관계를 파악하는 요인분석이라고 할 수 있다. 이러한 특성 때문에 척도 개발과 같은 주제를 다룬 논문에서는 탐색적 요인분석을 거친 후 다시 확인적 요인분석을 실시하기도 한다.

신뢰성의 개념과 종류

신뢰성(Reliability)은 측정하고자 하는 대상을 얼마나 일관되게 측정하였는지를 나타내는 지표로서 반복적으로 측정하였을 때 동일한 측정값을 얼마나 많이 얻을 수 있는가를 나타낸다. 즉, 신뢰성은 어떤 연구문제에 대한 설문조사에 대하여 그 조사를 다시 반복한다고 가정할 때 조사결과가 얼마나 원래 측정치와 일치하는가를 나타내는 척도이다. 측정을 한 번 더 한다는 것은 시간적, 비용적으로 큰 부담요인이다. 따라서 측정 자료를 기준으로 이 조사가 여러 개의 항목으로 측정되었다면 이 측정 항목 간의 상관관계를 이용하여 일관성이나 유사점을 찾아낼 수 있다. 신뢰성을 측정하는 대표적인 방법으로 재검사법, 반분법, 내적 일관성 방법이 있다.

재검사법
재검사법(Test-retest Method)은 동일한 측정대상에 대하여 동일한 측정도구나 방법을 사용하여 일정한 시간 간격을 두고 반복적으로 측정하여 그 결과값을 비교분석하는 방법이다.

반분법
반분법(Split-half Method)은 측정할 때 사용할 수 있는 도구나 방법을 2개의 임의 집단으로 나눈 다음, 이들을 이용하여 측정한 결과가 서로 얼마나 다른지를 비교하여 측정도구나 방법의 신뢰도를 분석하는 방법이다.

내적 일관성

내적 일관성(Internal Consistency Reliability)은 동일한 개념을 측정하기 위해 여러 개의 항목을 이용하는 경우에 신뢰성을 측정하는 방법이다. 이 방법은 여러 개의 측정항목 중에 신뢰도를 저해하는 항목을 찾아내어 측정항목에서 제외시킴으로써 측정도구의 신뢰성을 높이고자 하는 경우에 사용된다. 일반적으로 **크론바흐 알파**(Cronbach's alpha)라는 계수값을 산출해서 여러 항목들로 구성된 측정방법의 신뢰성을 평가한다. 일반적으로 크론바흐 알파계수가 0.6에서 0.7 이상이 되면 측정항목들의 신뢰성이 비교적 높다고 판단한다. 크론바흐 알파계수를 이용한 내적 일관성 방법은 신뢰성 분석에서 가장 많이 쓰이는 방법이다.

1.2 적용예제 : NB제품과 PB제품의 고객만족과 재구매의도에 미치는 영향

분석개요

본 예제는 NB(National Brand)와 PB(Private Brand) 제품을 대상으로 소비자의 고객만족과 재구매의도에 영향을 미치는 단서요인을 비교분석하고 고객만족과 재구매의도에 영향을 미치는 변수 간의 인과관계를 규명한 연구이다.

일반적으로 소비자들은 재구매 전에 제품의 가치를 판단하기 어려울 경우 제품과 직·간접적으로 관련된 여러 가지 정보단서를 활용하는데, Kirmani와 Zeithaml(1993)의 제품평가모델에서는 외재적 단서와 내재적 단서를 선행조건으로 제시하고 있으며, 소비자는 이러한 외재적 단서와 내재적 단서를 통해서 제품을 평가한다고 했다. 또한 Jacoby 등(1971)은 정보단서와 제품의 관련유무에 따라 외재적 단서와 내재적 단서로 구분할 수 있으며, 외재적 단서는 제품의 물리적 특성과 직접적인 관련성은 없지만 해당 제품과 분리시킬 수 없는 속성들로서 가격, 상표, 판매처, 패키지, 원산지 등이 포함된다고 하였다.

본 예제에서는 NB제품과 PB제품을 대상으로 소비자의 고객만족과 재구매의도에 영향을 미치는 단서요인을 비교분석한다. 이를 통해 외재적 단서와 내재적 단서가 고객만족과 재구매의도에 영향을 미치는 변수 간의 관계를 규명하고, NB와 PB 간의 차이점을 식별한다. 따라서 문헌연구를 통해 NB제품과 PB제품의 구매의도에 영향을 미치는 다양한 요인을 정리하고 이를 측정하기 위해 선정된 측정변수들에 대해서 요인분석을 통해 타당성을 검증한다. 또한 측정변수들의 내적 일관성을 이용하여 크론바흐 알파계수로 신뢰성을 검증한다.

표본 및 변수 선정

자료는 중국 상해의 대형할인점에서 NB제품과 PB제품의 구매경험이 있는 일반 소비자를 대상으로 수집되었다. 대형할인점 업계의 선도기업으로 업태의 대표성이 있는 미국의 월마트, 프랑스의 까르푸, 영국의 테스코를 조사 표본으로 하였다. NB제품과 PB제품의 구매자로 집단을 구분하여 각각 175부씩 총 350부를 배부하였고, 최종적으로 NB 168부, PB 157부, 총 325부를 결과분석에 사용하였다.

연구변수는 NB제품과 PB제품을 대상으로 고객만족과 재구매의도에 미치는 영향을 측정하기 위한 독립변수로 외재적 단서와 내재적 단서를 선정하였다.

요인별 측정변수(항목)

문헌연구를 토대로 NB제품과 PB제품을 대상으로 종속변수인 고객만족과 재구매의도에 미치는 영향을 측정하기 위한 독립변수로 외재적 단서와 내재적 단서를 선정하였다. 그리고 연구변수의 측정은 선정된 각 변수의 특성을 대표할 수 있는 개념을 구성하고 각 개념에 대하여 선행연구를 통해 측정항목을 추출하였다. 본 예제의 독립변수인 외재적 단서는 지각된 가격, 패키지 디자인, 단기 판매촉진, 그리고 내재적 단서는 제품의 성능, 브랜드 명성, 지각된 품질로 구성했다. 본 예제의 독립변수인 외재적 단서와 내재적 단서의 하위 6개 구성개념과 종속변수인 고객만족 및 재구매의도에 대하여 최종 구성한 측정항목은 〈표 1.1〉과 같다.

신뢰성 분석

신뢰성은 반복적으로 측정 시 측정결과가 어느 정도 일관되게 측정되었는가를 판단하는 척도이다. 본 연구에서는 신뢰성 검정에 크론바흐 알파 값을 이용하였으며, 일반적으로 사회과학 분야에서는 0.6 이상이면 비교적 신뢰성이 양호한 것으로 판단한다. 신뢰성 분석결과는 〈표 1.2〉와 같으며 측정항목들의 크론바흐 알파 값이 0.628~0.848로 나타나 신뢰성이 확보되었다.

표 1.1 측정변수(항목)

구분		측정항목
외재적 단서	지각된 가격	1. 이 브랜드 제품을 선택할 때 가격이 중요하다. 2. 내가 구입한 이 브랜드 제품의 가격은 적당하다. 3. 나는 가격만족 상품 구입이 매우 중요하다. 4. 이 브랜드 제품을 구입 시 타업체의 제품가격을 비교한다.
	패키지 디자인	1. 이 브랜드 제품의 패키지 디자인은 품질과 관련 있다. 2. 내가 구입한 브랜드의 제품의 패키지 디자인이 좋았다. 3. 이 브랜드 제품은 정보가 잘 표기되어 있다. 4. 내가 구입한 브랜드 제품은 패키지 디자인을 자주 선보인다.
	단기 판매촉진	1. 단기 판매촉진 브랜드 제품은 비교적 품질이 좋다. 2. 단기 판매촉진은 업체 제품의 과잉생산이라고 생각한다. 3. 단기 판매촉진으로 브랜드 제품 이미지가 확립된다. 4. 단기 판매촉진 브랜드 제품의 품질은 좋지 않다.
내재적 단서	제품의 성능	1. 나는 사용한 이 브랜드 제품의 청결능력이 우수함을 느꼈다. 2. 나는 사용한 이 브랜드 제품의 향기가 좋다. 3. 내가 구입한 이 브랜드 제품은 기대만큼 성능이 좋았다.
	브랜드 명성	1. 나는 보통 잘 알려진 브랜드 제품 구입을 선호한다. 2. 나는 각 브랜드 제품 간의 차이가 있다고 생각한다. 3. 가족과 친구들에게 이 브랜드 제품은 평판이 좋다. 4. 나는 이 브랜드 제품명에 좋은 인상을 가지고 있다.
	지각된 품질	1. 내가 구입한 이 브랜드 제품은 품질이 좋다. 2. 내가 구입한 이 브랜드 제품은 신뢰할 수 있다. 3. 나는 이 브랜드 제품을 안심하고 구입할 수 있다. 4. 내가 구입한 이 브랜드 제품은 기대보다 품질이 좋다.
고객만족		1. 나의 이 브랜드 제품 구입은 현명한 선택이다. 2. 나는 이 브랜드 제품 구입에 대해 전반적으로 만족한다. 3. 나는 이 브랜드 제품에 대하여 기대치보다 더욱 만족한다. 4. 다른 브랜드와 비교 시 현재 사용 브랜드 제품에 만족한다.
재구매의도		1. 나는 사용 중인 브랜드 제품을 계속 구매할 것이다. 2. 나는 사용 중인 브랜드 제품을 우선적으로 구매하겠다. 3. 나는 사용 중인 브랜드 제품을 주변사람들에게 추천하겠다.

타당성 분석 : 요인분석

타당성이란 측정하고자 하는 것을 실제 제대로 측정하고 있는가를 나타내는 개념으로 본 연구에서는 변수의 타당성 분석을 위해 탐색적 요인분석을 실시하였다. 요인추출방법으로 주성분 분석과 측정변수와 요인에 대한 연관성을 효과적으로 규명하기 위해서 베리멕스 직각회전방

표 1.2 신뢰성 분석결과

변수항목		최초 측정항목(30)	최종 측정항목(27)	크론바흐 알파
외재적 단서	지각된 가격	4	4	0.686
	패키지 디자인	4	3	0.628
	단기 판매촉진	4	4	0.730
내재적 단서	제품의 성능	3	3	0.809
	브랜드 명성	4	3	0.730
	지각된 품질	4	4	0.848
고객만족		4	3	0.682
재구매의도		3	3	0.678

법을 이용하였다. 탐색적 요인분석 결과는 〈표 1.3〉과 같다.

　탐색적 요인분석은 측정항목에 대하여 어떠한 잠재요인이 적절한 것인지를 찾기 위한 방법으로 요인분석에 앞서 본 연구의 측정자료가 요인분석이 가능한 것인지를 판단하기 위해서 KMO(Kaiser-Meryer-Olkin) 구형성 측도를 확인하였다. KMO 측도는 0.831로 나타나 일반적으로 수용이 가능한 0.6 이상의 값을 보이고 있으므로 측정항목들은 요인분석이 가능하다고 판단되었다. 따라서 탐색적 요인분석은 지각된 가격, 패키지 디자인, 단기 판매촉진, 제품의 성능, 브랜드 명성, 지각된 품질, 고객만족, 재구매의도의 8개 요인에 대하여 총 30개 측정문항으로 분석이 이루어졌고, 추출된 요인의 적재치 0.6 이상을 기준으로 분석결과를 정리하였다. 패키지 디자인, 브랜드 명성, 고객만족 3개 요인에서 각 1개씩 총 3개의 측정항목이 제거되었으며, 최종적으로 요인별로 연관성이 높은 것으로 확인된 27개로 측정항목이 재구성되었다.

표 1.3   탐색적 요인분석 결과

측정항목	요인 1	요인 2	요인 3	요인 4	요인 5	요인 6	요인 7	요인 8
지각된 품질1	.795	−.021	.133	.147	.190	.089	.194	.055
지각된 품질4	.747	−.007	.199	.040	.199	.165	.105	.072
지각된 품질2	.731	.042	.173	.089	.181	.108	.189	.155
지각된 품질3	.682	.089	.107	.177	.160	.296	.108	.142
단기 판매촉진3	.030	.831	.035	−.052	.009	.022	.012	.106
단기 판매촉진4	.025	.738	.009	.070	−.126	−.010	.001	.037
단기 판매촉진2	.065	.699	−.001	−.026	.044	−.066	−.011	.061
단기 판매촉진1	−.064	.668	−.103	−.058	.108	.145	.125	−.027
제품의 성능3	.129	.018	.825	.052	.036	.162	.009	−.058
제품의 성능1	.227	−.085	.815	.151	.182	.045	.106	−.015
제품의 성능2	.147	−.042	.758	.220	.047	.084	.060	−.026
지각된 가격1	.115	−.042	.265	.726	.047	.084	.060	−.026
지각된 가격4	−.029	.150	.071	.701	−.032	.009	.105	−.045
지각된 가격2	.186	−.025	.058	.684	.062	.045	.042	.009
지각된 가격3	.070	−.157	.022	.661	.166	−.007	.046	.010
브랜드 명성4	.186	−.040	.012	.076	.811	.109	.081	.018
브랜드 명성3	.166	.097	.147	.004	.782	−.053	.116	.005
브랜드 명성2	.217	−.023	.104	.177	.688	.105	−.025	.113
고객만족3	.067	−.021	.142	−.002	.064	.816	.135	.000
고객만족4	.213	.022	.070	.044	.038	.764	.090	.111
고객만족2	.160	.057	.065	.061	.035	.618	.176	.009
재구매의도2	.146	−.060	.058	.036	.067	.185	.802	.073
재구매의도3	.248	.138	.000	.137	.020	.049	.684	.050
재구매의도2	.095	.063	.229	.115	.112	.280	.667	−.001
패키지 디자인2	−.049	.083	.007	−.079	.075	.112	−.031	.786
패키지 디자인1	.169	.138	.072	.076	.033	−.022	.077	.724
패키지 디자인3	.168	−.035	.072	−.041	.006	.019	.064	.719

KMO 측도 : 0.831

1.3 분석절차 : SPSS 사용방법

SPSS(Statistical Package for the Social Sciences)에서 할 수 있는 요인분석은 탐색적 요인분석이다. SPSS에서는 상단의 [분석] 메뉴가 있고 하위에 [차원 감소]라는 분석도구를 제공하고 있다. [차원 감소]에는 [요인분석], [대응일치 분석], [최적화 척도법]을 포함하고 있다. 또한 신뢰도분석은 [분석] 메뉴 하위에 [척도]라는 분석도구를 제공하고 있다. [척도]에는 [신뢰도분석], [다차원 확장], [다차원 척도법] 등을 포함하고 있다. 본 예제에서는 차원 감소를 위해 [요인분석]과 [척도]의 [신뢰도분석]을 기준으로 SPSS 분석절차를 제시한다.

데이터 불러오기

상단 메뉴 [파일] → [열기] → [데이터]를 선택하거나, 메뉴모음의 단축아이콘 [데이터 열기]를 클릭한다. [데이터 열기] 창에서 열고자 하는 데이터 파일을 선택하고 [열기]를 누르면 SPSS에서 데이터가 열린다.

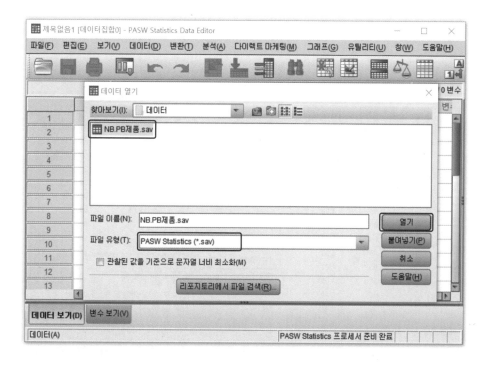

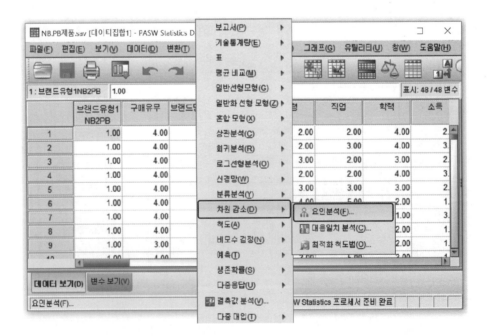

요인분석

불러온 파일에서 상단 메뉴 [분석] → [차원 감소] → [요인분석]을 선택한다.

[요인분석] 창에서 [변수] 란에 분석대상인 측정변수(문항) 27개를 옮겨 놓는다.

[요인분석] 창에서 [기술통계]를 클릭한다. [기술통계] 창이 열리면 [일변량 기술통계], [초기해법], [계수], [KMO와 Bartlett의 구형성 검정] 등에 체크하고 [계속]을 클릭한다.

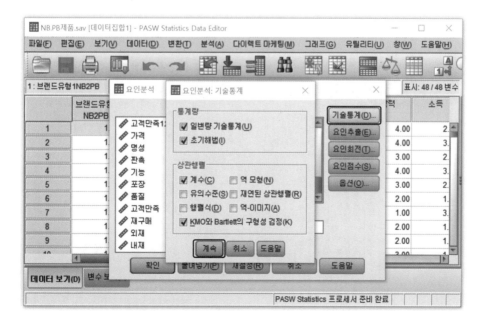

[요인분석] 창에서 [요인추출]을 클릭한다. [요인추출] 창이 열리면 [주성분], [회전하지 않은 요인해법], [스크리 도표], [고유값 기준]에 체크하고 [다음 값보다 큰 고유값]에 1을 입력한다. 그리고 [계속]을 클릭한다.

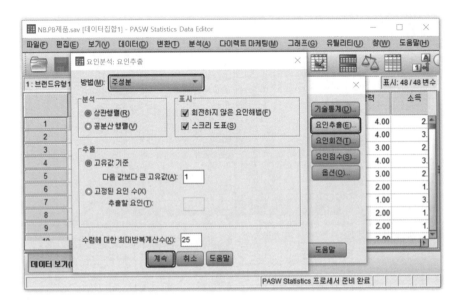

[요인분석] 창에서 [요인회전]을 클릭한다. [요인회전] 창이 열리면 [베리멕스], [회전 해법], [적재값 도표] 등에 체크하고 [계속]을 클릭한다.

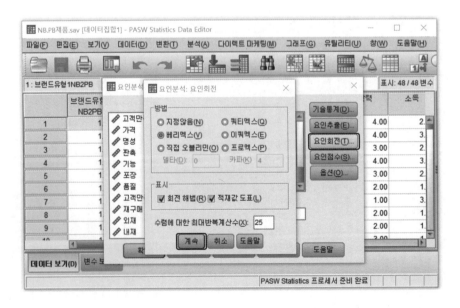

[요인분석] 창에서 [요인점수]를 클릭한다. [요인점수] 창이 열리면 [변수로 저장], [요인점수 계수행렬 출력] 등에 체크하고 [계속]을 클릭한다.

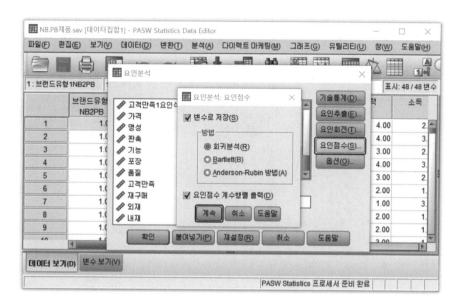

[요인분석] 창에서 [옵션]을 클릭한다. [옵션] 창이 열리면 [목록별 결측값 제외], [크기순 정렬] 등에 체크하고 [계속]을 클릭한다.

최종적으로 [요인분석] 창에서 [확인]을 클릭하면 분석이 시작된다.

요인분석 결과

[요인분석] 창에서 [확인]을 클릭하면 요인분석이 수행되고 분석결과가 제시된다. 기술통계량, 상관행렬, KMO와 Bartlett의 검정, 설명된 총분산, 스크리 도표, 성분행렬, 회전된 성분행렬, 성분변환행렬, 회전공간의 성분도표, 성분점수 계수행렬, 성분점수 공분산행렬 등이 산출된다. 본 예제에서는 요인분석 결과로 일반적으로 제시하는 'KMO와 Bartlett의 검정', '설명된 총분산', '회전된 성분행렬'을 〈표 1.4〉~〈표 1.6〉과 같이 분석결과로 제시한다.

요인분석을 통한 내적 타당성 검증은 집중타당성과 판별타당성을 통해 확인할 수 있다. 타당성을 검증하기에 앞서 측정한 자료가 요인분석이 가능한 것인지를 판단해야 하므로 이를 위해서 Bartlett 테스트와 KMO 구형성을 확인한다. 검정결과 Bartlett 테스트 결과 이 2675.483으로 나타나고 유의확률이 0.000으로서 일반적인 유의확률 0.1보다 작은 값을 나타내고 있고, KMO 값은 0.831로 나타나 사회과학에서 일반적으로 수용이 가능한 0.6 이상의 값을 보이고 있다. 이러한 검증결과를 통해 볼 때 본 예제에서 측정한 변수들은 요인분석이 가능하다고 판단할 수 있다.

표 1.4 KMO와 Bartlett의 검정

표준형성 적절성의 KMO 측도		.831
Bartlett의 구형성 검정	근사 카이제곱	2675.483
	자유도	351
	유의확률	.000

설명된 총분산 결과는 총분산의 설명력은 62.831%로 나타났으며, 이는 사회과학에서 보편적으로 사용하는 설명력 60% 기준을 충족하고 있다고 볼 수 있다.

표 1.5 설명된 총분산

성분	초기 고유값			추출 제곱합 적재값			회전 제곱합 적재값		
	합계	% 분산	% 누적	합계	% 분산	% 누적	합계	% 분산	% 누적
1	5.872	21.748	21.748	5.872	21.748	21.748	2.678	9.920	9.920
2	2.543	9.420	31.168	2.543	9.420	31.168	2.306	8.541	18.461
3	1.890	6.999	38.167	1.890	6.999	38.167	2.237	8.284	26.745
4	1.722	6.380	44.546	1.722	6.380	44.546	2.163	8.010	34.755
5	1.441	5.335	49.882	1.441	5.335	49.882	2.011	7.447	42.202
6	1.408	5.214	55.096	1.408	5.214	55.096	1.995	7.390	49.592
7	1.075	3.982	59.078	1.075	3.982	59.078	1.802	6.674	56.266
8	1.013	3.754	62.831	1.013	3.754	62.831	1.773	6.565	62.831

〈표 1.6〉에서는 연구에서 측정한 27개의 측정변수를 요인별로 분류한 것이다. 요인 적재값을 0.6 이상으로 설정하여 결과를 산출하였고, 요인의 수가 8개로 구분되었다. 요인의 회전방법은 베리멕스 직각회전방법을 사용하였다. 요인분석 결과 본 예제에서 측정한 27개의 측정변수는 집중타당성과 판별타당성이 확보된 것으로 판단할 수 있다.

추가적으로 이러한 요인분석 결과를 토대로 신뢰성 분석을 실시한다. 신뢰성 분석은 측정항목이 반복적으로 일관성 있게 나타날 수 있는지에 관한 사항으로 사회과학에서는 크론바흐 알파계수로 확인하며, 일반적으로 크론바흐 알파계수가 0.6보다 크면 신뢰성이 확보된 것으로 판단할 수 있다.

표 1.6   회전된 성분행렬

	성분							
	1	2	3	4	5	6	7	8
품질지각1	.795	-.021	.133	.147	.190	.089	.194	.055
품질지각4	.747	-.007	.199	.040	.199	.165	.105	.072
품질지각2	.731	.042	.173	.089	.181	.108	.189	.155
품질지각3	.682	.089	.107	.177	.160	.296	.108	.142
판촉3	.030	.831	.035	-.052	.009	.022	.012	.106
판촉4	.025	.738	.009	.070	-.126	-.010	.001	.037
판촉2	.065	.699	-.001	-.026	.044	-.066	-.011	.061
판촉1	-.064	.668	-.103	-.058	.108	.145	.125	-.027
기능3	.129	-.002	.825	.052	.063	.109	.120	.064
기능1	.227	.018	.815	.151	.036	.162	.009	-.058
기능2	.147	-.085	.758	.220	.182	.045	.106	-.015
가격1	.115	-.042	.265	.726	.047	.084	.060	-.026
가격4	-.029	.150	.071	.701	-.032	.009	.105	-.045
가격2	.186	-.025	.058	.684	.062	.045	.042	.009
가격3	.070	-.157	.022	.661	.166	-.007	.046	.010
명성4	.186	-.040	.012	.076	.811	.109	.081	.018
명성3	.166	.097	.147	.004	.782	-.053	.116	.005
명성2	.217	-.023	.104	.177	.688	.105	-.025	.113
고객만족3	.067	-.021	.142	-.002	.064	.816	.135	.000
고객만족4	.213	.022	.070	.044	.038	.764	.090	.111
고객만족2	.160	.057	.065	.061	.035	.618	.176	.009
재구매2	.146	-.060	.058	.036	.067	.185	.802	.073
재구매3	.248	.138	.000	.137	.020	.049	.684	.050
재구매1	.095	.063	.229	.115	.112	.280	.667	-.001
포장2	-.049	.083	.007	-.079	.075	.112	-.031	.786
포장1	.169	.138	.072	.076	.033	-.022	.077	.724
포장3	.168	-.035	-.072	-.041	.006	.019	.064	.719

신뢰도분석

신뢰도분석은 측정항목에 대하여 요인분석을 통해 타당성을 검증한 후에 수행하며, 신뢰도를 판단할 때는 크론바흐 알파계수를 사용한다. 먼저 불러온 파일에서 상단 메뉴 [분석] → [척도] → [신뢰도분석]을 선택한다.

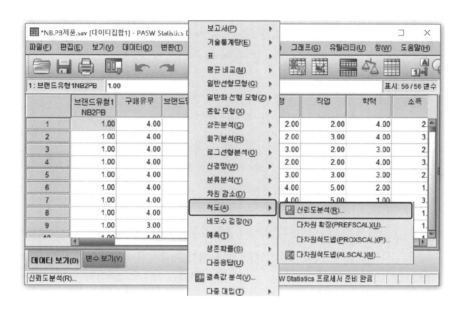

[신뢰도분석] 창이 열리면 측정항목을 옮기기 전에 [통계량]을 클릭한다.

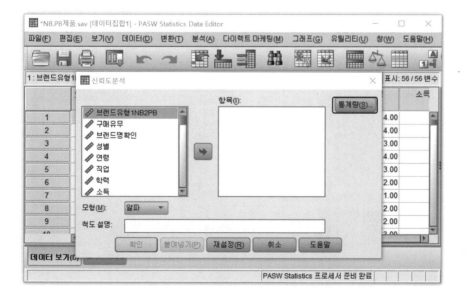

[신뢰도분석] 창에서 [통계량]을 클릭한다. [통계량] 창이 열리면 [항목], [척도], [항목제거시 척도] 등에 체크하고 [계속]을 클릭한다.

[신뢰도분석] 창에서 [항목] 란에 각 요인의 측정항목을 옮겨 넣고 차례대로 분석한다. 우선 '지각된 가격4 항목'을 옮기고 [확인]을 클릭하면 분석이 시작된다.

지각된 가격 4개 항목

본 예제에서는 8개 요인에 대하여 요인분석을 진행하였으므로 위와 같은 방법으로 나머지 7개의 요인별로 측정항목에 대하여 반복적으로 신뢰도분석을 수행한다.

패키지 디자인 3개 항목

단기 판매촉진 4개 항목

제품의 성능 3개 항목

브랜드 명성 3개 항목

지각된 품질 4개 항목

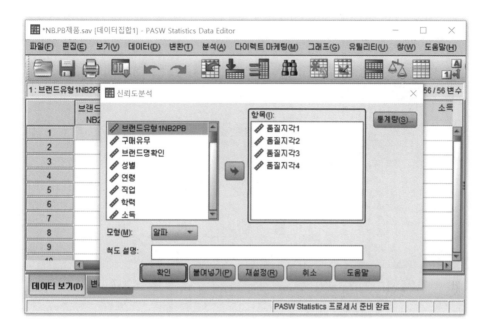

고객만족 3개 항목

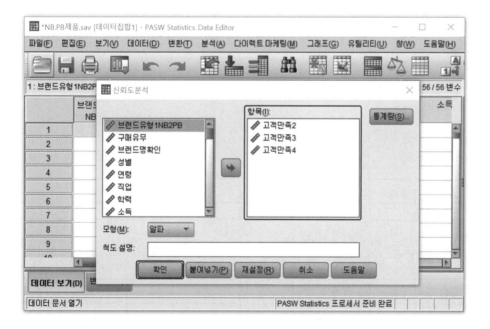

재구매의도 3개 항목

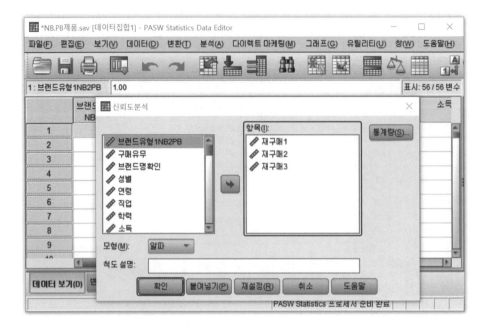

요인별로 신뢰도분석을 수행한 결과를 살펴보면 [케이스 처리 요약], [신뢰도 통계량], [항목 통계량], [항목 총계 통계량], [척도 통계량] 순으로 분석결과가 산출된다. 본 예제에서는 크론바흐 알파계수가 의미하는 [신뢰도 통계량]을 요인별로 차례대로 산출하여 〈표 1.7〉과 같이 제시한다.

표 1.7 신뢰도 통계량

지각된 가격 (가격 4개 항목)		패키지 디자인 (포장 3개 항목)		단기 판매촉진 (판촉 4개 항목)		제품의 성능 (기능 3개 항목)	
Cronbach의 알파	항목 수	Cronbach의 알파	항목 수	Cronbach의 알파	항목 수	Cronbach의 알파	항목 수
.686	4	.628	3	.730	4	.809	3

브랜드 명성 (명성 3개 항목)		지각된 품질 (품질지각 4개 항목)		고객만족 (고객만족 3개 항목)		재구매의도 (재구매 3개 항목)	
Cronbach의 알파	항목 수	Cronbach의 알파	항목 수	Cronbach의 알파	항목 수	Cronbach의 알파	항목 수
.730	3	.848	4	.682	3	.678	3

1.4 결과 해석

크론바흐 알파계수

크론바흐 알파계수는 측정항목 간의 상관관계를 계산해서 변형하는 방법으로 측정도구의 문항 수에 따라 값이 변한다. 크론바흐 알파계수는 0~1 사이의 값을 가지며 계수값이 높을수록 신뢰성이 높은 것으로 판단한다. 일반적으로 사회과학 분야에서는 크론바흐 알파계수가 .6 이상이면 신뢰도에 문제가 없는 것으로 간주하고 내적 일관성이 확보된 것으로 본다.

KMO 측도와 Bartlett 검정

KMO 측도는 변수 간의 편상관을 확인하는 것으로 변수의 수와 표본 수의 적절성을 나타내는 표본적합도를 의미한다. KMO 측도는 높을수록 좋으나 일반적으로 .5보다 크다면 요인분석에 적합한 것으로 볼 수 있다. KMO 측도가 .6 또는 .8 이상이어야 한다는 주장도 있지만 사회과학에서는 보통 .5 이상을 요구한다.

Bartlett 검정은 요인분석의 적절성을 판단하는 지표이다. 요인분석에 사용되는 상관계수의 행렬이 대각행렬이면 요인분석에 부적절해진다. 만일 Bartlett 검정값이 $p < .05$이면 대각행렬이 아닌 것을 의미하게 되고, 따라서 요인분석을 하는 것이 적절한 것이 된다.

설명된 총분산

설명된 총분산은 요인들이 가진 변수의 분산 설명도를 나타내며 분석결과 나타난 모든 성분을 확인하는 것이 아니다. 본 예제에서는 분석 전에 요인추출 창에서 고유값이 1 이상인 요인을 추출하겠다고 설정하였다. 따라서 이러한 설정대로 추출된 8개가 전체 입력변수의 62.831%로 나타났다. 이는 사회과학에서 보편적으로 사용하는 설명력 60% 기준을 충족하고 있는 것으로 볼 수 있다.

요인적재량

주성분분석에 의한 요인분석 결과 요인이 추출되면 **요인적재량**(Factor Loading)이 산출된다. 요인적재량은 각 측정변수와 요인 간의 관계 정도를 나타낸 값으로 일종의 회귀계수 또는 상관계수값으로 볼 수 있다. 일반적으로 요인적재량이 .3 이상이면 유의한 관계가 있다고 판단한다. 이러한 요인적재량을 제곱한 값은 회귀분석의 결정계수와 같은 의미를 가지고 있으므로 측정변수가 해당 요인을 어느 정도 잘 설명해주고 있는가를 나타낸다. 따라서 추출된 요인의 관점에서는 요인적재량이 높은 측정변수일수록 해당 요인을 구성하고 있는 중요한 변수라고 볼 수 있다. 본 예제에서는 요인적재량 .6 이상으로 선정하여 결과를 산출하였고 요인의 수는 8개로 구분하였다.

요인회전 : 베리멕스

요인분석의 결과 처음으로 도출되는 요인행렬상의 자료만으로는 어떤 측정변수가 어떤 요인에 포함되는지에 대하여 명확히 판단할 수 없는 경우가 많다. 그러나 추출된 요인의 축을 적당히 회전시켜 주면 추출된 요인과 측정변수 간의 관계를 보다 명확하게 확인할 수 있다. 요인회전은 원점을 중심으로 요인값을 나타내는 요인의 축을 회전하는 것인데, 이때 요인의 축을 정확하게 직각이 되도록 회전하면 직각회전, 비직각이 되도록 회전하면 사각(비직각)회전이라고 한다. 직각회전은 요인축 간의 독립성을 유지하면서 회전하기 때문에 요인축 간의 상관관계가 거의 없다. 본 예제에서는 요인의 회전방법으로 일반적으로 많이 사용하는 베리멕스 직각회전 방법을 적용하였다. 베리멕스는 개별변수를 설명하는 요인의 수가 최소가 되도록 열을 단순화시키는 방향으로 회전하는 방법이다.

t 검정과 ANOVA

2.1 기본개념

t 검정의 개념과 종류

t 검정(t-test)은 표본들의 평균 차이를 비교하는 방법이다. 따라서 t 검정은 표본으로 조사된 자료의 평균을 기준으로 검정하며 표본의 수에 따라 검정방법을 세분화할 수 있다. 또한 t 검정을 사용하려면 독립변수는 명목척도로, 종속변수는 등간척도나 비율척도로 구성되어야 한다.

t 검정의 가설검정은 1개의 표본일 때(일표본 t 검정)와 2개의 표본일 때(독립표본 t 검정, 대응표본 t 검정)로 나눌 수 있다. t 검정의 원리는 두 표본을 합한 전체 집단의 분산과 두 표본의 각 분산을 이용하여 두 집단의 평균 차이가 어느 정도 유의미한가를 검정하는 것으로 t 값은 비교대상 집단의 평균, 표준편차, 사례수로 구할 수 있다. 즉, 모집단이 1개인 경우 모집단 분산에 대한 가설검정은 모집단의 분산이 어떠한 사실이 맞는지를 검정하는 것이고, 2개 모집단 분산에 대한 가설검정은 2개의 모집단 분산이 다른지에 대하여 검증하는 것이다. 일반적으로 t 검정은 하나의 표본을 대상으로 검증하는 것보다는 2개의 표본일 경우에 더 많이 이용된다.

일표본 t 검정

일표본 t 검정이란 1개의 표본에 대하여 1회 측정하고 분석한 후에 판단하는 방법이다. 일표본 t 검정은 기존 조사나 이론의 데이터를 검증하기 위해 주로 사용된다. 사용하는 변수는 등간척도나 비율척도로 측정되어야 한다. 또한 어떤 변수의 평균이 무엇이라는 사실을 검증해야 하기 때문에 검증할 대상의 값이 없으면 결과를 해석하는 데 무리가 있다.

독립표본 t 검정

독립표본 t 검정이란 2개의 표본을 측정하여 판단하는 분석방법이다. 보통 유사하거나 대립되는 표본을 비교하여 평균값이 어떠한 의미를 갖는지 판단할 때 사용한다. 독립표본 t 검정은 종속변수에 대하여 2개의 독립된 집단의 평균을 비교하는 방법이다. t 검정 중에서 가장 많이 사용하는 형태로 보통 t 검정이라고 하면 독립표본 t 검정을 의미하는 경우가 대부분이다.

대응표본 t 검정

대응표본 t 검정이란 1개의 표본을 2회 측정(사전, 사후)한 후 두 측정치 간 차이 여부를 판단하는 분석방법이다. 보통 어떤 효과가 있는지 없는지를 판단할 때 사용한다. 대응표본은 실험 등의 자료분석에서 많이 사용하며 구분되는 집단이 서로 대응되어 있어야 한다는 특징을 가지고 있다. 독립표본 t 검정에서는 종속변수가 등간척도로 되어 있고, 독립변수는 명목척도이어야 하지만 대응표본 t 검정에서는 2개의 등간척도를 서로 비교하는 형식이다. 즉, 대응표본이란 짝을 가지고 있는 자료를 의미한다.

　t 검정은 위와 같이 크게 세 가지로 구분되며, 분산분석까지 포함하면 네 가지가 된다. t 검정에서 실제로 검정하는 내용은 가설이 유의확률 내에 들어가는지 아닌지를 판단하는 것이며, 각 변수가 어느 정도의 영향력을 미치는지는 분석하지 않는다. t 검정의 종류를 정리하면 〈표 2.1〉과 같다.

표 2.1 t 검정의 종류

비교 대상	표본 개수	측정 횟수	검정방법
평균	1개	1회	일표본 t 검정
		2회	대응표본 t 검정
	2개	1회	독립표본 t 검정
	3개 이상	1회	분산분석(ANOVA)
분산	1개	1회	χ^2(카이제곱) 검정
	2개	1회	F검정

분산분석의 개념과 종류

분산(변량)분석은 t 검정이 가지고 있는 한계를 극복하기 위해 고안된 방법이다. 분산분석은 Fisher가 도출한 F분포(F-distribution)를 사용하므로 F검증이라고도 한다. t 검정은 두 집단 간의 평균값 차이를 검증하는 방법이고, 분산분석은 3개 이상 되는 집단 간의 평균차이를 검증하는 통계방법으로 t 검정의 연장이라고 할 수 있다. 그러나 일반적으로 실제연구에서 비교하려는 모집단이 2개로 한정되는 경우보다 그 이상인 경우가 더 많기 때문에 분산분석을 더 자주이용하게 된다. 즉, 표본이 3개 이상일 경우에 평균값을 비교하여 그 차이의 통계적 유의성을 확인하기 위해서는 분산분석을 사용하게 되며 **ANOVA**(Analysis of Variance)라고도 한다. 척도는 t 검정과 같이 독립변수는 명목척도로, 종속변수는 등간척도 또는 비율척도로 구성되어야 한다. 집단을 구분하기 위해 사용되는 독립변수는 이산변수이며, 관심의 대상이 되는 값인종속변수는 연속변수이어야 한다. 따라서 분산분석은 독립변수로 구분되는 각각의 집단에 속한 관측치의 평균, 즉 집단 간의 종속변수 값의 평균이 통계적으로 유의하게 차이가 있는지를분석하는 것이 된다.

ANOVA는 단일변량 분산분석과 다변량 분산분석으로 구분된다. **단일변량 분산분석**(Univariate Analysis of Variance)은 단일종속변수의 평균값이 집단 간에 차이가 있는지를 분석하는 것이며, 독립변수의 수에 따라 일원분산분석(One-way ANOVA), 이원분산분석(Two-way ANOVA), 다원분산분석(Multi-way ANOVA)으로 구분된다. **다변량 분산분석**(Multivariate Analysis of Variance, MANOVA)은 2개 이상의 종속변수의 평균값들의 집단 간 차이를 동시에 비교분석하는 방법이다. 분산분석의 종류를 정리하면 〈표 2.2〉와 같다.

표 2.2 분산분석의 종류

구분	분산분석		독립변수의 수	종속변수의 수
단일변량 분산분석	일원분산분석	One-way ANOVA	1개	1개
	이원분산분석	Two-way ANOVA	2개	
	다원분산분석	Multi-way ANOVA	3개 이상	
다변량 분산분석		MANOVA	1개 이상	2개 이상

일원분산분석

일원분산분석(One-way ANOVA)은 3개 이상의 표본에 독립변수가 1개일 경우의 집단 간 종속변수의 평균 차이를 비교하는 분석방법이다. 이것은 독립표본 t 검정에서 집단의 수가 증가된 것으로 이해할 수 있다. t 검정에서는 두 집단을 직접 비교할 수 있다. 하지만 표본이 3개 이상인 경우에 실시하는 분산분석으로는 표본들 간의 구체적인 차이를 확인할 수 없다. 다시 말해 A, B, C 3개 집단에 대해 분산분석을 실시하고, 집단 간에 차이가 있음을 확인했다고 해도 개별 집단 간(A-B, A-C, B-C)의 차이는 확인할 수 없다. 이러한 경우에 사후분석을 수행하면 집단 간 차이와 그 유의성을 확인할 수 있으므로 더욱 정교한 분석결과를 얻을 수 있다. 사후분석에는 LSD, Duncan(던컨), Tukey(터키), Scheffe(셰페) 등 여러 가지 방법이 있다. 이러한 분석방법은 집단 간의 차이를 식별하는 구체성과 정밀도가 다르기 때문에 같은 자료에 대해서도 분석방법에 따라 결과가 다르게 나타날 수 있다.

이원분산분석

이원분산분석(Two-way ANOVA)은 독립변수가 2개일 때 집단 간 종속변수의 평균차이를 비교하는 분석방법이다. 이원분산분석에서 2개의 독립변수가 종속변수에 미치는 영향에는 두 가지가 있다. 각각의 독립변수가 종속변수에 미치는 영향은 **주효과**(Main Effect)이고, 2개의 독립변수가 동시에 작용하여 종속변수에 미치는 영향은 **상호작용효과**(Interaction Effect)이다. 이원분산분석은 이 두 가지 효과를 모두 고려해서 분석해야 한다. 주효과 검정 이원분산분석은 독립변수들이 각각 독립적으로 종속변수에 미치는 영향을 검정한다. 그리고 상호작용효과 검정 이원분산분석은 독립변수들이 서로 연관되어 종속변수에 미치는 영향을 검정한다.

그러나 항상 상호작용효과를 분석할 수 있는 것은 아니다. 2개의 독립변수로 구분되는 개별 집단 내에 오직 1개씩의 관측치만 있을 경우에는 상호작용효과를 분석할 수 없고, 집단 내의 관측치의 수가 2개 이상인 집단이 있을 경우에만 상호작용효과를 분석할 수 있다. 따라서 이원분산분석을 실시하기 위해서는 우선 2개의 독립변수로 구분되는 각 집단 내의 관측치의 수를 살펴보아야 한다.

다변량 분산분석

다변량 분산분석(MANOVA)은 종속변수가 2개 이상인 경우 집단 간 변수의 평균차이를 비교하는 분석방법이다. 보통 다변량 분산분석의 유의성을 판단할 때 Pillai의 트레이스, Wilks의 람다, Hotelling의 트레이스, Roy의 최대근 네 가지를 이용하게 된다. 따라서 다변량 분산분석에서는 이 네 가지 통계량이 항상 산출된다. 통계적 검증력은 Pillai의 트레이스 > Wilks의 람다 > Hotelling의 트레이스 > Roy의 최대근 순서로 감소한다.

2.2 적용예제

t 검정 : NB제품과 PB제품 구매집단 간의 차이 확인

분석개요

유통업체브랜드(Private Brand, PB) 제품이란 유통업체가 독자적으로 제품을 기획하고, 직접생산 또는 위탁생산을 통해 자신이 개발한 상표를 부착하여 판매하는 제품으로 정의된다 (McGoldrick, 1984). PB제품은 **제조업체브랜드**(National Brand, NB) 제품에 비해서 가격이 저렴하고, 소비자들의 구매패턴 변화에 유연하게 대응하여 소비욕구를 충족시킴으로써 시장점유율을 확대할 수 있다. 초기에 PB제품은 싼 가격의 저품질 제품이라는 부정적인 이미지로 인해 소비자들에게 외면당하기도 했으나, 현재는 우수한 품질의 다양한 제품을 출시하여 꾸준히 성장하고 있다.

일반적으로 소비자들은 재구매 전에 제품의 가치를 판단하기 어려울 경우 제품과 직간접적으로 관련된 여러 가지 정보단서를 활용하는데, 이러한 정보단서는 NB제품뿐만 아니라 최근 큰 성장을 이루고 있는 PB제품의 경우에도 적용될 수 있다. 본 예제에서는 NB제품과 PB제품을 대상으로 소비자의 고객만족과 재구매의도에 영향을 미치는 단서요인을 비교분석하고 고객만족과 재구매의도에 영향을 미치는 변수 간의 인과관계를 규명한 분석결과를 이용한다. 이러한 인과관계 분석결과에 대하여 소비자들을 NB제품과 PB제품 구매집단으로 구분하여 t 검정을 통해 연구변수에 대한 집단 간의 차이점을 확인한다.

표본 및 변수 선정

본 예제의 자료는 중국 상해의 대형할인점에서 NB제품과 PB제품의 구매경험이 있는 일반 소비자를 대상으로 수집되었다. 대형할인점 업계의 선도기업으로 업태의 대표성이 있는 미국의 월마트, 프랑스의 까르푸, 영국의 테스코를 조사 표본으로 하였다. NB제품과 PB제품의 구매자로 집단을 구분하여 각각 175부씩 총 350부를 배부하였고, 최종적으로 NB제품 168부, PB제품 157부, 총 325부를 결과분석에 사용하였다.

　　연구변수는 NB제품과 PB제품을 대상으로 고객만족과 재구매의도에 미치는 영향을 측정하기 위한 독립변수로 외재적 단서와 내재적 단서를 선정하였다. 외재적 단서는 지각된 가격, 패키지 디자인, 단기 판매촉진, 그리고 내재적 단서는 제품의 성능, 브랜드 명성, 지각된 품질로 구성하였다.

차이분석 : t 검정

NB와 PB 구매집단 간의 차이분석을 위해 독립표본 t 검정을 수행하였다. Levene의 등분산 검정결과 외재적 단서, 고객만족, 재구매의도의 유의확률은 $p < 0.05$ 이상의 값을 나타내고 있으므로 2개 집단 간 등분산을 가정해야 하고, 내재적 단서는 등분산이 아닌 것으로 가정해야 한다. 따라서 이러한 Levene의 등분산 검정결과에 근거하여 평균의 동일성에 대한 t 검정결과를 확인해보면 외재적 단서의 지각된 가격은 차이가 있고, 단기 판매촉진과 패키지 디자인은 차이가 없으며, 전체 외재적 단서 변수는 t 값이 1.584로 NB와 PB 구매집단의 지각에 차이가 없는 것으로 나타났다. 내재적 단서의 경우에는 제품의 성능과 브랜드 명성은 차이가 있고, 지각된 품질은 차이가 없으며, 전체 내재적 단서 변수는 t 값이 4.478로 구매집단 간의 지각에 차이가 있는 것으로 확인되었다. 즉, PB 구매집단보다는 NB 구매집단이 더 높게 지각하고 있는 것으로 볼 수 있다. 고객만족 변수는 t 값이 1.271로 나타나 NB와 PB 구매집단의 지각에 차이가 없는 것으로 나타났고, 재구매의도 변수의 경우에는 t 값이 4.509로 구매집단에 따라 차이가 있는 것으로 확인되었다. 차이분석에 대한 집단통계량과 t 검정결과는 〈표 2.3〉, 〈표 2.4〉와 같다.

표 2.3　NB와 PB 구매집단의 집단통계량

구분	집단유형	N	평균	표준편차	표준오차
외재적 단서	NB집단 PB집단	168 157	4.6759 4.5999	0.53305 0.43800	0.04113 0.03496
지각된 가격	NB집단 PB집단	168 157	4.9330 4.5955	0.72409 0.73245	0.05586 0.05846
단기 판매촉진	NB집단 PB집단	168 157	4.3408 4.3631	0.94196 0.92657	0.07267 0.07395
패키지 디자인	NB집단 PB집단	168 157	4.7540 4.8110	0.77746 0.77190	0.05998 0.06160
내재적 단서	NB집단 PB집단	168 157	4.8743 4.5651	0.75678 0.46208	0.05839 0.03688

표 2.3 NB와 PB구매집단의 집단통계량 (계속)

구분	집단유형	N	평균	표준편차	표준오차
제품의 성능	NB집단	168	5.0179	0.82884	0.06395
	PB집단	157	4.4522	0.83718	0.06681
브랜드 명성	NB집단	168	4.9623	0.83696	0.06457
	PB집단	157	4.6285	0.79346	0.06333
지각된 품질	NB집단	168	4.6429	0.87914	0.06783
	PB집단	157	4.6146	0.74167	0.05919
고객만족	NB집단	168	4.8571	0.84341	0.06507
	PB집단	157	4.7431	0.76876	0.06135
재구매의도	NB집단	168	5.0476	0.69719	0.05379
	PB집단	157	4.7006	0.68893	0.05498

표 2.4 NB와 PB 구매집단의 독립표본 t 검정결과

구분		Levene의 등분산		평균의 동일성에 대한 t 검정			
		F	유의확률	t	자유도	유의확률	결과
외재적 단서	등분산 가정	3.853	0.051	1.584	323	0.114	차이 없음
	미가정			1.594	317.862	0.112	
지각된 가격	등분산 가정	0.039	0.843	4.176	323	0.000	차이 있음
	미가정			4.174	320.976	0.000	
단기 판매촉진	등분산 가정	0.045	0.832	−0.215	323	0.830	차이 없음
	미가정			−0.215	322.147	0.830	
패키지 디자인	등분산 가정	0.023	0.879	−0.664	323	0.507	차이 없음
	미가정			−0.664	321.812	0.507	
내재적 단서	등분산 가정	20.065	0.000	4.409	323	0.000	차이 있음
	미가정			4.478	279.246	0.000	
제품의 성능	등분산 가정	0.003	0.953	6.118	323	0.000	차이 있음
	미가정			6.118	321.049	0.000	
브랜드 명성	등분산 가정	1.587	0.209	3.685	323	0.000	차이 있음
	미가정			3.691	322.932	0.000	
지각된 품질	등분산 가정	2.996	0.084	0.312	323	0.756	차이 없음
	미가정			0.313	319.716	0.754	
고객만족	등분산 가정	0.710	0.400	1.271	323	0.205	차이 없음
	미가정			1.275	322.803	0.203	
재 구매의도	등분산 가정	0.788	0.375	4.509	323	0.000	차이 있음
	미가정			4.511	321.989	0.000	

분산분석(ANOVA) : 커피전문점 브랜드 간의 차이 확인

분석개요

외식 및 식음료산업의 경우 각 브랜드 간의 경쟁이 치열해지고 있기 때문에 무엇보다 고객만족에 대한 중요성을 인식하고 브랜드에 대한 충성도를 향상하는 데 중점을 맞추어야 한다. 고객만족을 통해 충성도 구축을 위해서는 다양한 제품개발, 가격전략과 고객 소비성향분석을 통한 마케팅 현지화 활동이 더욱 강조되고 있다.

본 예제는 경쟁이 심화되어 가고 있는 외국 프랜차이즈 커피전문점을 경험한 중국의 소비자를 대상으로 4P(제품, 가격, 판촉, 유통) 중심의 마케팅 현지화 활동, 점포 이미지, 서비스 품질이 고객만족과 브랜드 충성도에 미치는 영향에 대한 분석결과를 이용한다. 또한 이러한 마케팅 활동들이 고객만족을 매개로 브랜드 충성도에 미치는 직간접적인 영향 관계의 검증결과도 이용한다. 그리고 이러한 인과관계 분석결과에 기반하여 연구변수들에 대한 분산분석을 통해 커피전문점 브랜드별 소비자 인식의 차이를 확인한다.

표본 및 변수 선정

본 예제의 자료는 중국 베이징시에서 커피전문점 브랜드인 미국의 스타벅스, 영국의 코스타, 대만의 상도(UBC)를 이용한 경험이 있는 소비자들을 대상으로 하였다. 조사방법은 브랜드별 베이징의 5개 지역에 위치한 커피전문점 매장 내부의 고객과 매장 인근에서 설문이 이루어졌다. 표본의 크기는 브랜드별 각 100부씩 총 300부의 설문지를 배부하였고, 이 중 280부를 회수하여 최종 244부를 결과분석에 사용하였다.

연구변수는 종속변수인 고객만족과 브랜드 충성도에 대한 영향을 측정하기 위해서 독립변수로 마케팅 현지화 활동, 점포 이미지, 서비스 품질의 세 가지로 선정하였다. 또한 독립변수 중에서 마케팅 현지화 활동은 4P(제품, 가격, 판촉, 유통)를 중심으로 세분화하였다.

차이분석 : 분산분석

집단 간의 평균비교를 통한 차이분석에 있어서 비교대상이 2개 집단일 경우에는 일반적으로 t 검정을 이용하고, 3개 집단 이상일 경우에는 ANOVA를 이용한다. 따라서 본 예제의 비교대상인 미국의 스타벅스, 영국의 코스타, 대만의 상도 3개의 커피전문점 브랜드에 대한 소비자 인식의 차이분석을 위해 〈표 2.5〉와 같이 일원분산분석을 수행하였다.

표 2.5 분산분석 결과

구분		브랜드	N	Mean	S.D.	S.E.	F	p
마케팅 현지화 활동	제품 현지화	스타벅스	70	4.4143	1.01904	0.12180	0.368	0.672
		코스타	87	4.4981	1.22935	0.13180		
		상도	87	4.5670	0.91797	0.09842		
	가격 현지화	스타벅스	70	4.6643	0.86800	0.10375	0.242	0.785
		코스타	87	4.7098	1.06808	0.11451		
		상도	87	4.7701	0.90959	0.09752		
	판촉 현지화	스타벅스	70	4.9786	0.88131	0.10534	0.249	0.780
		코스타	87	4.9109	1.02013	0.10937		
		상도	87	4.8764	0.80683	0.08650		
	유통 현지화	스타벅스	70	4.5429	0.93625	0.11190	1.250	0.288
		코스타	87	4.7739	0.96515	0.10347		
		상도	87	4.6743	0.82902	0.08888		
점포 이미지		스타벅스	70	4.7036	0.80453	0.09616	3.342	0.037
		코스타	87	5.0057	0.98902	0.10603		
		상도	87	4.7213	0.71673	0.07684		
서비스 품질		스타벅스	70	4.8286	0.90943	0.10870	5.894	0.003
		코스타	87	5.0345	0.89911	0.09639		
		상도	87	4.5575	0.94523	0.10134		

분석결과 제품, 가격, 판촉, 유통의 현지화 부분에서는 $F > 3.8416 (t = 1.96)(p < 0.05)$을 충족하지 못하여 3개 브랜드 간에 유의미한 차이가 없는 것으로 나타났다. 즉, 중국에서 3개 브랜드의 제품, 가격, 판촉, 유통의 마케팅 현지화 전략은 유사하며 소비자들은 3개 브랜드를 차별적으로 인식하지 못하는 것으로 볼 수 있다. 반면 점포 이미지 부분은 $F > 2.6896 (t = 1.64)$ $(p < 0.1)$을 충족하여 브랜드별 차이가 존재한다는 것을 알 수 있다. 평균 점수는 코스타 5.01, 상도 4.72, 스타벅스 4.70 순으로 코스타의 점포 이미지가 가장 좋은 것으로 나타났다. 이것은 소비자가 코스타의 독특한 인테리어와 분위기 등의 점포 이미지를 차별적으로 인식하는 것으로 볼 수 있다. 또한 서비스 품질 부분에 대해서도 $F > 3.8416 (t = 1.96)(p < 0.05)$을 충족하여 유의미한 차이가 있는 것으로 나타났다. 브랜드별 평균 점수는 코스타 5.03, 스타벅스 4.83, 상도 4.56 순으로 코스타의 서비스 품질이 가장 좋게 나타났으며, 상도는 서비스 품질 분야의 향상을 위한 노력이 필요함을 알 수 있다.

2.3 분석절차 : SPSS 사용방법

모집단의 수에 따른 평균차이 검정을 위해서 SPSS는 [분석] 메뉴가 있고 하위에 [평균 비교]라는 분석도구를 제공하고 있다. [평균 비교]에는 모집단의 개수에 따른 평균차이를 검정할 수 있는 [일표본 t 검정], [독립표본 t 검정], [대응표본 t 검정] 및 [일원분산분석]을 포함하고 있다.

　[일표본 t 검정]은 모집단이 1개인 경우 평균에 대한 가설검정을 할 때 사용되며, [독립표본 t 검정]은 모집단이 2개인 경우에 두 집단의 평균을 비교하고자 할 경우에 사용한다. [대응표본 t 검정]은 단일 모집단에서 실험을 실시하기 전과 후에 측정한 값들을 비교해서 실험 효과를 분석하는 쌍체비교분석을 하고자 하는 경우에 사용한다. [일원분산분석]은 3개 이상 모집단의 평균차이를 분석하고자 하는 경우에 사용한다. 본 예제에서는 독립표본 t 검정과 일원분산분석을 기준으로 SPSS 분석절차를 제시한다.

t 검정 : 2개 집단 간의 차이 확인

데이터 불러오기
상단 메뉴 [파일] → [열기] → [데이터]를 선택하거나, 메뉴모음의 단축아이콘 [데이터 열기]를 클릭한다. [데이터 열기] 창에서 열고자 하는 데이터 파일을 선택하고 [열기]를 누르면 SPSS에서 데이터가 열린다.

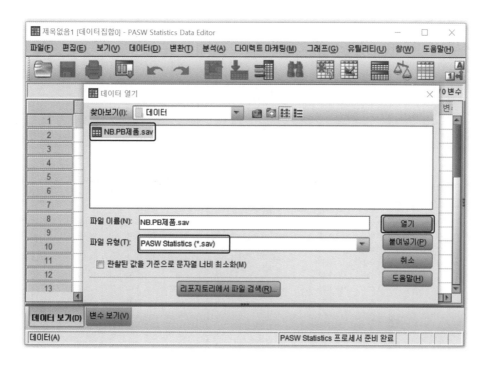

독립표본 t 검정

불러온 파일에서 상단 메뉴 [분석] → [평균 비교] → [독립표본 t 검정]을 선택한다.

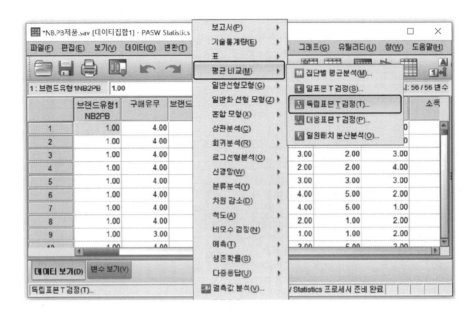

[독립표본 t 검정] 창에서 [검정변수] 란에 검정대상인 변수를 옮겨 놓고, [집단변수] 란에는
차이를 식별하고자 하는 집단인 브랜드유형1NB2PB를 옮겨 놓는다.

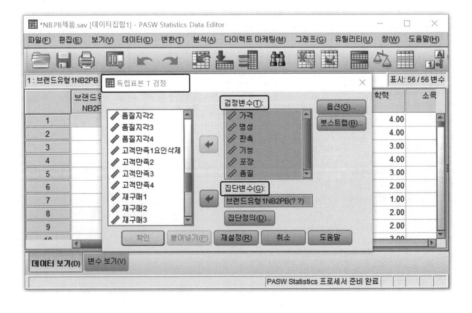

[검정변수]와 [집단변수]의 입력 후, [집단정의]를 클릭하고 [집단정의] 창에 집단 1에는 '1', 집단 2에는 '2'를 입력하고 [계속]을 클릭한다. 다시 [독립표본 t 검정] 창을 확인하면 집단변수 가 '브랜드유형1NB2PB(1, 2)'로 설정된 것을 확인할 수 있다.

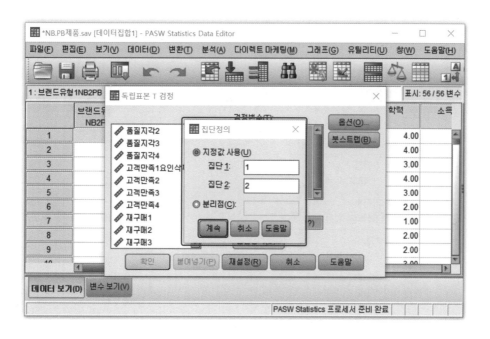

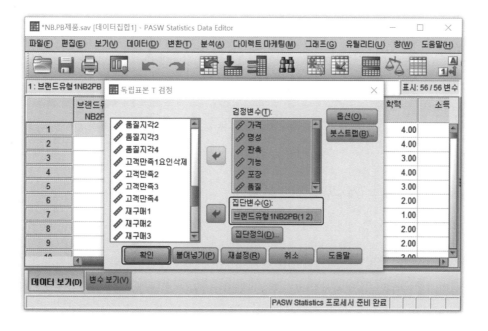

분석결과

[독립표본 t 검정] 창에서 [확인]을 클릭하면 독립표본 t 검정이 수행되고 분석결과가 제시된다. 먼저 집단통계량이 제시되고 〈표 2.6〉과 같이 등분산성이 고려된 독립표본 t 검정결과가 산출된다.

표 2.6　독립표본 t 검정결과

구분		Levene의 등분산 검정		평균의 동일성에 대한 t 검정		
		F	유의확률	t	자유도	유의확률
가격	등분산이 가정됨 등분산이 가정되지 않음	.039	.843	4.176 4.174	323 320.976	.000 .000
명성	등분산이 가정됨 등분산이 가정되지 않음	1.587	.209	3.685 3.691	323 322.932	.000 .000
판촉	등분산이 가정됨 등분산이 가정되지 않음	.045	.832	−.215 −.215	323 322.147	.830 .830
성능	등분산이 가정됨 등분산이 가정되지 않음	.003	.953	6.118 6.116	323 321.049	.000 .000
포장	등분산이 가정됨 등분산이 가정되지 않음	.023	.879	−.664 −.664	323 321.812	.507 .507
품질	등분산이 가정됨 등분산이 가정되지 않음	2.996	.084	.312 .313	323 319.716	.756 .754
고객만족	등분산이 가정됨 등분산이 가정되지 않음	.710	.400	1.271 1.275	323 322.803	.205 .203
재구매	등분산이 가정됨 등분산이 가정되지 않음	.788	.375	4.509 4.511	323 321.989	.000 .000
외재	등분산이 가정됨 등분산이 가정되지 않음	3.853	.051	1.584 1.594	323 317.862	.114 .112
내재	등분산이 가정됨 등분산이 가정되지 않음	20.065	.000	4.409 4.478	323 279.246	.000 .000

분산분석(ANOVA) : 3개 집단 간의 차이 확인

데이터 불러오기

상단 메뉴 [파일] → [열기] → [데이터]를 선택하거나, 메뉴모음의 단축아이콘 [데이터 열기]를 클릭한다. [데이터 열기] 창에서 열고자 하는 데이터 파일을 선택하고 [열기]를 누르면 SPSS에서 데이터가 열린다.

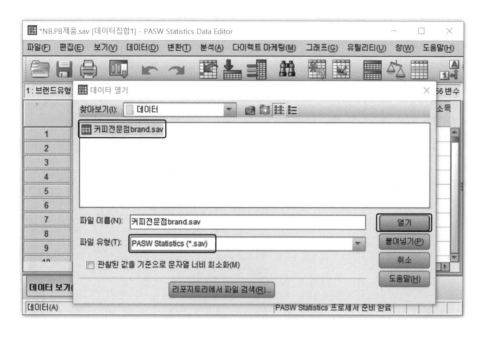

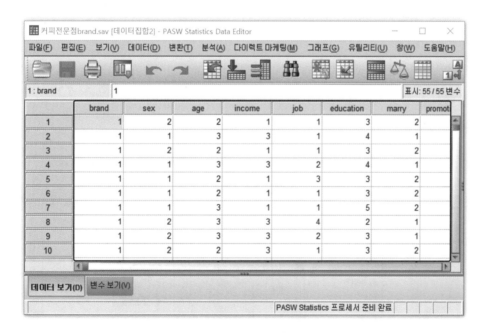

일원분산분석

불러온 파일에서 상단 메뉴 [분석] → [평균비교] → [일원배치 분산분석]을 선택한다.

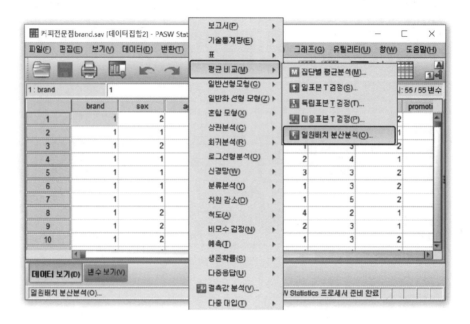

[일원배치 분산분석] 창에서 [종속변수] 란에는 검정대상 변수를, [요인분석] 란에는 차이를 식별하고자 하는 집단인 커피전문점 브랜드를 옮겨 놓는다.

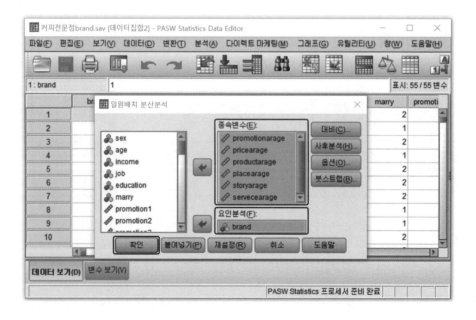

분산분석 결과

[종속변수]와 [요인분석]의 입력 후 [일원배치 분산분석] 창에서 [확인]을 클릭하면 일원배치
분산분석 결과가 〈표 2.7〉과 같이 산출된다.

표 2.7 일원배치 분산분석 결과

구분		제곱합	df	평균 제곱	F	유의확률
promotionarage	집단 간 집단 내 합계	.411 199.074 199.486	2 241 243	.206 .826	.249	.780
pricearage	집단 간 집단 내 합계	.444 221.247 221.691	2 241 243	.222 .918	.242	.785
productarage	집단 간 집단 내 합계	.905 274.094 275.000	2 241 243	.453 1.137	.398	.672
placearage	집단 간 집단 내 합계	2.072 199.698 201.770	2 241 243	1.036 .829	1.250	.288
storyarage	집단 간 집단 내 합계	4.797 172.962 177.759	2 241 243	2.399 .718	3.342	.037
servecearage	집단 간 집단 내 합계	9.951 203.427 213.378	2 241 243	4.976 .844	5.894	.003

사후분석

분산분석을 통해 단순히 전체 집단 간 차이의 유무는 확인할 수 있으나 분석대상인 개별 집단
간의 차이에 대한 구체적인 내용을 알기 위해서는 추가로 **사후분석**을 수행해야 한다. 또한 사
후분석을 통해 집단 간 차이에 대한 유의성 여부도 확인할 수 있으므로 더욱 정교한 결과를 얻
을 수 있다. 사후분석은 LSD, Bonferroni, Duncan, Tukey, Scheffe, Dunnett 등 많은 방법이
있다. 이러한 분석방법들은 집단 간의 차이를 찾는 구체성과 세밀한 정도가 다르기 때문에 같
은 자료에 대해서도 분석법에 따라 다른 결과가 나타날 수 있다. 본 예제에서는 일반적으로 많
이 사용하는 Scheffe 방법으로 분석결과를 제시한다.

[일원배치 분산분석] 창에서 [사후분석]을 클릭하고 [Scheffe]를 체크하고 [계속]을 클릭한다.

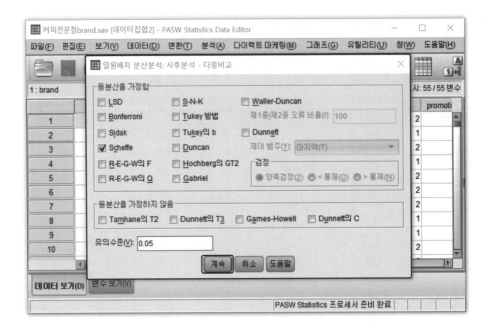

그리고 다시 [일원배치 분산분석] 창에서 [옵션]을 클릭하고 [통계량] 항목에서 [기술통계]와 [분산 동질성 검정]을 체크하고 [계속]을 클릭한다.

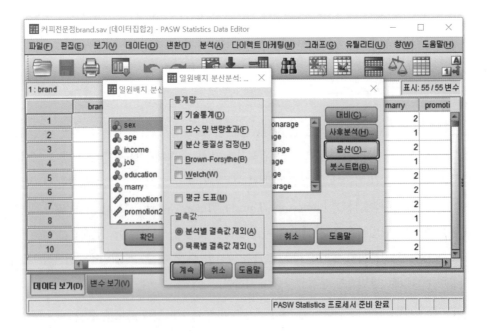

사후분석 결과

최종적으로 [일원배치 분산분석] 창에서 [확인]을 클릭하게 되면 사후분석이 수행되고 분석결과가 제시된다. 사후분석은 기술통계량, 분산의 동질성 검정결과, 집단 간 다중비교 결과로 〈표 2.8〉~〈표 2.10〉과 같이 산출된다.

표 2.8 기술통계량

구분		N	평균	표준편차	표준오차	평균에 대한 95% 신뢰구간	
						하한값	상한값
promotionarage	1	70	4.9786	.88131	.10534	4.7684	5.1887
	2	87	4.9109	1.02013	.10937	4.6935	5.1283
	3	87	4.8764	.80683	.08650	4.7045	5.0484
	합계	244	4.9180	.90605	.05800	4.8038	5.0323
pricearage	1	70	4.6643	.86800	.10375	4.4573	4.8713
	2	87	4.7098	1.06808	.11451	4.4821	4.9374
	3	87	4.7701	.90959	.09752	4.5763	4.9640
	합계	244	4.7182	.95515	.06115	4.5978	4.8387
productarage	1	70	4.4143	1.01904	.12180	4.1713	4.6573
	2	87	4.4981	1.22935	.13180	4.2361	4.7601
	3	87	4.5670	.91797	.09842	4.3714	4.7627
	합계	244	4.4986	1.06381	.06810	4.3645	4.6328
placearage	1	70	4.5429	.93625	.11190	4.3196	4.7661
	2	87	4.7739	.96515	.10347	4.5682	4.9796
	3	87	4.6743	.82902	.08888	4.4976	4.8510
	합계	244	4.6721	.91123	.05834	4.5572	4.7870
storyarage	1	70	4.7036	.80453	.09616	4.5117	4.8954
	2	87	5.0057	.98902	.10603	4.7950	5.2165
	3	87	4.7213	.71673	.07684	4.5685	4.8740
	합계	244	4.8176	.85529	.05475	4.7098	4.9255
servecearage	1	70	4.8286	.90943	.10870	4.6117	5.0454
	2	87	5.0345	.89911	.09639	4.8429	5.2261
	3	87	4.5575	.94523	.10134	4.3560	4.7589
	합계	244	4.8053	.93707	.05999	4.6872	4.9235

표 2.9 분산의 동질성 검정 결과

구분	Levene 통계량	df1	df2	유의확률
promotionarage	1.902	2	241	.152
pricearage	1.702	2	241	.184
productarage	3.386	2	241	.035
placearage	1.429	2	241	.242
storyarage	7.714	2	241	.001
servecearage	.098	2	241	.907

표 2.10 집단 간 다중비교 결과(Scheffe)

구분	(I)brand	(J)brand	평균차(I-J)	표준오차	유의확률	95% 신뢰구간 하한값	95% 신뢰구간 상한값
promotionarage	1	2	.06765	.14593	.898	-.2918	.4271
		3	.10213	.14593	.783	-.2573	.4616
	2	1	-.06765	.14593	.898	-.4271	.2918
		3	.03448	.13780	.969	-.3049	.3739
	3	1	-.10213	.14593	.783	-.4616	.2573
		2	-.03448	.13780	.969	-.3739	.3049
pricearage	1	2	-.04548	.15384	.957	-.4244	.3334
		3	-.10583	.15384	.789	-.4847	.2731
	2	1	.04548	.15384	.957	-.3334	.4244
		3	-.06034	.14527	.917	-.4182	.2975
	3	1	.10583	.15384	.789	-.2731	.4847
		2	.06034	.14527	.917	-.2975	.4182
productarage	1	2	-.08380	.17123	.887	-.5055	.3380
		3	-.15276	.17123	.672	-.5745	.2690
	2	1	.08380	.17123	.887	-.3380	.5055
		3	-.06897	.16170	.913	-.4672	.3293
	3	1	.15276	.17123	.672	-.2690	.5745
		2	.06897	.16170	.913	-.3293	.4672
placearage	1	2	-.23109	.14616	.288	-.5911	.1289
		3	-.13147	.14616	.668	-.4915	.2285
	2	1	.23109	.14616	.288	-.1289	.5911
		3	.09962	.13802	.771	-.2403	.4396
	3	1	.13147	.14616	.668	-.2285	.4915
		2	-.09962	.13802	.771	-.4396	.2403
storyarage	1	2	-.30218	.13602	.087	-.6372	.0329
		3	-.01769	.13602	.992	-.3527	.3173
	2	1	.30218	.13602	.087	-.0329	.6372
		3	.28448	.12845	.088	-.0319	.6009

2.4 결과 해석

독립표본 t 검정결과

독립표본 t 검정결과에서는 유의확률을 확인해야 한다. 본 예제의 분석결과표에서는 유의확률이 F의 오른쪽 열과 자유도의 오른쪽 열에 두 가지로 표시되어 있다. 이 중에서 자유도의 오른쪽 열의 유의확률은 '등분산 가정'과 '등분산이 가정되지 않음' 두 가지로 구분되어 있다.

우선적으로 분산의 동질성(등분산 가정 여부)을 먼저 확인해야 한다. 독립표본 t 검정에서는 2개의 표본을 기준으로 검정하게 되는데, 이러한 2개의 표본이 비교가 가능한 것인가를 확인하는 것이 등분산이며 Levene의 F 검정결과로 판단한다. 본 예제의 '고객만족' 변수의 분석결과값을 확인해보면 '등분산 가정됨'의 F 값은 .710이며 유의확률은 .400으로 유의수준의 최소 범위인 .05보다 크다. 따라서 '등분산이 맞다'라는 귀무가설을 채택하고 '등분산이 가정됨'에 해당하는 분석결과를 확인해야 한다. 만일 F 값에 대한 유의확률이 .05 이하라면 '등분산이 가정되지 않음'에 해당하는 결과값을 확인하면 된다.

일원분산분석

분산분석 결과로 "집단 간에 차이가 있는가?"에 대한 가설의 유의수준을 확인할 때 p 값은 낮을수록, F 값은 높을수록 집단 간의 평균차이가 있다고 볼 수 있다. 만일 집단 간의 차이가 있다면 유의수준은 $p < 0.5$가 되어야 한다. 본 예제의 일원분산분석 결과를 살펴보면 촉진은 $p = .780$이므로 귀무가설을 채택해야 하고, 서비스는 $p = .003$이므로 연구(대립)가설을 채택한다. 이와 같은 분산분석 결과를 통해 집단(표본) 간의 차이 유무를 단순히 확인할 수 있으나 표본별 구체적인 차이의 정도와 내용은 확인할 수 없다. 따라서 이를 보완하기 위하여 사후분석을 수행하게 된다.

사후분석

분산분석을 통해 집단 간에 차이가 있음을 확인할 수 있었으나 정확한 차이를 식별하기 위해서는 사후분석을 추가적으로 수행해야 한다. 즉, 분산분석 결과에서 각 집단이 t 값으로 평균의 차이를 가지고 있다는 것을 증명할 수는 있지만, 어떤 집단 간의 차이가 있는 것인지는 알 수 없기 때문이다. 사후분석은 LSD, Bonferroni, Duncan, Tukey, Scheffe, Dunnett 등의 다양한 방법이 있으며, 이를 통해 집단 간에 선명한 차이가 드러날 수 있다. 본 예제에서는 Scheffe의 방법으로 사후분석을 수행하였고, 집단 간의 다중비교 산출결과를 제시하고 있다. 다중비교 결과 유의확률에 의거 변수별로 3개의 브랜드 간 차이의 유무와 정도를 쉽게 알아볼 수 있도록 제시하고 있다.

## 제3장

회귀분석

3.1 기본개념

회귀분석의 개념

회귀분석(Regression Analysis)의 회귀는 평균으로 돌아간다는 의미이며, 회귀분석은 변수들 간의 함수관계를 분석하는 방법이다. 독립변수(원인)가 종속변수(결과)에 미치는 영향력의 정도를 분석하고, 이를 바탕으로 독립변수의 일정한 값에 대응하는 종속변수의 값을 예측하는 모형을 산출한다. 즉, 연구변수로 설정된 독립변수와 종속변수 간의 상호 연관성 정도를 확인하고, 특히 한 변수의 변화가 원인이 되어 다른 변수에 영향을 미치는 인과관계분석에 이용된다. 기본적으로 회귀분석은 자료의 분산된 모형에서 예측하고자 하는 하나의 1차 방정식 형태의 직선 회귀선을 추정해내는 것으로 보통 선형 회귀분석이라고도 한다. 두 변수 간의 선형적인 상관관계가 있을 때 관계의 형태를 가장 잘 나타내는 직선을 식별하여 수집된 자료를 기초로 예측을 가능하게 한다. 예를 들어 $\hat{Y}$을 X에 대한 Y의 회귀선이라고 가정하면 $\hat{Y}=a+bX_i$와 같은 회귀방정식으로 표현할 수 있다.

회귀분석의 종류

회귀분석은 독립변수의 수에 따라 구분하기도 하는데, 독립변수가 1개이면 단순 회귀분석(Simple Regression), 2개 이상이면 다중 회귀분석(Multiple Regression)이라고 한다. 회귀분석은 일반적으로 등간척도나 비율척도로 측정된 데이터를 분석할 때 이용되는데, 명목척도나 서열척도로 측정된 변수를 독립변수로 사용할 경우에는 이항변수(Binary Variable)로 표시된 더미변수(Dummy Variable)를 이용하여 분석할 수도 있다. 이러한 경우의 일반 회귀분석과 구분하여 더미변수를 이용한 회귀분석이라고 하고, 독립변수와 종속변수 간의 관계에 따라서는 선형 회귀분석과 비선형 회귀분석으로도 구분한다. 그리고 분석방법을 기준으로 구분하면 단순/다중 회귀분석, 단계적/위계적/더미변수 회귀분석, 조절/매개/로지스틱 회귀분석으로 구분하기도 한다. 이 책에서는 회귀분석에 있어서 상대적으로 많이 사용되는 단순/다중/위계적/더미변수 회귀분석을 중심으로 기술한다.

단순 회귀분석

단순 회귀분석은 독립변수가 하나일 경우에 종속변수와의 관계를 분석하여 독립변수가 종속변수에 미치는 영향을 분석하는 방법이다. 단순 회귀분석은 등간척도와 비율척도로 측정된 데이터를 분석할 때 사용된다. 독립변수가 하나이므로 단순 회귀분석이라고 불린다. 회귀분석이 이루어지려면 표본의 측정값들이 선형이어야 한다. 이와 같이 두 변수 간의 관계를 분석하여 모형으로 개발하기 위해서는 두 변수가 대략적으로 어떠한 관계를 가지고 있는지를 살펴보아야 한다. 두 변수 간의 관계를 확인하기 위해서 가장 효과적인 방법은 산점도를 그려보는 것이다. 이러한 산점도상의 관측치들을 통과하는 직선은 수없이 많을 수 있는데, 이 직선 중에 산점도의 정중앙을 통과하는 직선이 회귀분석으로 찾고자 하는 회귀선이 된다. 그리고 이러한 최적의 회귀선을 도출하기 위한 방법으로 최소제곱법을 많이 이용한다.

다중 회귀분석

다중 회귀분석은 2개 이상의 독립변수와 종속변수 간의 관계를 설명하고, 종속변수 값을 예측하기 위한 모형을 도출하는 분석방법이다. 즉, 2개 이상의 독립변수와 하나의 종속변수와의 관계를 분석하는 것인데, 독립변수가 2개 이상이라는 것만 제외하고는 단순 회귀분석과 동일한 절차로 진행된다. 따라서 회귀식을 도출하여 결정계수를 구하고 산출된 회귀식의 통계적 유의성 검정은 모두 단순 회귀분석의 경우에서와 같은 방법으로 이루어진다. 일반적으로 사회현상은 하나의 변수로 설명되거나 예측되는 경우는 거의 없다고 볼 수 있다. 따라서 2개 이상의 독립변수를 사용하여 종속변수의 분산을 보다 효과적이고 정확하게 설명하고 예측하는 모형을 개발할 수도 있다.

위계적 회귀분석

위계적 회귀분석은 사용되는 변수의 척도가 등간척도와 비율척도로 이루어진 경우에 사용된다. 다중 회귀분석에서는 2개 이상의 독립변수를 모두 투입하여 연구모형의 인과관계를 분석하는 반면, 위계적 회귀분석에서는 연구자의 경험적 근거를 바탕으로 영향력이 큰 변수를 하나씩 투입해 가면서 회귀분석을 진행한다. 이를 통해 독립변수 가운데 영향력이 가장 큰 변수와 작은 변수가 무엇인지를 확인할 수 있다. 예를 들어 독립변수가 3개인 경우 독립변수를 차례대로 하나씩 추가하면서 1단계, 2단계, 3단계로 분석을 하면 투입되는 변수에 따라 회귀식이 단계별로 다르게 구성된다. 즉, 각각의 독립변수만 놓고 평가하는 것이 아니라, 단계별로 새로운 변수들과 합쳐졌을 때의 설명력이 어떻게 변화하는지를 보고자 하는 것이 위계적 회귀분석이다. 다만 독립변수를 투입하는 순서는 전적으로 연구자에게 달려 있다. 이처럼 위계적 회귀분석은 1단계, 2단계, 3단계로 분석하는 방식이 다중 회귀분석과의 차이점이다. 따라서 분석방법과 분석결과를 단계별로 해석해야 하므로 이것을 설명하는 방법도 일반 회귀분석과 다르다.

더미변수 회귀분석

회귀분석에서 사용하는 변수들은 모두 등간척도 또는 비율척도로 측정된 변수여야 한다. 그러나 성별, 직업, 종교 등과 같이 명목척도로 측정된 변수를 독립변수로 사용해야 하는 경우가 발생할 수 있다. 이와 같은 경우에는 명목척도로 측정된 변수를 0과 1의 값만을 갖게 되는 한 개 또는 몇 개의 이항변수로 변경하여 회귀분석을 수행할 수 있다. 이러한 이항변수는 실제로 측정한 변수가 아니고 명목척도로 측정된 값들을 구분할 수 있도록 가상적으로 만든 변수이므로 이를 더미변수라고 부른다. 그리고 이러한 변수들을 이용한 회귀분석은 일반 회귀분석과 구분하여 더미변수 회귀분석이라고 한다. 더미는 독립변수의 수만큼 만들어 사용할 수 있다. 그러나 가능한 한 적은 수의 독립변수를 사용하여 회귀모형을 개발하는 것이 분석 자료의 자유도를 높여 더 신뢰할 수 있는 모형을 만들 수 있으므로 더미변수를 최소한으로 설정하는 것이 바람직하다.

회귀분석의 전제조건

회귀분석을 수행할 때 일반적으로 회귀모형의 설명력을 나타내는 결정계수와 독립변수의 영향력을 나타내는 회귀계수를 중요하게 생각한다. 그러나 분석에 사용할 자료가 회귀분석에 적합하지 않을 경우에는 분석결과를 신뢰할 수 없게 된다. 따라서 회귀분석에 사용될 자료는 몇 가지 전제조건이 충족되어야 한다.

독립변수와 종속변수가 모두 연속형 변수로 정규분포해야 한다

특정 독립변수의 값에 해당하는 종속변수의 값은 정규분포해야 하며, 모든 정규분포의 분산은 동일해야 한다. 이러한 조건이 충족되어야 회귀분석을 통한 신뢰할 수 있는 모형을 도출할 수 있다. 그리고 이때의 회귀선이 모든 정규분포의 중심인 평균을 통과하는 선이 된다. 그러나 실제로 자료의 정규분포성이나 등분산성을 사전에 정확히 확인하고 분석하는 것은 불가능하다. 따라서 이러한 정규분포성과 등분산성에 대한 가정은 명목척도처럼 특별한 척도로 측정한 변수가 아니면 묵시적으로 이러한 전제조건이 성립한다는 전제하에서 회귀분석을 수행하게 된다.

독립변수 간의 상호작용(다중공선성)이 없는 독립적인 관계여야 한다

다중 회귀분석과 같이 몇 개의 독립변수가 하나의 종속변수에 영향을 미치는 관계를 확인할 경우에는 사용하는 독립변수들이 서로 상관관계가 너무 높으면 통계치의 추정에 문제가 있게 된다. 따라서 다중 회귀분석 전에 독립변수 간의 상관분석을 통해 상관관계가 너무높은 독립변수가 존재한다면 이를 조정해야 한다. 독립변수 간의 상관관계를 다중공선성(Multicollinearity)이라고 하며, 하나의 독립변수가 다른 독립변수에 미치는 영향이 클 경우에 다중공선성이 존재하게 된다. 다중공선성이 존재하면 최소제곱법에 의해 추정된 회귀모형의 표준오차 값이 커지는 경향이 있으므로 회귀모형이 잘못 추정될 가능성이 크고 예측력이 떨어지게 된다.

독립변수와 종속변수가 직선 관계여야 한다

직선 관계를 확인하기 위해서는 자료 분포를 살펴보아야 한다. 사회과학에서의 자료들은 정확하게 직선의 형태를 갖기 어려우므로 대략적으로 직선의 형태를 추정할 수 있으면 사용이 가능하다. 좀 더 직선의 형태로 변환하기 위해서 로그함수의 형태를 적용하기도 한다.

최소제곱법을 이용한 회귀식

회귀분석의 회귀식을 도출할 수 있는 대표적인 방법으로 최소제곱법(Least Squared Method)이 있다. 최소제곱법은 관측치들과 회귀선 간의 거리(차이)인 잔차 제곱하여 모두 합한 값이다. 즉, 잔차의 제곱합이 최소가 되도록 하는 직선식을 구하는 방법이다. 회귀분석을 통해 도출된 회귀선은 독립변수 값에 의해 구분되는 관측치들이 가지고 있는 종속변수 값들의 평균을 관통하는 선이다. 따라서 잔차는 관측치의 실제값과 이를 예측하는 회귀선과의 차이로서 그 값은 관측치의 위치에 따라 양수(+) 또는 음수(−)가 될 수도 있다. 이러한 부분을 피하기 위하여 잔차제곱의 합을 최소화하는 방법으로 회귀식을 도출하게 된다.

3.2 적용예제 : 중국 IT기업 근로자의 이직의도에 미치는 영향요인

분석개요

본 예제는 중국 IT기업의 근로자를 대상으로 기업의 조직 내 시스템 및 대인관계의 효과성을 검증하는 연구이다. 종속변수인 이직의도에 미치는 영향요인으로 조직 내 시스템, 조직 내 대인관계를 독립변수로 하여 인과관계를 분석한다. 조직 내 시스템 및 대인관계는 조직 공정성, 직무 스트레스, 상사 및 동료와의 관계로 구분하여 조직에 대한 근로자의 이직의도에 어떠한 영향을 미치는지를 검증한다.

문헌연구를 통해 연구변수 간의 인과관계에 대한 이론적 타당성을 확인하고 이를 기반으로 연구가설을 설정한다. 그리고 연구가설에 대하여 다중회귀분석으로 독립변수와 종속변수 간의 인과관계를 확인한다.

표본 및 변수 선정

자료는 중국의 전문 리서치 기관을 통해 수집하였고 설문은 리커트 5점 척도를 이용하여 측정하였다. 중국의 IT기업 근로자를 대상으로 397부의 설문지를 접수하였고, 이중에서 최종적으로 322부를 분석에 사용하였다.

연구변수로 독립변수는 조직 내 시스템, 조직 내 대인관계로 선정하였고, 종속변수는 이직의도로 선정하였다. 또한 조직 내 시스템의 하위개념은 직무 갈등, 직무 과부하, 분배 공정성, 절차 공정성, 그리고 조직 내 대인관계의 하위개념은 상사와의 관계와 동료와의 관계로 구성하였다.

가설 및 연구모형

H1 : 조직 내 시스템은 이직의도에 영향을 미칠 것이다.

    H1-1 : 직무 갈등은 이직의도에 영향을 미칠 것이다.

    H1-2 : 직무 과부하는 이직의도에 영향을 미칠 것이다.

    H1-3 : 분배 공정성은 이직의도에 영향을 미칠 것이다.

    H1-4 : 절차 공정성은 이직의도에 영향을 미칠 것이다.

H2 : 조직 내 대인관계는 이직의도에 영향을 미칠 것이다.

    H2-1 : 상사와의 관계는 이직의도에 영향을 미칠 것이다.

    H2-2 : 동료와의 관계는 이직의도에 영향을 미칠 것이다.

이와 같이 독립변수와 종속변수 간의 가설을 바탕으로 본 예제의 연구변수들의 인과관계를 연구모형화하면 〈그림 3.1〉과 같다.

그림 3.1 연구모형

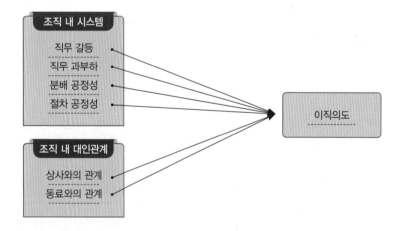

가설검증 : 다중 회귀분석

다중 회귀분석 방법으로 독립변수들에 대하여 종속변수와의 인과관계를 검증하였다. 다중 회귀분석 결과를 살펴보면 직무 갈등($\beta = .206$, $p < 0.001$), 직무 과부하($\beta = .188$, $p < 0.01$)는 이직의도에 정(+)의 영향을 미치는 것으로 나타났다. 그리고 분배 공정성($\beta = -.171$, $p < 0.001$), 절차 공정성($\beta = -.279$, $p < 0.001$)은 이직의도에 부(−)의 영향을 미치는 것으로 확인되었다.

한편 상사와의 관계($\beta = -.206$, $p < 0.001$)도 이직의도에 부(−)의 영향을 미치는 것으로 나타났고, 동료와의 관계($\beta = -.084$, $p = .074$)는 이직의도와의 관계가 유의하지 않은 것으로 나타났다. 따라서 가설 1(H1)은 채택되었고, 가설 2(H2)는 가설 2-1(H2-1)은 채택되었으나, 가설 2-2(H2-2)는 유의하지 않은 것으로 확인되어 가설이 채택되지 못했다. 본 예제의 연구변수들의 인과관계에 대한 다중 회귀분석 결과는 〈표 3.1〉과 같다.

표 3.1 다중 회귀분석 결과

독립변수	종속변수	R^2	β	SE	t	p	결과
직무 갈등			−.171	.032	−3.710	***	○
직무 과부하			−.279	.034	−5.955	***	○
분배 공정성	이직의도	.329	.206	.037	4.441	***	○
절차 공정성			.188	.034	4.060	***	○
상사와의 관계			−.206	.034	−4.318	***	○
동료와의 관계			−.084	.032	−1.794	.074	×

3.3 분석절차 : SPSS 사용방법

SPSS에서의 회귀분석이다. SPSS에서는 상단의 [분석] 메뉴가 있고, 하위에 [회귀분석]이라는 분석도구를 제공하고 있다. [회귀분석]에는 [선형], [곡선추정], [다항 로지스틱], [프로빗], [비선형] 등의 분석방법이 있다. 본 예제에서는 회귀분석을 위해 [선형]을 기준으로 '다중 회귀분석'과 '위계적 회귀분석'을 위한 SPSS 분석절차를 제시한다.

다중 회귀분석

데이터 불러오기

상단 메뉴 [파일] → [열기] → [데이터]를 선택하거나, 메뉴모음의 단축아이콘 [데이터 열기]를 클릭한다. [데이터 열기] 창에서 열고자 하는 데이터 파일을 선택하고 [열기]를 누르면 SPSS에서 데이터가 열린다.

다중 회귀분석

불러온 파일에서 상단 메뉴 [분석] → [회귀분석] → [선형]을 선택한다.

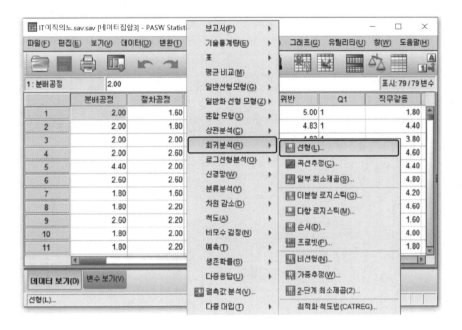

[선형 회귀분석] 창에서 [종속변수] 란에 '이직의도'를 그리고 [독립변수] 란에는 '직무 갈등', '직무 과부하', '분배 공정성', '절차 공정성', '상사와의 관계', '동료와의 관계' 모두 6개의 독립 변수를 옮겨 놓는다.

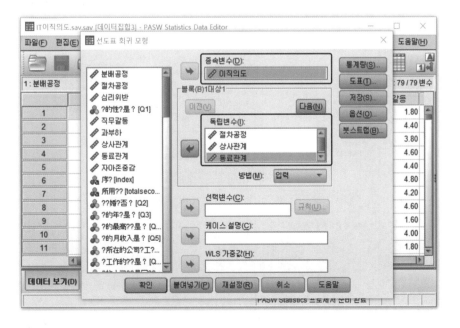

[선형 회귀분석] 창에서 [통계량]을 클릭한다. [통계량] 창이 열리면 [추정값], [신뢰구간], [모형 적합], [기술통계], [공선성 진단], [Durbin-Watson], [케이스별 진단]에 체크하고 [계속]을 클릭한다.

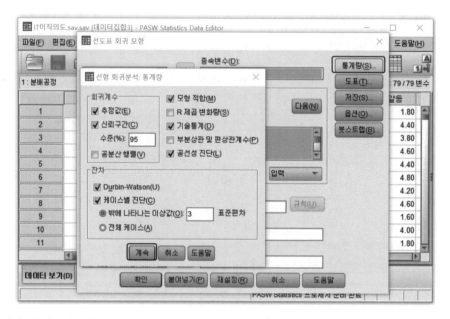

[선형 회귀분석] 창에서 [도표]를 클릭한다. [도표] 창이 열리면 [히스토그램], [정규확률도표]에 체크한다. 그리고 Y축에 표준화 잔차를 의미하는 'ZRESID'를, X축에는 표준화 예측값을 의미하는 'ZPRED'를 옮겨 놓고 [계속]을 클릭한다.

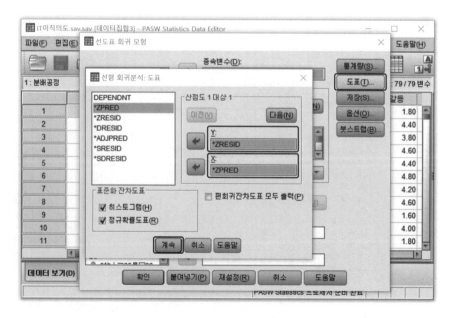

최종적으로 [선형 회귀분석] 창에서 [확인]을 클릭하면 분석이 시작된다.

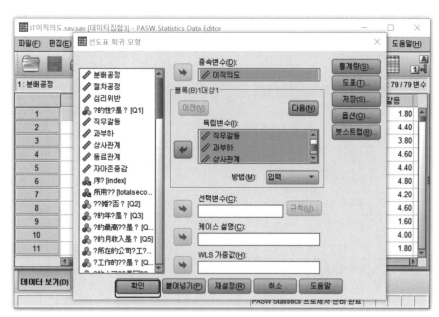

분석결과

[선형 회귀분석] 창에서 [확인]을 클릭하면 다중 회귀분석이 수행되고 분석결과가 제시된다. 기술통계량, 상관계수, 진입/제거된 변수, 모형요약, 분산분석, 계수, 공선성 진단, 케이스별 진단, 잔차 통계량, 히스토그램, 회귀 표준화 잔차의 정규 P-P 도표, 산점도 등이 산출된다. 본 예제에서는 다중 회귀분석으로 산출되는 결과는 〈표 3.2〉~〈표 3.10〉, 〈그림 3.2〉~〈그림 3.4〉와 같다.

표 3.2 기술통계량

독립변수	평균	표준편차	N
이직의도	4.0343	.75326	332
직무갈등	3.8590	.93931	332
과부하	3.6973	1.03456	332
분배공정	2.8488	1.07300	332
절차공정	2.7072	1.02291	332
상사관계	2.8173	1.05580	332
동료관계	2.9753	1.10182	332

먼저 기술통계량이 산출되는데, 각 변수의 평균과 표준편차가 제시된다(표 3.2 참조). 그리고 상관계수표에서 각 변수 간의 상관계수와 유의확률, 표본의 수가 표시된다(표 3.3 참조).

표 3.3 상관계수

구분		이직의도	직무갈등	과부하	분배공정	절차공정
Pearson 상관	이직의도	1.000	.304	.216	−.195	−.359
	직무갈등	.304	1.000	.104	−.059	−.110
	과부하	.261	.104	1.000	.024	−.135
	분배공정	−.195	−.059	.024	1.000	−.055
	절차공정	−.359	−.110	−.135	−.056	1.000
	상사관계	−.342	−.163	−.106	.102	.177
	동료관계	−.164	−.051	.047	.129	.067
유의확률(단측)	이직의도		.000	.000	.000	.000
	직무갈등	.000		.030	.143	.022
	과부하	.000	.030		.334	.007
	분배공정	.000	.143	.334		.159
	절차공정	.000	.022	.007	.159	
	상사관계	.000	.001	.027	.032	.001
	동료관계	.001	.179	.198	.009	.113
N	이직의도	332	332	332	332	332
	직무갈등	332	332	332	332	332
	과부하	332	332	332	332	332
	분배공정	332	332	332	332	332
	절차공정	332	332	332	332	332
	상사관계	332	332	332	332	332
	동료관계	332	332	332	332	332

진입/제거된 변수표에서는 종속변수 이직의도의 독립변수로 직무갈등, 과부하, 분배공정, 절차공정, 상사관계, 동료관계가 사용되고 있음을 알 수 있다(표 3.4 참조).

$R = .574$로 독립변수와 종속변수 간의 상관관계를 나타내고, $R^2 = .329$로 회귀선이 이직의도에 대해 32.9%를 설명한다. 그리고 수정된 $R^2 = .317$은 독립변수의 수와 표본의 크기를 고려하여 수정된 값이다. 잔차의 독립성을 나타내는 Durbin-Watson 값은 .956이다. Durbin-Watson 값은 0~4까지의 값을 가지며 2에 가까울수록 독립적이라고 할 수 있다(표 3.5 참조).

표 3.4 진입/제거된 변수

모형	진입된 변수	제거된 변수	방법
1	동료관계		입력
	과부하		
	직무갈등		
	분배공정		
	절차공정		
	상사관계[a]		

표 3.5 모형 요약

모형	R	R제곱	수정된 R제곱	추정값의 표준오차	Durbin-Watson
1	.574[a]	.329	.317	.62252	.956

〈표 3.6〉과 같이 분산분석은 회귀식 자체의 유의성을 나타내준다. 회귀모형에서의 $F = 26.605$이고 유의확률이 .000으로 통계적으로 유의하다.

표 3.6 분산분석

모형		제곱합	자유도	평균 제곱	F	유의확률
1	회귀모형	61.862	6	10.310	26.605	.000[a]
	잔차	125.947	325	.388		
	합계	187.809	331			

계수표(표 3.7 참조)는 $Y = \beta_0 + \beta_1 X_1 + \beta_2 X_2 + \beta_3 X_3 + \cdots + \beta_n X_n$을 다중회귀식을 이루는 계수와 상수를 나타낸다. 즉, 상수는 4.373, 독립변수인 '직무갈등'의 계수는 .165, '과부하'는 .137, '분배공정'은 $-.120$, '절차공정'은 $-.205$, '상사관계'는 $-.147$, '동료관계'는 $-.057$이므로 회귀식은 식 (3.1)과 같다.

$$Y = \beta_0 + \beta_1 X_1 + \beta_2 X_2 + \beta_3 X_3 + \cdots + \beta_n X_n \qquad (3.1)$$

이직의도 = 4.373 + 0.165(직무갈등) + 0.137(과부하) + (−0.120)(분배공정) +
(−0.205)(절차공정) + (−0.147)(상사관계) + (−0.057)(동료관계)

표 3.7   계수

모형	비표준화계수		표준화계수	t	유의 확률	B에 대한 95% 신뢰구간		공선성 통계량	
	B	표준오차	베타			하한값	상한값	공차	VIF
1 (상수)	4.373	.267		16.406	.000	3.849	4.897		
직무갈등	.165	.037	.206	4.441	.000	.092	.239	.958	1.044
과부하	.137	.034	.188	4.060	.000	.071	.203	.963	1.039
분배공정	−.120	.032	−.171	−3.710	.000	−.184	−.056	.968	1.033
절차공정	−.205	.034	−.279	−5.955	.000	−.273	−.137	.942	1.061
상사관계	−.147	.034	−.206	−4.318	.000	−.214	−.080	.907	1.103
동료관계	−.057	.032	−.084	−1.794	.074	−.120	.006	.947	1.056

공선성 진단(표 3.8 참조)은 다중 공선성 여부를 판단하는 지표들이다. '고유값'은 독립변수들의 변형값에 대한 요인분석으로 구한다. 상태지수는 고유값을 변형한 값으로 15보다 작아야 다중 공선성의 문제가 없다고 판단할 수 있다. 분산비율은 각 차원에서 독립변수들의 설명력을 나타낸다.

표 3.8   공선성 진단

모형	차원	고유값	상태지수	분산비율						
				(상수)	직무갈등	과부하	분배공정	절차공정	상사관계	동료관계
1	1	6.476	1.000	.00	.00	.00	.00	.00	.00	.00
	2	.141	6.784	.00	.02	.06	.15	.38	.15	.00
	3	.120	7.355	.00	.07	.08	.26	.11	.21	.08
	4	.103	7.931	.00	.00	.01	.37	.10	.00	.64
	5	.090	8.467	.00	.02	.04	.13	.24	.54	.24
	6	.057	10.649	.00	.45	.60	.00	.02	.00	.00
	7	.013	21.983	.99	.43	.21	.09	.15	.10	.03

케이스별 진단표(표 3.9 참조)의 표준화 잔차값은 특이한 값의 판단에 유용하다. 밖으로 나타나는 이상값은 표준편차 3으로 설정되어 있으며, 따라서 표준편차 ±3을 넘는 값을 제외하고 분석을 수행한다. 케이스별 진단표에서 표준화 잔차의 절댓값이 3 이상이면 이상 관측치이고, 2~3의 값이면 이상 관측치일 가능성이 있다. '이직의도'에 대해서는 종속변수의 실제 관측값, 예측값과의 잔차를 나타낸다.

〈표 3.10〉과 같이 잔차통계량은 종속변수인 이직의도의 예측값을 기준으로 최솟값, 최댓값,
평균, 표준편차, 표본개수(N)에 대한 잔차, 표준오차 예측값, 표준화 잔차를 나타낸다.

표 3.9 케이스별 진단

케이스 번호	표준화 잔차	이직의도	예측값	잔차
110	−3.501	1.20	3.3792	−2.17922
273	−3.666	1.60	3.8820	−2.28202
319	−3.145	1.20	3.1581	−1.95807

표 3.10 잔차 통계량

구분	최솟값	최댓값	평균	표준편차	N
예측값	2.7701	4.8420	4.0343	.43231	332
잔차	−2.28202	1.62305	.00000	.61685	332
표준오차 예측값	−2.924	1.868	.000	1.000	332
표준화 잔차	−3.666	2.607	.000	.991	332

히스토그램은 종속변수를 이직의도로 하는 표준화 잔차의 히스토그램으로 실선은 표준정규
분포를 나타낸다(그림 3.2 참조).

그림 3.2 히스토그램

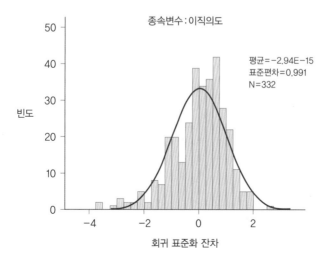

평균=−2.94E−15
표준편차=0.991
N=332

P-P 도표는 표준화 잔차들이 표준정규분포를 이루면 점들은 45도 직선상에 놓여야 한다(그림 3.3 참조). 그리고 산점도는 표준화 잔차(ZRESID)와 표준화 예측값(ZPRED)의 관계를 나타내고 등분산 가정을 검증하는 방법으로도 쓰인다(그림 3.4 참조). 본 예제에서는 표준화 잔차와 표준화 예측값 간에 어떠한 관계도 나타나지 않아야 한다.

그림 3.3 회귀 표준화 잔차의 정규 P-P 도표

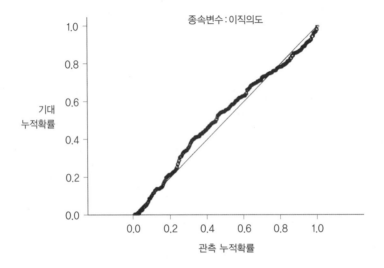

그림 3.4 산점도

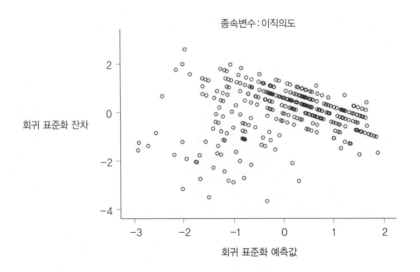

위계적 회귀분석

데이터 불러오기

상단 메뉴 [파일] → [열기] → [데이터]를 선택하거나, 메뉴모음의 단축아이콘 [데이터 열기]를
클릭한다. [데이터 열기] 창에서 열고자 하는 데이터 파일을 선택하고 [열기]를 누르면 SPSS에
서 데이터가 열린다.

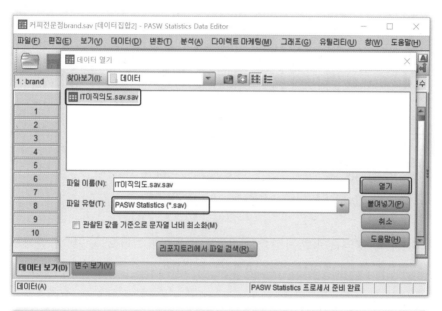

위계적 회귀분석

불러온 파일에서 상단 메뉴 [분석] → [회귀분석] → [선형]을 선택한다.

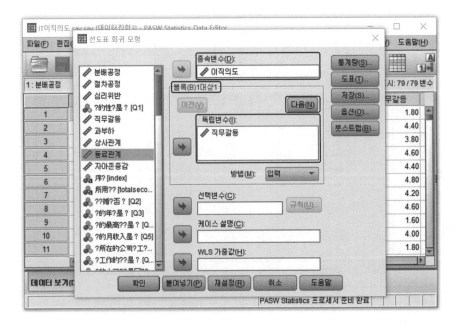

[선형 회귀분석] 창의 [종속변수] 란에 '이직의도'를 옮긴다. 그리고 [독립변수] 란에 '직무 갈
등', '직무 과부하', '분배 공정성', '절차 공정성', '상사와의 관계', '동료와의 관계'를 차례대로

입력해야 하는데, 6개의 독립변수를 한꺼번에 옮기지 않는다. 먼저 독립변수인 '직무갈등'을
블록(B)1대상1 쪽으로 옮긴 후 [다음]을 클릭한다.

블록(B)2대상2로 창이 전환되고 [독립변수] 란이 빈칸으로 바뀐다. 독립변수인 '직무 과부
하'를 블록(B)2대상2 쪽으로 옮긴 후 [다음]을 클릭한다.

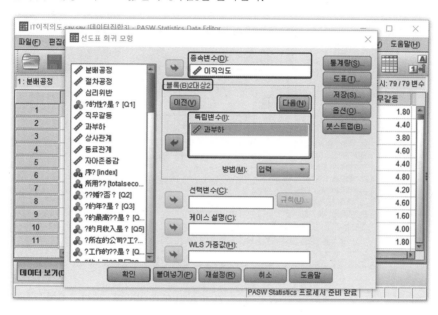

블록(B)3대상3으로 창이 전환되고 [독립변수] 란이 빈칸으로 바뀐다. 독립변수인 '분배 공정
성'을 블록(B)3대상3 쪽으로 옮긴 후 [다음]을 클릭한다.

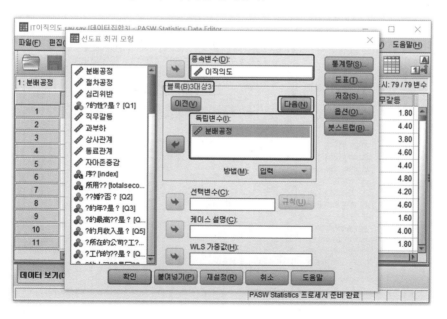

블록(B)4대상4로 창이 전환되고 [독립변수] 란이 빈칸으로 바뀐다. 독립변수인 '절차 공정성'을 블록(B)4대상4 쪽으로 옮긴 후 [다음]을 클릭한다.

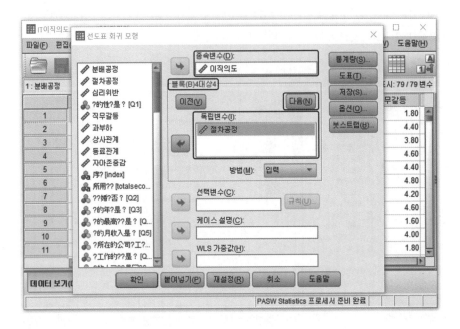

블록(B)5대상5로 창이 전환되고 [독립변수] 란이 빈칸으로 바뀐다. 독립변수인 '상사와의 관계'를 블록(B)5대상5 쪽으로 옮긴 후 [다음]을 클릭한다.

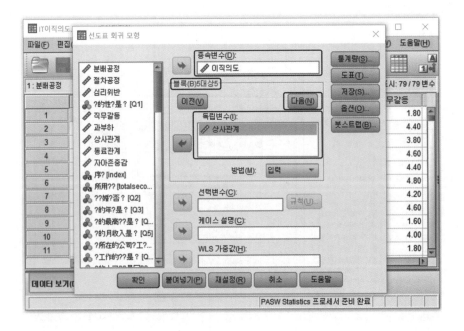

블록(B)6대상6으로 창이 전환되고 [독립변수] 란이 빈칸으로 바뀐다. 독립변수인 '동료와의 관계'를 블록(B)6대상6 쪽으로 옮긴 후 [다음]을 클릭한다.

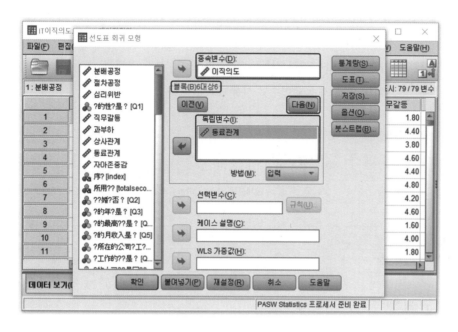

마지막 [독립변수]를 입력하고 [통계량]을 클릭한다. [통계량] 창에서 [추정값], [신뢰구간], [모형 적합], [공선성 진단], [Durbin-Watson] 등에 체크하고 [계속]을 클릭한다. 그리고 다시 [선형 회귀분석] 창에서 [확인]을 클릭하면 분석이 시작된다.

분석결과

[선형 회귀분석] 창에서 [확인]을 클릭하면 위계적 회귀분석이 수행되고 분석결과가 제시된다. 진입/제거된 변수, 모형 요약, 계수, 제외된 변수, 공선성 진단, 잔차 통계량 등이 산출된다. 본 예제에서 위계적 회귀분석을 수행한 산출결과는 〈표 3.11〉~〈표 3.15〉와 같다.

먼저 진입/제거된 변수에서 '직무 갈등', '직무 과부하', '분배 공정성', '절차 공정성', '상사와의 관계', '동료와의 관계'가 독립변수로 사용되고 있음을 알 수 있다.

표 3.11 진입/제거된 변수

모형	진입된 변수	제거된 변수	방법
1	직무갈등		단계선택[기준:입력할 F의 확률 (=.050, 제거할 F의 확률)=.100]
2	과부하[a]		입력
3	분배공정[a]		입력
4	절차공정[a]		입력
5	상사관계[a]		입력
6	동료관계[a]		입력

모형 요약은 모형1, 모형2, 모형3, 모형4, 모형5, 모형6에 따라 독립변수가 투입되는데, R^2 값으로 회귀식의 설명력을 확인할 수 있다.

표 3.12 모형 요약

모형	R	R제곱	수정된 R제곱	추정값의 표준오차	Durbin-Watson
1	.304[a]	.092	.090	.71868	
2	.382[b]	.146	.140	.69837	
3	.424[c]	.180	.172	.68530	
4	.527[d]	.278	.269	.64411	
5	.568[e]	.323	.312	.62463	
6	.574[f]	.329	.317	.62252	.956

a. 예측값:(상수), 직무갈등
b. 예측값:(상수), 직무갈등, 과부하
c. 예측값:(상수), 직무갈등, 과부하, 분배공정
d. 예측값:(상수), 직무갈등, 과부하, 분배공정, 절차공정
e. 예측값:(상수), 직무갈등, 과부하, 분배공정, 절차공정, 상사관계
f. 예측값:(상수), 직무갈등, 과부하, 분배공정, 절차공정, 상사관계, 동료관계
g. 종속변수:이직의도

분산분석은 F 값과 유의확률을 확인하여 분석목적에 부합하게 회귀식이 세워졌는지를 판단하는 표이다. 예제에서는 F 값과 유의확률이 .000으로 모형1, 모형2, 모형3, 모형4, 모형5, 모형6 모두가 연구모형에 적합한 회귀선을 구성하고 있다.

표 3.13 분산분석

모형		제곱합	자유도	평균 제곱	F	유의확률
1	회귀모형	17.362	1	17.362	33.614	.000ᵃ
	잔차	170.447	330	.517		
	합계	187.809	331			
2	회귀모형	27.350	2	13.675	28.039	.000ᵇ
	잔차	160.459	329	.488		
	합계	187.809	331			
3	회귀모형	33.769	3	11.256	23.969	.000ᶜ
	잔차	154.039	328	.470		
	합계	187.809	331			
4	회귀모형	52.142	4	13.035	31.419	.000ᵈ
	잔차	135.667	327	.415		
	합계	187.809	331			
5	회귀모형	60.615	5	12.123	31.072	.000ᵉ
	잔차	127.193	326	.390		
	합계	187.809	331			
6	회귀모형	61.862	6	10.310	26.605	.000ᶠ
	잔차	125.947	325	.388		
	합계	187.809	331			

a. 예측값:(상수), 직무갈등
b. 예측값:(상수), 직무갈등, 과부하
c. 예측값:(상수), 직무갈등, 과부하, 분배공정
d. 예측값:(상수), 직무갈등, 과부하, 분배공정, 절차공정
e. 예측값:(상수), 직무갈등, 과부하, 분배공정, 절차공정, 상사관계
f. 예측값:(상수), 직무갈등, 과부하, 분배공정, 절차공정, 상사관계, 동료관계
g. 종속변수:이직의도

계수에서는 모형별 다중회귀식을 구성하는 계수와 상수를 제시하고, 이에 대한 유의확률을 나타낸다. 각 모형의 상수항은 3.093, 2.544, 2.934, 3.809, 4.269, 4.373이면서 유의수준을 벗

어나고 있으며, 계수별 유의수준은 '동료와의 관계' 변수를 제외하고 p < .000이다.

표 3.14   계수

모형		비표준화계수		표준화계수	t	유의확률	B에 대한 95% 신뢰구간		공선성 통계량	
		B	표준오차	베타			하한값	상한값	공차	VIF
1	(상수)	3.093	.167		18.522	.000	2.765	3.422		
	직무갈등	.244	.042	.304	5.798	.000	.161	.327	1.000	1.000
2	(상수)	2.544	.203		12.546	.000	2.145	2.942		
	직무갈등	.225	.041	.280	5.466	.000	.144	.305	.989	1.011
	과부하	.169	.037	.232	4.525	.000	.095	.242	.989	1.011
3	(상수)	2.934	.225		13.025	.000	2.491	3.378		
	직무갈등	.215	.040	.269	5.333	.000	.136	.295	.986	1.015
	과부하	.173	.037	.237	4.720	.000	.101	.245	.986	1.012
	분배공정	−.130	.035	−.185	−3.697	.000	−.199	−.061	.986	1.004
4	(상수)	3.809	.249		15.283	.000	3.319	4.300		
	직무갈등	.190	.038	.237	4.972	.000	.115	.265	.975	1.025
	과부하	.144	.035	.198	4.161	.000	.076	.213	.973	1.027
	분배공정	−.143	.033	−.204	−4.316	.000	−.208	−.078	.992	1.008
	절차공정	−.234	.035	−.318	−6.655	.000	−.303	−.165	.969	1.032
5	(상수)	4.269	.261		16.352	.000	3.756	4.783		
	직무갈등	.167	.037	.208	4.460	.000	.093	.240	.958	1.044
	과부하	.133	.034	.182	3.929	.000	.066	.199	.968	1.033
	분배공정	−.127	.032	−.181	−3.926	.000	−.190	−.063	.981	1.020
	절차공정	−.208	.035	−.283	−6.032	.000	−.276	−140	.944	1.059
	상사관계	−.157	.034	−.220	−4.660	.000	−.223	−.091	.932	1.073
6	(상수)	4.373	.267		16.406	.000	3.849	4.897		
	직무갈등	.165	.037	.206	4.441	.000	.092	.239	.958	1.044
	과부하	.137	.034	.188	4.060	.000	.071	.203	.963	1.039
	분배공정	−.120	.032	−.171	−3.710	.000	−.184	−.056	.968	1.033
	절차공정	−.205	.034	−.279	−5.955	.000	−.273	−.137	.942	1.061
	상사관계	−.147	.034	−.206	−4.318	.000	−.214	−.080	.907	1.103
	동료관계	−.057	.032	−.084	−1.794	.074	−.120	.006	.947	1.056

a. 종속변수 : 이직의도

제외된 변수에는 각 모형에서 제외된 변수들에 대한 분석값들이 입력되어 있다.

표 3.15 제외된 변수

모형		베타입력	t	유의확률	편상관계수	공선성 통계량		
						공차	VIF	최소공차한계
1	과부하	.232[a]	4.525	.000	.242	.989	1.011	.989
	분배공정	−.178[a]	−3.448	.001	−.187	.997	1.003	.997
	절차공정	−.330[a]	−6.650	.000	−.344	.988	1.012	.988
	상사관계	−.300[a]	−5.930	.000	−.311	.974	1.027	.974
	동료관계	−.149[a]	−2.867	.004	−.156	.997	1.003	.997
2	분배공정	−.185[b]	−3.697	.000	−.200	.996	1.004	.986
	절차공정	−.306[b]	−6.247	.000	−.326	.972	1.028	.972
	상사관계	−.281[b]	−5.671	.000	−.299	.965	1.036	.965
	동료관계	−.161[b]	−3.204	.001	−.174	.995	1.005	.986
3	절차공정	−.318[c]	−6.655	.000	−.345	.969	1.032	.969
	상사관계	−.265[c]	−5.408	.000	−.287	.956	1.046	.956
	동료관계	−.140[c]	−2.807	.005	−.153	.979	1.021	.979
4	상사관계	−.220[d]	−4.660	.000	−.250	.932	1.073	.932
	동료관계	−.117[d]	−2.471	.014	−.136	.973	1.027	.963
5	동료관계	−.084[e]	−1.794	.074	−.099	.947	1.056	.907

a. 모형 내의 예측값 : (상수), 직무갈등
b. 모형 내의 예측값 : (상수), 직무갈등, 과부하
c. 모형 내의 예측값 : (상수), 직무갈등, 과부하, 분배공정
d. 모형 내의 예측값 : (상수), 직무갈등, 과부하, 분배공정, 절차공정
e. 모형 내의 예측값 : (상수), 직무갈등, 과부하, 분배공정, 절차공정, 상사관계
f. 종속변수 : 이직의도

3.4 결과 해석

상관계수

상관계수(Correlation Coefficient)는 두 변수 간의 선형적인 관계의 정도와 방향을 수치로 정량화한 지수이다. 두 변수의 공분산은 측정한 척도에 따라 그 값이 달라지므로 공분산만으로 두 변수 선형관계를 정확하게 파악하기 어렵다. 따라서 측정단위에 따라 변하지 않는 표준화된 공분산을 구하게 되는데 이것이 상관계수이다. 표준화된 공분산인 상관계수의 크기는 −1에서 +1 사이의 값을 갖게 된다.

결정계수(R^2)

결정계수(R-squared)는 최소제곱법에 의하여 추정된 회귀선이 종속변수의 변화를 얼마나 잘 설명할 수 있는지에 대한 설명력을 나타내는 지수이다. 관측치들의 총제곱합(Sum of Squared Total, SST)은 회귀선에 의해 설명되지 못한 편차의 제곱합(Sum of Squared Error, SSE)과 회귀식에 의해 설명되는 편차의 제곱합(Sum of Squared Regression, SSR)으로 구성된다. 결정계수는 총제곱합(SST) 중에서 회귀선에 의해 설명되는 제곱합(SSR)이 차지하는 비율을 의미한다. 따라서 설명력이 높은 회귀선일수록 제곱합(SSR)이 차지하는 비율이 높아져 결정계수(R^2) 값이 1에 가까워진다.

Durbin-Watson 지수

Durbin-Watson 지수는 회귀분석 후 잔차의 독립성을 나타내는 것으로 잔차끼리 자기상관성의 유무를 판단하는 지수이다. 0~4까지의 값을 가지며 2에 가까우면 독립적이라고 할 수 있다. 만일 0에 가깝게 되면 정(+)의 상관관계가 있고, 4에 가까우면 부(−)의 상관관계가 있는 것으로 판단할 수 있다. 0과 4에 가까울수록 회귀식이 부적합한 것으로 볼 수 있다.

비표준화 계수(B)와 표준화 계수(β)

회귀식을 도출하려면 계수표를 이용해야 한다. 계수에는 비표준화 계수와 표준화 계수가 표시된다. 회귀식에서는 비표준화 계수를 사용한다. 비표준화 계수는 측정 데이터와 관련이 있기 때문이다. 표준화 계수는 단위가 다른 독립변수가 2개 이상일 경우에 각 단위를 통일시킨 계수 값을 산출하기 위해 사용한다. 즉, 회귀식을 만들 때는 비표준화 계수가 시용되지만, 독립변수 간의 계수를 비교하여 확인할 때는 표준화 계수를 사용하여 각 변수의 영향력을 비교하고 판단해야 한다.

공차와 VIF

공차와 VIF(Variance Inflation Factor) 값은 다중 공선성을 확인할 수 있다. 공차는 공차한계를 의미하고, VIF는 분산팽창지수를 의미하고 공차와 역수관계이다. VIF는 1~무한대(∞)의 값을 가지는데, 10 미만이면 다중 공선성에 문제가 없는 것으로 판단한다.

## 제 4장

자료포락분석(DEA)

4.1 기본개념

자료포락분석의 개념

자료포락분석(Data Envelopment Analysis, DEA)은 함수형태를 가정하고 모수를 추정하는 통계기법이 아니고, 선형계획법에 기반하여 분석대상(Decision Making Unit, DMU)의 투입 및 산출변수를 이용하여 효율적인 프론티어로부터 벗어난 정도로 상대적인 비효율성을 측정하는 비모수적인 분석 방법이다.

DEA 모형의 원리는 Farrell(1957)의 연구에서 제시한 기술적 효율성(TE)과 배분적 효율성(AE)을 측정한 모형에서 최초로 제시되었다. 그 후 Charnes, Cooper, Rhodes(1978)가 Farrell의 효율성 연구를 새롭게 해석하고 규모수익불변(Constant Return to Scale, CRS)을 가정하여 CCR 모형을 개발하였다. 그러나 CCR 모형은 기업이 최적의 규모로 운영될 시에 적합한 모형으로서 현실적인 경쟁상황과 재무적 제약 등으로 많은 기업이 최적으로 운영되지 못할 수도 있다는 점을 반영하지 못하는 한계를 지니고 있었다. 따라서 Banker, Charnes, Cooper(1984)는 CCR 모형의 한계점인 규모수익가변(Variable Return to Scale, VRS)을 반영하기 위해 CCR 모형을 확장하여 BCC 모형을 제안하였다.

이후에도 DEA 모형은 보완 및 정교화 과정을 거치면서 Super Efficiency 분석모형인 Super-SBM(Slacks-based Measures), Super-CCR, Super-BCC 등의 확장모형들이 개발되어 왔으며, 현재 다양한 분야의 많은 연구에서 DEA 모형으로 가장 널리 활용되고 있는 모형은 Charnes,

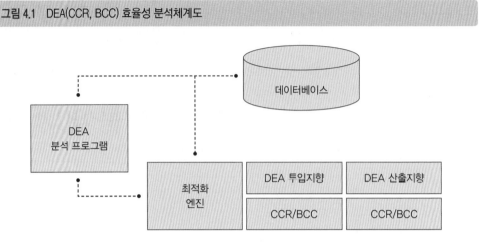

그림 4.1   DEA(CCR, BCC) 효율성 분석체계도

출처 : 박만희(2008), 효율성과 생산성 분석에서 저자 수정

Cooper, Rhodes(1978)의 CCR 모형과 Banker, Charnes, Cooper(1984)의 BCC 모형이다.

박만희(2008)는 DEA 방법에 대한 연구동향에 분별력 있는 가중치의 설정문제, 이상치(Outliner) 처리문제, AHP-DEA 결합방법, 대용량 데이터 처리문제, Fuzzy 순위결정방법, 규모수익과 규모탄력성 등 DEA 방법과 관련된 연구가 지속적으로 진행되고 있다고 했다. 그리고 연구자들이 DEA를 쉽게 연구에 적용할 수 있는 분석도구로 〈그림 4.1〉과 같은 분석체계의 EnPAS(Efficiency and Productivity Analysis System) 프로그램을 개발하였다. 이 책의 DEA 적용예제와 분석절차는 EnPAS 프로그램의 효율성 분석체계를 이용한다.

DEA-CCR 모형

DEA-CCR 모형은 가장 원형적인 모형으로 Charnes, Cooper, Rhodes(1978)에 의해 제안되었으며, 다수의 투입 및 산출변수들에 대하여 선형분수계획모형(Fractional Linear Programming Model)으로 산출변수의 합에 대한 다수 투입변수의 합의 비율이 최대가 되는 최적의 가중치를 구하여 DMU의 효율성을 측정하는 모형이다. 즉, n개의 DMU($k = 1, 2, 3, \cdots, n$)에 대하여 DMUk"별 s개의 산출변수 y_{rk}($r = 1, 2, 3, \cdots, s$)와 m개의 투입변수 x_{ik}($i = 1, 2, 3, \cdots, m$)를 선정하고 적용하여 평가대상인 DMUk"의 상대적인 효율성 h_k를 측정한다고 가정하면 효율성 조건은 $h_k = 1$이고 투입변수에 대한 산출변수의 비율이 1과 같거나 작다는 제약조건하에서 투입 및 산출변수의 가중치 v_i와 u_r을 산출하여 효율성 비율을 측정하는 것으로 식 (4.1)과 같다.

$$(FP_n)\ Max\ h_n = \frac{u_1 y_{1k} + u_2 y_{2k} + \cdots + u_s y_{sk}}{v_1 x_{1k} + v_2 x_{2k} + \cdots + v_m x_{mk}} = \frac{\displaystyle\sum_{r=1}^{s} u_i y_{ik}}{\displaystyle\sum_{i=1}^{m} v_i x_{ik}}$$

(4.1)

$$\frac{u_1 y_{1k^1} + u_2 y_{2k^2} + \cdots + u_s y_{sk^n}}{v_1 x_{1k^1} + v_2 x_{2k^2} + \cdots + v_m x_{mk^n}} = \frac{\displaystyle\sum_{r=1}^{s} u_i y_{ik^n}}{\displaystyle\sum_{i=1}^{m} v_i x_{ik^n}} \geq 1 \quad (k=1, \cdots, n)$$

$$u_i \geq \varepsilon \geq 0 \quad (i=1, \cdots, m)$$

$$u_r \geq \varepsilon \geq 0 \quad (r=1, \cdots, s)$$

h_n : DMUk^n의 효율성

v_i : i번째 투입변수에 대한 가중치

u_r : r번째 산출변수에 대한 가중치

x_{ik^n} : DMUk^n의 i번째 투입변수의 양

y_{rk^n} : DMUk^n의 n번째 산출변수의 양

ε : non-Archimedean 상수

n : DMU의 수

m : 투입변수의 수

s : 산출변수의 수

식 (4.1)과 같은 선형분수계획모형에서 최대화의 문제는 무제한의 최적해를 산출하거나 평가대상의 수가 많을 경우에는 해의 계산이 어려워진다. 따라서 이러한 문제점을 해결하기 위해서 목적함수의 투입물 가중합을 1로 고정하고 제약조건식을 변형한 선형계획법 문제로 전환(CCR Transformation)하면 식 (4.2)와 같다.

$$(LP_n)\ Max\ h_n = \sum_{r=1}^{s} u_r y_{rk}$$

$$s.t.\ \sum_{r=1}^{s} u_r y_{rk^n} - \sum_{i=1}^{m} v_i x_{ik^n} \leq 0 \quad (k=1, \cdots, n)$$

(4.2)

$$\sum_{i=1}^{m} v_i x_{ik} = 1$$

$$u_r \geq \varepsilon \geq 0,\ v_i \geq \varepsilon \geq 0,\ \forall_{r,\ i}$$

그러나 선형계획법에서는 제약조건식이 많아지면 문제해결의 시간이 증가되는 등 어려움이 발생하므로 계산상의 편리성을 위해 일반적으로 쌍대문제로 전환하고 여유변수를 도입하여 효율성을 측정하게 된다.

DEA-BCC 모형

BCC 모형은 Banker, Charnes, Cooper(1984)가 CCR 모형에서의 규모수익불변(CRS)의 가정에 대한 현실적 제한사항을 인식하고 규모수익가변(VRS)을 가정하여 제시한 DEA 모형이다. BCC 모형은 규모에 대한 수익효과를 측정하고 이것을 기술적 효율성(TE)에서 분리하여 규모의 효율성을 제외한 순수 기술적 효율성(Pure Technical Efficiency, PTE)을 측정할 수 있어서 비효율의 원인이 순수한 기술적 요인에 의한 것인지, 또는 규모의 요인에 의한 것인지를 알 수 있게 해준다. BCC 모형을 선형분수계획모형과 선형계획법으로 나타내면 식 (4.3)과 같다.

$$(FP_n) \ Max \ h_n = \frac{\sum_{r=1}^{s} u_i y_{ik} + u_k}{\sum_{i=1}^{m} v_i x_{ik}}$$

$$s.t. \ \frac{\sum_{r=1}^{s} u_i y_{ik^n} + u_k}{\sum_{i=1}^{m} v_i x_{ik^n}} \leq 1 \ (k=1, \cdots, n)$$

$$u_r \geq \varepsilon \geq 0 \quad (r=1, \cdots, s)$$

$$v_i \geq \varepsilon \geq 0 \quad (i=1, \cdots, m)$$

(4.3)

식 (4.3)과 같은 선형분수계획모형에서 목적함수의 분모인 투입변수의 가중합을 1로 고정시키고 일반 선형계획법 문제로 전환하면 식 (4.4)와 같다.

$$(LP_n) \ Max \ h_n = \sum_{r=1}^{s} u_r y_{rk} + u_k$$

$$s.t. \ \sum_{r=1}^{s} u_r y_{rk^n} - \sum_{i=1}^{m} v_i x_{ik^n} + u_k \leq 0 \ (k=1, \cdots, n)$$

$$\sum_{i=1}^{m} v_i x_{ik} = 1$$

$$u_r \geq \varepsilon \geq 0, \ v_i \geq \varepsilon \geq 0, \ \forall_{r, i}$$

(4.4)

위 BCC 모형의 선형계획법에서 u_k는 부호의 제약이 없는 규모지수로서 이것을 제외하면 CCR 모형과 BCC 모형이 차이가 없음을 알 수 있으며, 규모지수 u_k는 BCC 모형에서 규모의 경제효과를 파악하는 지표로 이용된다. 만일 최적해를 산출하고 측정된 규모지수를 u_k^*라고 한 다면 다음과 같이 생각할 수 있다.

$$u_k^* = 0 : 규모의 수익불변(CRS)$$
$$u_k^* > 0 : 규모의 수익감소(DRS) \qquad (4.5)$$
$$u_k^* < 0 : 규모의 수익증가(IRS)$$

그리고 BCC 모형도 CCR 모형과 마찬가지로 선형계획법 문제를 일반적으로 쌍대문제로 전환하고 여유변수를 도입하여 효율성을 측정하게 된다.

규모의 효율성

CCR 모형과 BCC 모형에서의 효율성 측정치를 h_{CCR}^*, h_{BCC}^*라고 하고, 특정 DMU에 대해서 산출된 기술적 효율성 간에 차이가 나타났다면, 그 특정 DMU에는 규모의 비효율성이 존재한다고 볼 수 있다. 따라서 규모의 비효율성은 식 (4.6)과 같이 BCC 모형과 CCR 모형의 효율성의 차이로 구할 수 있다.

$$SE(\text{Scale Efficiency}) = \frac{h_{CCR}^*}{h_{BCC}^*} \qquad (4.6)$$

보통 CCR 모형의 효율성인 h_{CCR}^*은 BCC 모형의 효율성 h_{BCC}^*와 비교 시 같거나 작으므로 규모의 효율성 값은 1보다 작거나 같게 된다. CCR(CRS), BCC(VRS) 프론티어를 나타내고 있는 〈그림 4.2〉를 살펴보면 BCC 프론티어상의 A는 규모의 수익증가(IRS)인 기술 효율적(TE)인 DMU임을 알 수 있으며, 규모의 효율성(SE) = LM/LA은 $h_{CCR}^*(A)$로서 비효율적이라는 것을 알 수 있다. 또한 DMU F는 CCR, BCC 프론티어상에서 떨어져 있으므로 기술과 규모 모두에서 비효율적이다. 만일 F가 BCC 프론티어상의 F′이나 CCR 프론티어의 Q로 이동하면 기술적 효율성은 달성하게 되고, 규모의 효율성을 달성하기 위한 DMU 참조집합은 B와 C가 될 것이다. 따라서 CCR 및 BCC 프론티어상 모두에 위치한 DMU B와 C는 기술과 규모 측면에서 모두 효율적인 것으로 볼 수 있다.

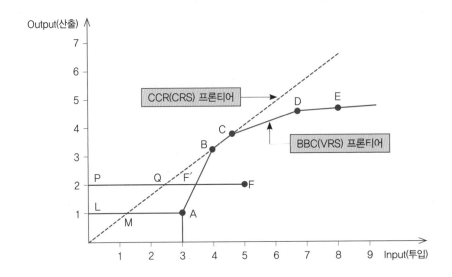

그림 4.2   CCR, BCC 효율성 프론티어

4.2 적용예제 : 동북아시아 컨테이너 항만의 운영효율성 분석

분석개요

동북아시아 지역의 해상운송 물량이 높은 비중을 차지하면서 지역 허브 항만을 위한 경쟁이 심화되고 있다. 한국의 대표적인 컨테이너 항만인 부산신항의 연간 화물처리량은 세계 5위권 대의 높은 실적을 보이고 있지만, 환적화물 허브 항만의 입지를 확실히 구축하기 위해서는 항만내의 컨테이너 터미널(부두) 단위의 운영효율성을 제고하여 동북아시아 지역에서 경쟁력을 확보해야 한다고 볼 수 있다. 즉, 현재의 화물처리 수준이 해당 국제무역항에 있어서 적정한 것인지 아니면 개선의 여지가 있는 것인지에 대한 컨테이너 터미널 단위의 분석이 필요하다.

  항만의 경쟁우위를 좌우하는 가장 중요한 결정요인 중 하나가 바로 항만의 효율성이다. 항만효율성은 비단 개별 항만의 경쟁력에만 국한되는 문제가 아니며, 해상운송비용의 절감을 통해 국가의 수출경쟁력 제고에도 중요한 역할을 한다. 따라서 역내 경쟁항만 간의 상대적 효율성 수준을 정확히 파악하여 이를 개선하기 위한 방안이 필요하다. 본 적용예제에서는 EnPAS 프로그램을 이용하여 가장 기본적인 모형인 DEA-CCR 모형으로 컨테이너 항만의 운영효율성을 분석한다.

표본 및 변수 선정

DEA 모형을 이용하기 위해서는 비교가 가능한 동질적인 DMU가 존재해야 하고 DMU를 측정할 수 있는 투입 및 산출변수가 측정 가능해야 한다. 그리고 관리와 통제를 통해 실질적으로 개선이 가능한 성격의 변수를 선정해야 한다.

또한 DEA 모형의 변별력과 관련하여 DMU의 수와 투입 및 산출변수의 수와의 관계에 대한 선행연구를 살펴보면, DMU의 수가 투입 및 산출변수의 수의 합보다 2배, 3배 이상이 되어야 변별력이 있다고 주장한 연구도 있고, 투입 및 산출변수의 수의 곱보다 2배 이상이 되어야 변별력이 있다고 검증한 연구도 존재한다(Banker et al., 1984; Boussofinance et al., 1991). 그러나 박만희(2008)는 이러한 DEA 모형에서의 DMU와 투입 및 산출변수 간의 수와 관련한 변별력에 대한 연구에 대해서 분석에 이용한 자료의 성격이 서로 다른 특정 상황에서 도출한 결과이므로 절대적인 기준이라고 볼 수 없다고 언급하고, DEA 모형을 적용한 대부분의 연구에서 DMU의 수가 투입 및 산출변수 수의 합보다 2배 이상 커야 변별력이 있다는 기준을 적용하고 있다는 점을 제시했다.

효율성 분석대상은 Ranking of Container Ports of the World에서의 상위 국제무역항 중 동북아시아 지역에서 허브 항만을 목표로 경쟁관계에 있으며 자료수집이 가능할 것으로 판단되는 4개 항만의 21개 컨테이너 터미널을 대상으로 하였으며, 선정된 DMU는 〈표 4.1〉과 같다.

표 4.1 DMU 선정결과

구분	항만 / 컨테이너 터미널		구분	항만 / 컨테이너 터미널	
1	부산항 북항	자성대 부두(HKT)	12	홍콩항	HIT 터미널
2		신선대 부두(CJ KBCT)	13		COSCO-HIT 터미널
3		감만 부두(BIT)	14		ACT 터미널
4	부산항 신항	신간만 부두(DPCT)	15	상하이항	푸동
5		신항 1부두(PNIT)	16		진동
6		신항 2부두(PNC)	17		후동
7		신항 3부두(HJNC)	18		명동
8		신항 4부두(HPNT)	19		성동
9		신항 5부두(BNCT)	20		관동
10	홍콩항	모던 터미널	21		이동
11		굿맨 DP 월드			

　　DEA 모형에 적용할 투입 및 산출변수의 선정에 있어서 DMU의 효율성 분석의 목적에 부합하고 대표성을 가질 수 있고 관리가 가능한 변수를 선정해야 한다. 본 연구에서도 선행연구에서 투입 및 산출변수로 선정 빈도수가 높은 변수들을 정리하여 검토하였고, DEA 효율성 분석결과의 변별력을 위하여 평가대상인 DMU의 수와 선정할 변수의 수를 고려하여 〈표 4.2〉와 같이 선정하였다.

표 4.2 투입변수 및 산출변수 선정

투입변수	산출변수
I_1 : 컨테이너 터미널 길이	
I_2 : 컨테이너 터미널 CY 면적	O_1 : 연간 화물처리량
I_3 : 컨테이너 크레인(C/C) 수	

입력자료

최종적으로 선정된 DMU와 투입 및 산출변수에 대하여 DEA 입력자료는 〈표 4.3〉과 같으며 국제항만협회(IAPH)의 자료를 활용하였다. 그러나 선정된 4개 국제무역항 21개 컨테이너 터미널 중 홍콩항의 3개 컨테이너 터미널(HIT, COSCO-HIT, ACT 터미널)은 본 연구의 산출변수인 연간 화물처리량에 대한 자료가 통합되어 제시되고 있었다. 따라서 부득이하게 홍콩의 3개 컨테이너 터미널은 투입변수를 합산한 데이터로 입력하고 하나의 컨테이너 터미널로 간주하여 효율성 분석을 진행하였다.

DEA(CCR 모형) 분석결과

규모수익불변(CRS)을 가정하고 있는 CCR은 투입지향 모형(CCR-Input)과 산출지향 모형(CCR-Output)으로 구분하여 효율성을 분석하였다. 그리고 과소 및 과다 투입변수의 정도와 이를 효율적으로 조정해야 하는 개선목표인 투영점, 그리고 비효율적인 DMU가 참고해야 하는 준거집단을 분석하였다.

표 4.3 DEA 입력자료

구분		I_1	I_2	I_3	Q_1
부산북항	자성대 부두(HKT)	1,447m	335,000㎡	14대	1,926,000
	신선대 부두(CJ KBCT)	1,500m	804,000㎡	15대	1,954,000
	감만 부두(BIT)	1,400m	384,000㎡	13대	1,171,000
	신감만 부두(DPCT)	826m	153,000㎡	7대	970,000
부산신항	신항 1부두(PNIT)	1,200m	282,000㎡	11대	2,477,000
	신항 2부두(PNC)	2,000m	525,000㎡	19대	4,938,000
	신항 3부두(HJNC)	1,100m	346,000㎡	12대	2,770,000
	신항 4부두(HPNT)	1,150m	213,000㎡	12대	2,061,000
	신항 5부두(BNCT)	1,400m	154,000㎡	11대	2,269,000
홍콩항	모던 터미널	2,322m	926,100㎡	30대	7,000,000
	굿맨 DP 월드	305m	167,000㎡	4대	1,200,000
	HIT 터미널	3,687m	1,110,000㎡	48대	10,090,000
	COSCO-HIT 터미널	640m	300,000㎡	9대	
	ACT 터미널	740m	285,400㎡	8대	
상하이항	푸동	900m	500,000㎡	11대	2,600,000
	진동	1,565m	1,080,000㎡	26대	6,520,000
	후동	1,250m	980,000㎡	17대	4,100,000
	명동	2,068m	1,126,000㎡	26대	6,200,000
	성동	3,000m	1,486,000㎡	34대	8,855,000
	관동	2,600m	1,418,000㎡	30대	7,555,700
	이동	1,641m	611,000㎡	14대	4,000,000

효율성 분석결과

홍콩항의 HIT, COSCO-HIT, ACT 컨테이너 터미널은 산출변수인 연간 화물처리량에 대한 자료가 3개 컨테이너 터미널이 통합된 자료를 제공하고 있어서, 부득이하게 투입변수인 컨테이너 터미널 길이, CY 면적, 컨테이너 크레인(C/C) 대수에 대한 3개 컨테이너 터미널의 자료를 합쳐서 입력자료로 사용하였다. 효율성 지수 분석결과를 살펴보면 동북아시아의 주요 국제무역항의 컨테이너 터미널 중에서 부산항 신항 2부두, 5부두, 홍콩항 굿맨 DP 월드 부두, 상하이항 진동, 4개 부두가 효율적인 컨테이너터미널으로 나타났다. 반면 부산항 북항(자성대, 신선대, 감만, 신감만), 부산항 신항(1부두, 3부두, 4부두), 홍콩(모던, HIT), 상하이항(푸동, 후동, 명동, 성동, 관동, 이동)의 15개 컨테이너 터미널은 상대적으로 비효율적인 것으로 나타났다. 특히 부산항 북항의 4개 부두는 타항만 컨테이너 터미널에 비해 비효율 정도가 매우 크게 나타나고 있음을 알 수 있다. CRS 가정의 CCR 모형의 효율성 지수는 〈표 4.4〉와 같으며 투입지향(CCR-I)과 산출지향(CCR-O) 모형은 공히 동일한 효율성 지수를 나타내고 있다.

표 4.4 효율성 지수

구분	CCR-I	CCR-O	구분	CCR-I	CCR-O
북항 자성대	0.5796	0.5796	홍콩 HIT		
북항 신선대	0.4342	0.4342	홍콩 COSCO-HIT	0.7013	0.7013
북항 감만	0.3395	0.3359	홍콩 ACT		
북항 신감만	0.5842	0.5842	상하이 푸동	0.7879	0.7879
신항 1부두	0.8924	0.8934	상하이 진동	1	1
신항 2부두	1	1	상하이 후동	0.8269	0.8269
신항 3부두	0.9202	0.9202	상하이 명동	0.7949	0.7949
신항 4부두	0.8789	0.8789	상하이 성동	0.8681	0.8681
신항 5부두	1	1	상하이 관동	0.8395	0.8395
홍콩 모던	0.951	0.951	상하이 이동	0.9524	0.9524
홍콩 굿맨	1	1			

준거집단 및 개선목표 분석

DEA에서는 비효율적인 DMU가 효율적이기 위해서 참조해야 할 준거집단과 준거집단별 참조 가중치, 그리고 효율적인 DMU의 참조횟수를 산출할 수 있다. 〈표 4.5〉는 CCR 모형에서 각 컨테이너 터미널의 준거대상과 값, 그리고 효율적인 DMU의 참조횟수를 나타내고 있으며, 비효율적인 DMU가 참조할 준거대상은 효율적인 가상단위이다. 효율적인 DMU로는 홍콩항의 굿맨 DP 컨테이너 터미널이 11회의 참조횟수를 나타내 가장 효율적인 컨테이너 터미널임을 알 수 있으며, 이어서 부산항 신항 2부두 컨테이너 터미널이 8회, 5부두 컨테이너 터미널이 4회의 참조횟수를 보이고 있다.

준거집단 분석결과를 바탕으로 비효율적인 DMU의 투입변수 과잉 및 산출변수 과소분을 분석하고, 효율적인 DMU가 되기 위한 투입변수 및 산출변수의 최적화 수치인 개선목표(투영

표 4.5 준거집단 분석결과

DMU	TE	준거집단(λ; : 투입변수 / 산출변수)	참조횟수
북항 자성대	0.5796	신항 2부두(0.3341/0.5765), 신항 5부두(0.1217/0.21)	
북항 신선대	0.4342	굿맨(1.6283/3.75)	
북항 감만	0.3395	신항 2부두(0.2009/0.5918), 굿맨(0.149/0.439)	
북항 신감만	0.5842	신항 2부두(0.1241/0.2124), 신항 5부두(0.1575/0.2696)	
신항 1부두	0.8924	신항 2부두(0.4415/0.4942), 신항 5부두(0.1308/0.1464)	
신항 3부두	0.9202	신항 2부두(0.4137/0.4496), 굿맨(0.606/0.6585)	신항 2부두: (8회)
신항 4부두	0.8789	신항 2부두(0.2493/0.2836), 신항 5부두(0.3659/0.4163)	
홍콩 모던	0.951	신항 2부두(0.576/0.6057), 굿맨(3.463/3.6414)	신항 5부두: (4회)
홍콩 HIT			
홍콩 COSCO-HIT	0.7013	신항 2부두(1.3273/1.8927), 굿맨(2.9467/4.202)	굿맨 DP: (11회)
홍콩 ACT			
상하이 푸동	0.7879	굿맨(2.1667/2.75)	진동 : (1회)
상하이 후동	0.8269	굿맨(2.919/3.5299), 진동(0.0916/0.1108)	
상하이 명동	0.7949	굿맨(5.1667/6.5)	
상하이 성동	0.8681	굿맨(7.3792/8.5)	
상하이 관동	0.8395	굿맨(6.2964/7.5)	
상하이 이동	0.9524	굿맨(3.3333/3.5)	

점)를 산출할 수 있다. 2018년을 기준으로 부산항 신항 3부두의 개선목표를 산출해보면 준거집단인 신항 2부두와 홍콩 굿맨 DP의 참조 가중치(λ_i)에 투입변수 및 산출변수를 곱하고 이를 합한 값이며, 투입변수의 개선목표 산출에 적용하는 λ_i 값은 CCR-I 모형에서 분석된 값을 적용하고, 산출변수의 개선목표 산출은 CCR-O 모형에서 산출된 값을 적용한다. 세부적인 산출과정을 살펴보면 식 (4.6), (4.7)과 같다.

$$0.4137 \times \begin{bmatrix} 2,000 \\ 525,000 \\ 19 \end{bmatrix} + 0.606 \times \begin{bmatrix} 305 \\ 167,000 \\ 4 \end{bmatrix} = \begin{bmatrix} 1,012.23 \\ 318,394.5 \\ 10.284 \end{bmatrix} \quad (4.6)$$

신항 2부두　　　　굿맨 DP　투입변수 목표값

$$\text{신항 2부두} \qquad\qquad \text{굿맨 DP} \qquad \text{산출변수 목표값} \qquad (4.7)$$
$$0.4496 \times [4{,}938{,}000] + 0.6585 \times [1{,}200{,}000] = [3{,}010{,}325]$$

이와 같은 방법으로 연도별 비효율적인 DMU에 대해서 CCR-I에 의해 투입변수의 과잉투입량(I_i)과 개선목표량(I_i')을 산출하고, CCR-O에 의해 산출변수의 부족량(O_i)과 개선목표량(O_i')을 제시하면 〈표 4.6〉과 같다.

표 4.6 개선목표량 산출

| DMU | 투입과잉 및 산출부족량 | | | | 개선목표(투영점) | | | |
| | 투입변수 | | | 산출변수 | 투입변수 | | | 산출변수 |
	I_1	I_2	I_3	O_1	I_1'	I_2'	I_3'	O_1'
북항 자성대	608.42	140855.7	6.313	1397247	838.58	194144.3	7.687	3323247
북항 신선대	1003.368	532073.9	8.487	2546000	496.632	271926.1	6.513	4500000
북항 감만	952.755	253644.5	8.587	2278108.4	447.245	130355.5	4.413	3449108.4
북항 신감만	357.3	63592.5	2.91	690553.6	468.7	89407.5	4.09	1660553.6
신항 1부두	133.88	30069.3	1.173	295541.2	1066.12	251930.7	9.827	2772541.2
신항 2부두	0	0	0	0	2000	525000	19	4938000
신항 3부두	87.77	27605.5	1.716	240324.8	1012.23	318394.5	10.284	3010324.8
신항 4부두	139.14	25768.9	3.238	284001.5	1010.86	187231.1	8.762	2345001.5
신항 5부두	0	0	0	0	1400	154000	11	2269000
홍콩 모던	113.785	45379	5.204	360626.6	2208.215	880721	24.796	7360626.6
홍콩 굿맨	0	0	0	0	305	167000	4	1200000
홍콩 HIT / 홍콩 COSCO-HIT / 홍콩 ACT	1513.656	506468.6	27.995	4298552.6	3553.344	1188931.4	37.005	14388553
상하이 푸동	239.156	138161.1	2.333	700000	660.844	361838.9	8.667	3300000
상하이 진동	0	0	0	0	1565	1080000	26	6520000
상하이 후동	216.351	393599	2.942	858296	1033.649	586401	14.058	4958296
상하이 명동	492.157	263161.1	5.333	1600000	1575.843	862838.9	20.667	7800000
상하이 성동	749.344	253673.6	4.483	1345000	2250.656	1232326.4	29.517	10200000
상하이 관동	679.598	366501.2	4.814	1444300	1920.402	1051498.8	25.186	9000000
상하이 이동	624.344	54338.9	0.667	200000	1016.656	556661.1	13.333	4200000

4.3 분석절차 : EnPAS 사용방법

EnPAS는 비상업용 프로그램으로 DEA에 기반한 효율성 분석과 Malmquist 생산성 지수에 기반한 생산성 분석을 지원하고 분석결과를 표와 그래프 등 다양한 형태로 제공할 수 있는 분석시스템으로 개발되었다. EnPAS의 최적화 엔진에는 DEA 옵티마이저와 Malmquist 옵티마이저가 탑재되어 있는데, DEA 옵티마이저는 CCR, BCC 모형과 투입지향 모형, 산출지향 모형을 지원하는 최적화 모듈로 구성되어 있다. 또한 EnPAS의 사용자 인터페이스(UI)는 데이터와 분석결과의 엑셀 인터페이스를 지원한다(박만희, 2008).

EnPAS 실행

EnPAS를 설치하고 프로그램을 실행한다.

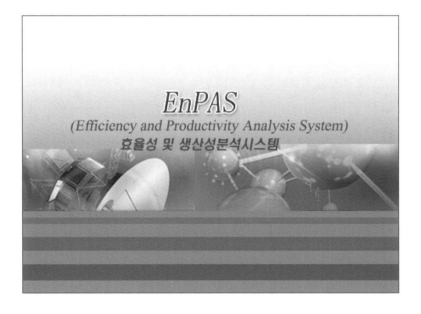

신규 DEA 분석

신규로 DEA 효율성 분석을 시작할 경우 상단 메뉴바에서 [DEA 효율성 분석]을 선택하고 [신규분석]을 선택한다. 입력창이 나타나면 [문제명], [문제설명], [DEA 변수설정], [데이터 입력방식]을 작성한다. 그리고 [확인]을 클릭한다.

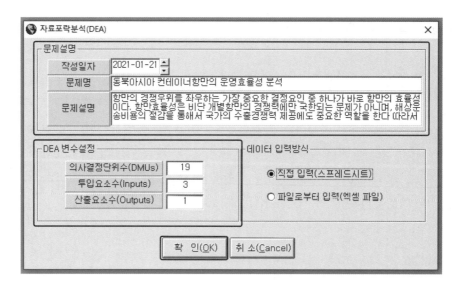

❶ [문제설명]에서는 작성일자, 문제명, 문제설명을 입력할 수 있다.

❷ [DEA 변수설정]에서는 의사결정단위의 수(DMUs), 투입요소수(Inputs), 산출요소수 (Outputs)를 설정할 수 있다.

❸ [데이터 입력방식]에서는 엑셀과 유사한 스프레드시트 형태의 '직접 입력' 방식과 엑셀 파 일 형태의 입력 방식을 선택할 수 있다.

데이터 입력

다음과 같은 [분석 데이터] 입력창이 생성되면, [분석모형]에서 'CCR 모형' 또는 'BCC 모형'을 선택하고, [투입/산출지향]에서는 '투입지향' 또는 '산출지향'을 선택하여 DEA 효율성을 분석 할 수 있다. 본 예제에서는 CCR 모형을 선택하고 투입지향의 효율성으로 분석한다.

[분석 데이터] 입력창은 앞 단계의 [DEA 변수설정]에서 입력한 의사결정 단위 및 변수의 수 에 따라 입력할 수 있도록 설정된다. 입력 방법은 해당 셀에서 █▙를 누르면 입력할 수 있고, 입력을 마치고 다시 █▙를 누르면 입력이 확정된다.

DMU, 투입요소, 산출요소 등의 데이터를 입력하고 나서, [결과 분석] 버튼을 클릭하면 입 력된 투입요소와 산출요소 데이터를 이용하여 DEA 분석을 수행한다. 그리고 'DEA 분석을 완 료하였습니다'라는 메시지가 나온다.

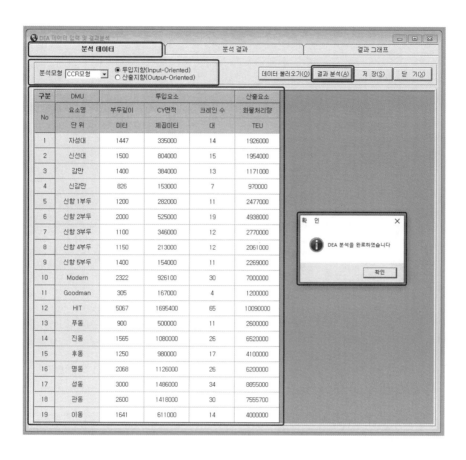

구분	DMU	투입요소			산출요소
No	요소명	부두길이	CY면적	크레인 수	화물처리량
	단위	미터	제곱미터	대	TEU
1	자성대	1447	335000	14	1926000
2	신선대	1500	804000	15	1954000
3	감만	1400	384000	13	1171000
4	신감만	826	153000	7	970000
5	신항 1부두	1200	282000	11	2477000
6	신항 2부두	2000	525000	19	4938000
7	신항 3부두	1100	346000	12	2770000
8	신항 4부두	1150	213000	12	2061000
9	신항 5부두	1400	154000	11	2269000
10	Modern	2322	926100	30	7000000
11	Goodman	305	167000	4	1200000
12	HIT	5067	1695400	65	10090000
13	푸동	900	500000	11	2600000
14	진동	1565	1080000	26	6520000
15	후동	1250	980000	17	4100000
16	명동	2068	1126000	26	6200000
17	섭동	3000	1486000	34	8855000
18	관동	2600	1418000	30	7555700
19	이동	1641	611000	14	4000000

분석결과

DEA 분석결과는 [분석 결과] 탭을 클릭하면 확인할 수 있다. 규모수익불변(CRS)을 가정하고 있는 CCR의 투입지향 모형으로 효율성을 분석한 결과이다. 분석결과는 효율성 지수, 과소 및 과다 투입변수의 정도, 이를 효율적으로 조정해야 하는 개선목표인 투영점, 그리고 비효율적인 DMU가 참고해야 하는 준거집단이 분석된다. 또한 준거집단별 참조 가중치와 효율적인 DMU의 참조횟수도 산출된다.

즉, CCR 모형에서 각 컨테이너 터미널의 준거대상과 값, 그리고 효율적인 DMU의 참조횟수를 나타내고 있으며, 비효율적인 DMU가 참조할 준거대상은 효율적인 가상단위이다.

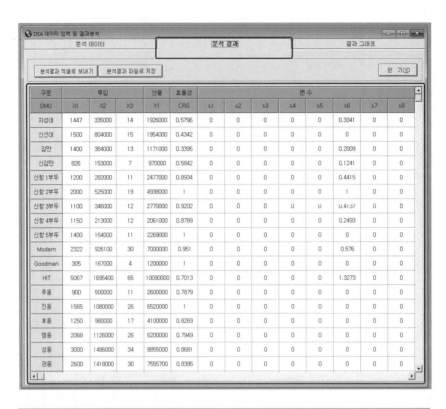

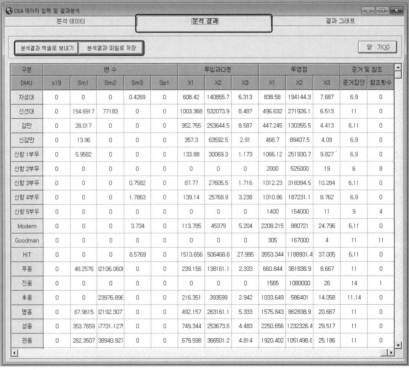

그리고 [분석결과 엑셀로 보내기] 또는 [분석결과 파일로 저장] 버튼을 클릭하면 분석결과를 엑셀파일로 저장할 수 있다.

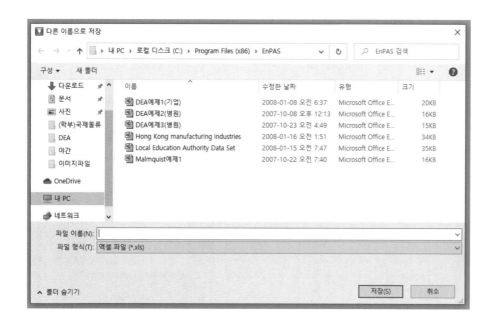

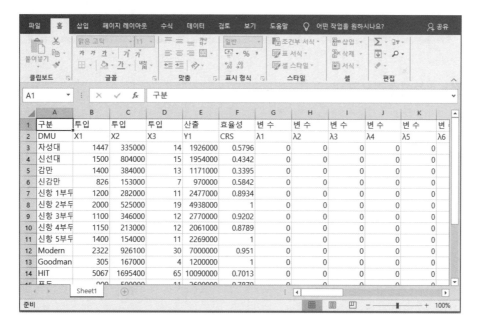

데이터베이스 저장

[분석 데이터] 창에서 [저장] 버튼을 클릭하면 투입요소 및 산출요소의 입력자료와 효율성 분석결과가 데이터베이스로 저장된다.

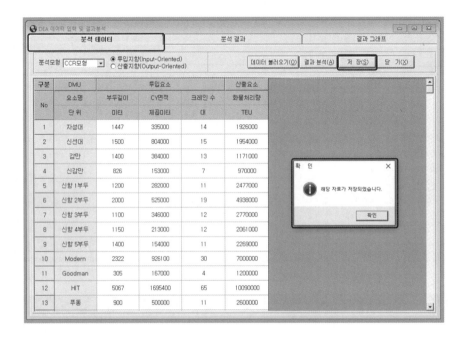

기존 DEA 분석 불러오기

데이터베이스에 저장되어 있는 기존 DEA 분석결과를 불러올 경우 'DEA 효율성 분석'을 선택하고 [기존분석 불러오기]를 선택한다. 기존 DEA 분석결과가 조회되고 저장되어 있는 기존 문제명이 제시되면 이를 선택하면 된다.

❶ [정렬기준]에서는 문제명과 작성일자를 선택할 수 있으며, 선택된 기준에 따라 조회된 데이터가 오름차순 또는 내림차순으로 정렬된다.

❷ 조회된 DEA 분석결과 중에서 가져오고자 하는 자료의 문제명을 선택하고, [확인] 버튼을 선택하거나 더블클릭하면 된다.

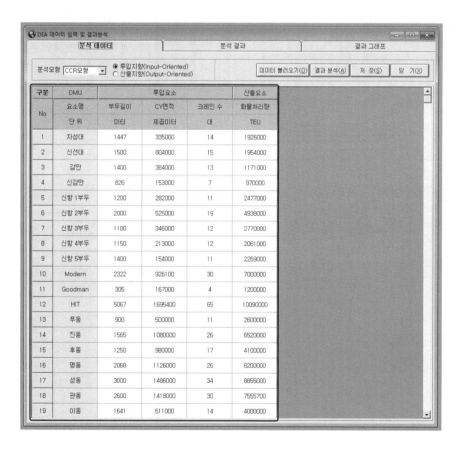

결과 그래프

분석결과는 [결과 그래프] 탭을 클릭하면 확인할 수 있다. [그래프 유형]을 선택하고 클릭하면
네 가지 유형의 그래프를 확인할 수 있다. 또한 [파일로 저장] 버튼을 클릭하면 분석 그래프를
그림파일(JPG)로 저장할 수 있다.

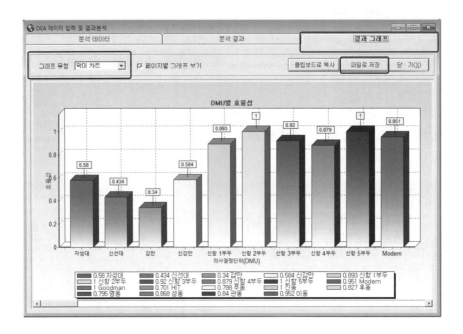

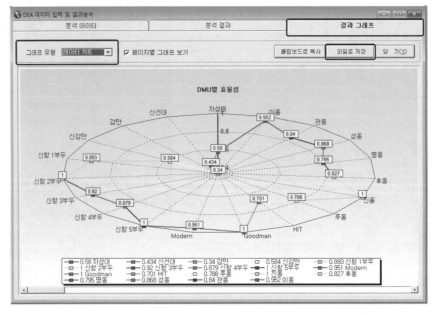

4.4 결과 해석

효율성지수(CRS / VRS)

DEA 분석결과 산출되는 효율성 지수에 있어서 CCR 모형은 CRS로 BCC 모형은 VRS로 표시된다. 효율성 지수는 가장 효율적인 DMU를 1로 보았을 때의 상대적인 효율성이며 1 이하의 값으로 나타난다.

참조가중치(λ_i)

λ_i 값은 비효율적인 DMU가 효율적이 되기 위해서 효율적인 다른 DMU들을 참조해야 하는 수치(참조가중치)이다. 이러한 λ_i 값을 비효율적인 DMU의 투입변수 및 산출변수에 곱하여 지향해야 할 투입변수 및 산출변수의 목표치를 구할 수 있다.

투입과다(산출과소) / 투영점

투입과다는 산출대비 투입변수가 과다하게 투입된 것이고, 산출과소는 투입대비 산출변수가 부족한 것을 나타낸다. 따라서 이 수치를 통해서 투입 및 산출지향 관점에서 개선해야 할 구체적인 목표를 정할 수 있다. 이와 같은 투영점은 해당 DMU가 효율적이기 위한 이상적인 투입변수 및 산출변수의 수량을 의미한다.

준거집단 / 참조횟수

준거집단은 비효율적인 DMU가 효율적이 되기 위해서 참조해야 할 효율적인 DMU이고 벤치마킹의 대상으로 볼 수 있다. 이러한 비효율적인 DMU는 준거집단의 참조가중치(λ_i) 값을 참고하게 된다. 참조횟수는 효율적인 DMU가 비효율적인 다른 DMU들에게 참조대상으로 이용된 횟수를 의미한다.

규모의 효율성 / 규모수익

규모의 효율성(Scale Efficiency, SE)은 CCR 모형의 CRS 효율성 지수와 BCC 모형의 VRS 효율

성 지수를 비교하여 산출된다. 즉, 특정 DMU에 대해서 CRS와 VRS 효율성의 차이가 나타났다면, 특정 DMU에는 규모의 비효율성이 존재한다고 볼 수 있다. **규모수익**(Return to Scale, RTS)은 CRS와 VRS 효율성의 비교결과, CRS=VRS인 경우에는 투입에 따른 산출증가분이 비례적이라고 볼 수 있다. 그리고 CRS < VRS인 경우에는 투입에 다른 산출증가분이 비례 이상으로 증가하고, CRS > VRS이면 산출증가분이 비례 이하로 감소하는 규모수익체감 현상을 보인다고 할 수 있다.

## 제 5 장

계층분석법(AHP)

5.1 기본개념

계층분석법의 개념

계층분석법(Analytic Hierarchy Process, AHP)은 피츠버그대학교의 Thomas Saaty 교수가 미국무부의 프로젝트 수행에서 작업이 비능률적으로 진행되는 것을 해결하기 위해 개발하였다. 의사결정의 계층구조를 형성하고 있는 요소 간의 쌍대비교(Pairwise Comparison)에 의한 판단을 통해 응답자의 경험과 지식, 그리고 직관을 반영하는 의사결정 방법론이다.

AHP는 상위계층에 구성된 요소를 기준으로 하위계층의 각 요소의 중요도(가중치)를 측정하는 방법인데, 여기에서 요소 개념은 계층에 따라 속성이나 전략이 될 수도 있고 또는 평가항목이나 기준이 될 수도 있다. 쌍대비교행렬(Pairwise Comparison Matrix)을 작성하고 고유치방법(Eigenvalue Method)을 활용하여 계층마다 우선순위벡터(Priority Vector)를 산출한다.

계층분석법의 분석절차

① 1단계 : 의사결정 요소들을 나열하고 분류하여 계층화 모형을 수립한다.

계층화 모형의 수립은 AHP의 적용에 있어서 가장 중요한 단계라고 할 수 있다. 서로 관련된 의사결정 요소들을 나열하고 분류하여 계층화한다. 계층모형의 최상위에는 궁극적인 목적이 위치하고, 하위계층은 목적의 실현에 영향을 주는 요소들로 이루어지며 동일계층 내에서 상호비교가 가능해야 한다. Saaty(2007)는 동일계층 내에서 쌍대비교를 위한 구성요소의 수를 최대 7±2가지로 제한할 것을 제시하였다. 설정되는 계층의 수는 사안의 특성에 따라 달라질 수 있다.

② 2단계 : 계층 내 요소 간의 쌍대비교를 수행한다.

목표 달성에 관련되는 하위계층 구성요소들의 쌍대비교행렬을 작성한다. 일반적으로 AHP에서는 구성요소들의 쌍대비교를 통한 평가에 〈표 5.1〉과 같은 Saaty의 9점 척도를 사용한다. AHP 분석에서 9점 척도의 유용성은 개발자인 Saaty 교수가 다양한 척도를 대상으로 실험을 통한 검증결과 9점 척도가 실제값에 가장 유사한 결과를 얻은 것에 근거한다. 그리고 n개의 구성요소에 대한 쌍대비교쌍은 $n(n-1)/2$개가 발생된다.

표 5.1　The Fundamental Scale

Intensity of Importance	Definition	Explanation
1	Equal importance	Two activities contribute equally to the objective
2	Weak	
3	Moderate importance	Experience and judgment slightly favor one activity over another
4	Moderate Plus	
5	Strong importance	Experience and judgment strongly favor one activity over another
6	Strong Plus	
7	Very strong or demonstrated importance	An activity is favored very strongly over another; its dominance demonstrated in practice
8	Very, very strong	
9	Extreme importance	The evidence favoring one activity over another is of the highest possible order of affirmation

자료 : Saaty, T.L.(2007), *The Fundamentals of Decision Making and Priority Theory with the Analytic Hierarchy Process*, p. 73.

　예를 들어 구성요소가 6개인 경우에는 대각이 1인 6×6 쌍대비교행렬로 구성된 역수행렬식의 형태가 된다. 이것은 6개($A, \cdots, F$)의 구성요소 간의 쌍대비교의 상대적인 중요도(r)를 나타내며 식 (5.1)과 같다.

$$M1 = \begin{bmatrix} 1 & r_{AB} & r_{AC} & r_{AD} & r_{AE} & r_{AF} \\ r_{BA} & 1 & r_{BC} & r_{BD} & r_{BE} & r_{BF} \\ r_{CA} & r_{CB} & 1 & r_{CD} & r_{CE} & r_{CF} \\ r_{DA} & r_{DB} & r_{DC} & 1 & r_{DE} & r_{DF} \\ r_{EA} & r_{EB} & r_{EC} & r_{ED} & 1 & r_{EF} \\ r_{FA} & r_{FB} & r_{FC} & r_{FD} & r_{FE} & 1 \end{bmatrix}, \ r_{AB} = 1/r_{AB}, \ r_{AA} = 1 \quad (5.1)$$

③ 3단계 : 계층 내 구성요소들의 상대적 중요도를 산출한다.

Saaty(2007)는 구성요소 간의 쌍대비교에 의한 상대적 중요도인 r_{ij}로 이루어진 식 (5.2)와 같은 행렬 M의 열벡터가 v일 경우 n의 값이 행렬 M의 고유치를 구하는 것과 같다고 하였다. 이것은 곧 우선순위벡터이며 벡터의 단위인 스칼라(λ)로 표현하고 가장 큰 고유치 값인 λ_{max}를 구하고 있다.

$$M = \begin{bmatrix} v_1/v_1 & v_1/v_2 & v_1/v_3 & v_1/v_4 & v_1/v_n \\ v_2/v_1 & v_2/v_2 & v_2/v_3 & v_2/v_4 & v_2/v_n \\ v_3/v_1 & v_3/v_2 & v_3/v_3 & v_3/v_4 & v_3/v_n \\ \vdots & \vdots & \vdots & \vdots & \vdots \\ v_n/v_1 & v_n/v_2 & v_n/v_3 & v_n/v_4 & v_n/v_n \end{bmatrix} \quad (5.2)$$

쌍대비교행렬 M에서 계층 내 구성요소들의 가중치인 v를 모를 때, 이 행렬을 M'이라고 하고 이 행렬의 가중치 v'을 다음의 식 (5.3)에 의하여 추정하고 있다. 여기에서 λ_{max}는 M'의 고유치, 즉 산출된 우선순위벡터 중 가장 큰 값을 나타낸다. AHP에서 가중치를 산출하는 방법은 고유치방법, 산술평균, 기하평균, 최소제곱법 등의 다양한 방법이 있다. AHP 개발자인 Saaty 교수는 고유치방법에 의한 가중치 산출이 가장 바람직하다고 제안하였다.

$$M' \cdot v' = \lambda_{max} \cdot v' \quad (5.3)$$

④ 4단계 : 평가요소들의 상대적인 가중치를 통합한다.

Saaty(2008)에 따르면 전체 계층화 모형에서 최상위계층의 목적을 실현하기 위하여 상위계층의 가중치를 반영한 최하위계층의 요소들에 대한 중요도를 산출할 수 있다. 전 계층의 가중치를 식 (5.4)와 같이 통합하여 얻을 수 있다.

$$IV_z = \prod_{x=2}^{z} M_x \tag{5.4}$$

IV_z : 최상위 계층에 대한 z번째 계층요소의 통합가중치

M_x : v벡터량의 비교값 r을 구성한 행을 포함하는 $n_i - 1 \cdot n_i$ 행렬

n_x : x번째 계층의 구성요소의 수

 예를 들어 전체적인 계층모형이 4개의 계층구조이면 최상위계층에 대한 최하위계층 요소들의 통합가중치는 IV_4와 같이 나타낼 수 있는데, 이것은 세 번째 계층을 기준으로 네 번째 계층의 요소들의 가중치 행렬 M_4와 두 번째 계층을 기준으로 세 번째 계층의 요소들의 가중치행렬 M_3, 그리고 첫 번째 계층을 기준으로 두 번째 계층의 요소들의 가중치행렬 M_2를 곱하여 산출한다.

일관성 비율

AHP에서 **일관성**(Consistency)의 의미는 설문응답의 논리성, 즉 신뢰도를 의미한다. 응답의 논리성은 평가요소 r_1, r_2, r_3 3개가 있을 때 평가자가 $r_1 > r_2$, $r_2 > r_3$이라고 하고 $r_3 > r_1$이라고 했다면, 이 평가자의 응답에는 논리적으로 모순이 있게 된다. 즉, $r_1 > r_3$이라고 응답해야만 논리적인 일관성을 갖게 되는 것이다. 이와 같이 응답자의 평가에 대한 논리성을 검증하고 해당 자료를 삭제 또는 재평가해야 한다.

 일관성 검증에는 일관성지수(Consistency Index, CI)와 더불어 난수지수(Random Index, RI)를 이용한다. 이것은 AHP 개발자인 Saaty(2007)가 9점 척도를 사용하여 1~9까지의 수치를 무작위로 설정한 역수행렬을 작성하고 여기에서 산출된 일관성지수의 평균값으로 〈표 5.2〉와 같다.

표 5.2 난수지수(RI)

n	1	2	3	4	5	6	7	8
RI	0	0	0.52	0.89	1.11	1.25	1.35	1.40
n	9	10	11	12	13	14	15	
RI	1.45	1.49	1.51	1.54	1.56	1.57	1.58	

자료 : Saaty, T.L.(2007), *The Fundamentals of Decision Making and Priority Theory with the Analytic Hierarchy Process*, p. 84.

일관성 비율(Consistency Ratio, CR)은 식 (5.5)와 같이 일관성지수(CI)를 난수지수(RI)로 나누어 얻은 값을 사용한다.

$$CR = \left(\frac{\lambda_{\max} - n}{n - 1} \right) \left(\frac{1}{RI} \right) = 100\% = \frac{CI}{RI} \times 100\% \tag{5.5}$$

다수의 평가결과 통합방법

각각의 설문 응답자들의 유효한 평가치에 대해서 쌍대비교행렬을 작성하고 전체를 수치적으로 통합하여 가중치를 산출한다. 이를 위해서는 식 (5.6)과 같이 응답자가 평가한 쌍대비교행렬의 가중치들을 기하평균하여 통합하고 하나의 쌍대비교행렬을 작성한다.

$$GM(r_{ij}) = \prod_{k=1}^{n} \sqrt[n]{r_{ijk}} = \prod_{k=1}^{n} (r_{ijk})^{1/n} \tag{5.6}$$

$GM(r_{ij})$: 전체 응답자의 통합된 쌍대비교행렬에서의 가중치 기하평균

n : 응답인원

r_{ijk} : k번째 응답자 쌍대비교행렬에서의 가중치

5.2 적용예제 : K-뷰티 산업의 발전전략 수립

분석개요

시기적으로 한국경제에서 그 중요성이 높아져 가고 있는 뷰티서비스산업의 발전을 위한 현실성 있고 타당한 전략방안을 제시하고자 한다. 이를 위해 문헌연구와 경영전략의 환경분석에 대한 이해를 바탕으로 SWOT 매트릭스를 구성하고, 여기에 전문가들의 인터뷰를 더하여 최종 SWOT 매트릭스를 구성할 것이다. 그리고 최종 SWOT 매트릭스에 대하여 전문가 설문을 실시하고 AHP 분석으로 전략요소의 중요도와 우선순위를 계량화한다.

SWOT-AHP 연구모형은 뷰티서비스산업의 발전전략 수립을 궁극적인 최상위 목적으로 하여 하위계층에 SWOT 요인과 16개의 구성요소에 대하여 3단계로 이루어진 계층모형으로 중요도를 평가하고 분석한다. 계층모형의 2단계는 6개 비교쌍의 벡터값(r)이 발생하는 4×4 매

트릭스 1개, 3단계는 6개 비교쌍의 벡터값(r)이 발생하는 4×4 매트릭스 4개로 구성되었다. SWOT 분석의 속성인 강점, 약점, 기회, 위협의 상대적 중요성과 이들의 하위계층에 위치한 16개 요인의 중요도를 분석한다. 각 행렬은 구성요소가 4개씩으로 6개 비교쌍의 벡터값(r)이 발생한다. 본 연구의 2단계와 3단계에서 구성한 쌍대비교행렬 $M1$과 $M2$를 제시하면 식 (5.7)과 같다.

$$
M1 = \begin{bmatrix} 1 & r_{SW} & r_{SO} & r_{ST} \\ r_{WS} & 1 & r_{WO} & r_{WT} \\ r_{OS} & r_{OW} & 1 & r_{OT} \\ r_{TS} & r_{TW} & r_{TO} & 1 \end{bmatrix}, \quad M2 = \begin{bmatrix} 1 & r_{S_1 S_2} & r_{S_1 S_3} & r_{S_1 S_4} \\ r_{S_2 S_1} & 1 & r_{S_2 S_3} & r_{S_2 S_4} \\ r_{S_3 S_1} & r_{S_3 S_2} & 1 & r_{S_3 S_4} \\ r_{S_4 S_1} & r_{S_4 S_2} & r_{S_4 S_3} & 1 \end{bmatrix} \quad (5.7)
$$

결과분석은 행렬과 벡터로 이루어진 AHP의 대수학적 알고리즘을 가장 정확하게 구현하고 있는 것으로 평가되는 EC(Expert Choice) 2000 프로그램을 이용한다. 쌍대비교평가를 위한 데이터 입력에는 세 가지 평가모드 중 Numerical Mode를 이용하는데, 이는 데이터 입력의 효율성에 있어서 Verbal Mode나 Graphical Mode보다 더 적합하기 때문이다. 또한 고유벡터값에 의한 가중치(중요도)를 산출할 때 Distributive Mode를 적용하는데, 이는 Distributive Mode는 모든 요소에 대한 가중치에 중점을 두는 경우에 사용하고 Ideal Mode는 최적의 요소(대안) 선택의 의사결정을 하고자 할 때 적용하는 것에 근거한다.

또한 중요도 분석을 위한 가중치의 산출유형은 부분적인 계통 내에서, 즉 독립적 행렬 내에서 구성요소의 가중치를 나타내는 L(Local)-weight와 전체 계층모형에서 상위계층의 가중치를 반영하여 전체 구성요소의 가중치를 나타내는 G(Global)-weight로 구분하여 산출한다.

AHP 계층모형 수립

뷰티서비스산업을 대상으로 SWOT 분석을 실시한 선행연구에서 다빈도 요소를 통합 및 조정하고 중요도가 높은 요소들로 4개씩을 최종적으로 선정하였다. 또한 시기적으로 부합하는 실효적인 전략방안 도출을 위해 업계 전문가들의 최신동향과 실무의견을 추가 반영하여 최종 구성요소를 〈그림 5.1〉과 같이 확정하였다.

그림 5.1 최종 SWOT 매트릭스

내부환경 요인

S : 강점(Strengths)

- 뷰티서비스산업 분야의 우수한 기술력
- 우수한 전문인력 양성 가능한 경영 및 교육 시스템
- 다양한 뷰티 연계서비스 및 고부가가치 상품 확대
- 고학력의 젊고 스마트한 경영자로의 세대 교체 추세

W : 약점(Weaknesses)

- 지식, 기술, 노하우 및 정보공유의 폐쇄성
- K-뷰티 브랜드 경쟁력 부족과 업체의 영세성
- 서비스 비즈니스모델로서 수익구조의 취약성
- 종사원 근무환경 미흡, 감정노동, 높은 이직률

O : 기회(Opportunities)

- 미(美)에 대한 소비자의 가치관 및 인식의 변화
- 글로벌 한류문화의 성장으로 K-뷰티 관심 고조
- 관광산업과 연계한 성장산업으로 정책적 관심 증대
- 전문 서비스 업종으로서 산업적 가치와 위상 향상

T : 위협(Threats)

- 해외기업 진출, 국내업체 증가, 경기침체로 경쟁 심화
- 뷰티산업 성장을 위한 실효성 있는 법률체계 미비
- 한·일 무역분쟁으로 기자재 공급선의 악영향 예상
- 뷰티산업을 천시하는 사회적인 고정관념 잔존

외부환경 요인

AHP 분석을 위해서는 작성된 SWOT 매트릭스의 해당 요인, 그리고 SWOT 요인별 구성요소로 계층화 분석모형을 수립해야 한다. 연구모형은 총 3단계의 계층으로 구성되었다. 최상위 단계는 K-뷰티 산업의 발전전략 수립이라는 궁극적인 목표가 위치하고, 2단계는 SWOT 매트릭스의 요인인 강점(S), 약점(W), 기회(O), 위협(T)의 4개 요인으로 구성하였다. 그리고 최하위 3단계는 2단계 4개 요인별 하위의 구성요소들로 강점요소(S_1, S_2, S_3, S_4), 약점요소(W_1, W_2, W_3, W_4), 기회요소(O_1, O_2, O_3, O_4), 위협요소(T_1, T_2, T_3, T_4)로서 요인별로 4개씩 총 16개의 요소로 구성되었다. 이와 같은 방식으로 SWOT 매트릭스를 AHP 연구모형화하면 〈그림 5.2〉와 같다.

그림 5.2 AHP 계층모형

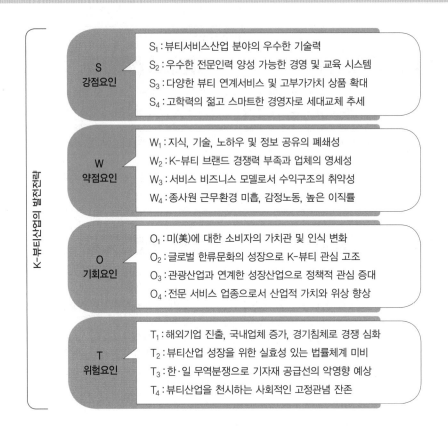

K-뷰티산업의 발전전략

S 강점요인
S_1 : 뷰티서비스산업 분야의 우수한 기술력
S_2 : 우수한 전문인력 양성 가능한 경영 및 교육 시스템
S_3 : 다양한 뷰티 연계서비스 및 고부가가치 상품 확대
S_4 : 고학력의 젊고 스마트한 경영자로 세대교체 추세

W 약점요인
W_1 : 지식, 기술, 노하우 및 정보 공유의 폐쇄성
W_2 : K-뷰티 브랜드 경쟁력 부족과 업체의 영세성
W_3 : 서비스 비즈니스 모델로서 수익구조의 취약성
W_4 : 종사원 근무환경 미흡, 감정노동, 높은 이직률

O 기회요인
O_1 : 미(美)에 대한 소비자의 가치관 및 인식 변화
O_2 : 글로벌 한류문화의 성장으로 K-뷰티 관심 고조
O_3 : 관광산업과 연계한 성장산업으로 정책적 관심 증대
O_4 : 전문 서비스 업종으로서 산업적 가치와 위상 향상

T 위험요인
T_1 : 해외기업 진출, 국내업체 증가, 경기침체로 경쟁 심화
T_2 : 뷰티산업 성장을 위한 실효성 있는 법률체계 미비
T_3 : 한·일 무역분쟁으로 기자재 공급선의 악영향 예상
T_4 : 뷰티산업을 천시하는 사회적인 고정관념 잔존

설문구성

한국 뷰티서비스산업의 발전전략 수립을 위한 계층화된 전략요소 평가모형으로 수립한 SWOT-AHP 연구모형으로 전략요소의 중요도를 계량화하고 우선순위를 식별하기 위해서는 이에 부합하는 전문가 설문지의 설계와 설문대상의 선정 및 배포는 중요한 부분이라고 할 수 있다. 즉, 설문이 연구목적과 분석방법에 적합하게 설계되어야 하고, 연구목적과 설문구성에 대한 이해를 바탕으로 타당성 있는 응답이 가능한 설문 대상자의 선정이 매우 중요하다. 가장 염두에 두었던 부분은 각 단계에서 설문의 응답자가 쌍대비교를 수행할 구성요소의 수였는데, 비교요소의 수가 많아지면 응답자가 집중력을 유지하기 어렵기 때문이다. SWOT 요인별 하위의 구성요소가 4개씩으로 이루어졌다. 비교요소의 수에 따른 비교쌍(비교횟수)의 발생 정도를 예시하면 〈표 5.3〉과 같다.

표 5.3 비교요소의 수와 비교쌍의 발생 정도

n	2	3	4	5	6	7	8	9
비교쌍	1	3	6	10	15	21	28	36

주 : 비교쌍 = n(n − 1)/2

2단계 SWOT 4개 요인과 3단계 SWOT 요인별 각 구성요소 4개씩 총 16개 구성요소의 상대적 중요도를 9점 척도에 의해 평가한다. 설문에 사용한 9점 척도는 AHP 분석을 위한 설문 시 가장 유용한 것으로 개발자인 Saaty의 이론에서 증명되었던 척도이며, ⟨표 5.4⟩, ⟨표 5.5⟩와 같이 설계된다.

표 5.4 SWOT 속성(강점, 약점, 기회, 위협) 간의 중요도

[질문 1] 한국 뷰티산업의 발전전략 수립을 위한 4개의 SWOT 요인을 상호 비교 시 어느 것이 얼마나 더 중요하다고 생각하십니까?

비교항목	중요 ⑨	⑧	⑦	⑥	⑤	④	③	②	동일 ①	②	③	④	⑤	⑥	⑦	중요 ⑧	⑨	비교항목
강점(S)																		약점(W)
강점(S)																		기회(O)
강점(S)																		위협(T)
약점(W)																		기회(O)
약점(W)																		위협(T)
기회(O)																		위협(T)

※ 강점(S) : 강점을 활용하는 측면의 관점
※ 약점(W) : 약점을 보완하는 측면의 관점
※ 기회(O) : 기회를 이용하는 측면의 관점
※ 위협(T) : 위협을 제거하는 측면의 관점

표 5.5　SWOT 요인 하위 구성요소들의 중요도

[질문 2] SWOT 요인 중 강점(S)요인의 4개 하위 구성요소를 상호 비교 시 어느 것이 얼마나 더 중요하다고 생각하십니까?

비교항목	중요 ────▶								동일						◀──── 중요			비교항목
	⑨	⑧	⑦	⑥	⑤	④	③	②	①	②	③	④	⑤	⑥	⑦	⑧	⑨	
뷰티서비스 분야의 우수한 기술력																		우수 전문인력 양성 경영 및 교육 시스템
뷰티서비스 분야의 우수한 기술력																		다양한 연계서비스 및 고부가가치 상품
뷰티서비스 분야의 우수한 기술력																		고학력의 젊고 스마트한 경영자로 세대교체
우수 전문인력 양성 경영 및 교육 시스템																		다양한 연계서비스 및 고부가가치 상품
우수 전문인력 양성 경영 및 교육 시스템																		고학력의 젊고 스마트한 경영자로 세대교체
다양한 연계서비스 및 고부가가치 상품																		고학력의 젊고 스마트한 경영자로 세대교체

※ 이와 같은 형식으로 약점(W)요인, 기회(O)요인, 위협(T)요인에 대한 설문지도 작성한다.

일관성 비율 검증결과

AHP 분석에서 설문의 일관성 비율(CR)은 응답의 신뢰도라고도 볼 수 있는데, AHP 분석의 개발자인 Saaty는 일관성 비율이 0.1 이하여야 논리적으로 타당하다고 했다. 전문가 설문은 한국 뷰티서비스산업을 대표할 수 있는 업계와 학교기관의 전문가를 대상으로 직접설문 방식으로 40부의 전문가 설문을 배포하고 회수하였다. 이 중 응답의 논리적 일관성이 유지된 것으로 판

표 5.6　설문응답자의 일관성 검증결과

구분	회수	사용				미사용		
		0.1 이하				0.1~0.2	0.2~0.3	0.3 이상
		계	1차	2차				
계	40	31	23	8		5	3	1
뷰티업계	31	24	17	7		3	3	1
컨설팅	2	1	1	–		1	–	–
학교기관	7	6	5	1		1	–	–

단되는 31부를 결과분석에 사용하였고 9부는 논리적 일관성이 결여되었다. 또한 분석에 사용한 31부 중에서 23부는 1차에 일관성을 유지한 것으로 검증된 설문이고, 1차 일관성 분석결과 단순 판단착오로 예상되는 8부를 엄선하여 잘못평가한 부분만으로 2차 설문을 실시하여 결과분석에 반영하였다. 회수된 설문의 일관성 검증결과는 〈표 5.6〉과 같다.

중요도 및 우선순위 분석결과

전문가들은 SWOT 속성들의 평가에 있어서 강점을 강화하고 활용하는 측면을 가장 중요하게 생각하고, 그다음으로 약점을 보완하는 측면, 그리고 기회를 이용하는 측면의 순으로 상대적인 중요도를 인식하였고 〈그림 5.3〉과 같다.

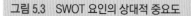

그림 5.3   SWOT 요인의 상대적 중요도

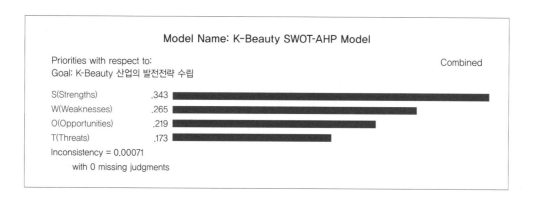

계층화 연구모형에서 상위단계인 SWOT 요인의 중요도 평가결과를 반영하여 하위단계인 3단계 구성요소의 상대적인 중요도(G-weight)를 분석한 결과는 강점요인의 우수한 전문인력 양성 가능한 경영 및 교육 시스템(0.138)이 1위, 약점요인의 종사원 근무환경 미흡, 감정노동, 높은 이직률(0.132)이 2위, 위협요인의 뷰티산업 성장을 위한 실효성 있는 법률체계 미비(0.078)가 3위, 약점요인의 서비스 비즈니스 모델로서 수익구조의 취약성(0.078)과 기회요인의 전문 서비스 업종으로서 산업적 가치와 위상 향상(0.077)이 4위, 강점요인의 뷰티서비스산업 분야의 우수한 기술력(0.074)이 5위 순으로 나타났다. 따라서 중요도 0.070 이상의 상위 6개 요소에 강점요인과 약점요인이 각각 2개씩, 기회요인과 위협요인은 각각 1개씩이 포함되었다. 하위 구성요소의 중요도와 우선순위를 정리해보면 〈그림 5.4〉와 같다.

그림 5.4 SWOT 요인의 하위 구성요소 우선순위

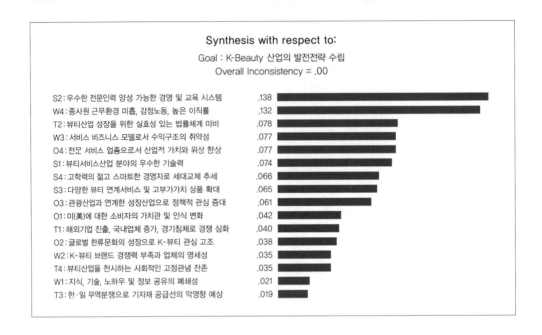

Synthesis with respect to:

Goal : K-Beauty 산업의 발전전략 수립
Overall Inconsistency = .00

S2 : 우수한 전문인력 양성 가능한 경영 및 교육 시스템	.138
W4 : 종사원 근무환경 미흡, 감정노동, 높은 이직률	.132
T2 : 뷰티산업 성장을 위한 실효성 있는 법률체계 미비	.078
W3 : 서비스 비즈니스 모델로서 수익구조의 취약성	.077
O4 : 전문 서비스 업종으로서 산업적 가치와 위상 향상	.077
S1 : 뷰티서비스산업 분야의 우수한 기술력	.074
S4 : 고학력의 젊고 스마트한 경영자로 세대교체 추세	.066
S3 : 다양한 뷰티 연계서비스 및 고부가가치 상품 확대	.065
O3 : 관광산업과 연계한 성장산업으로 정책적 관심 증대	.061
O1 : 미(美)에 대한 소비자의 가치관 및 인식 변화	.042
T1 : 해외기업 진출, 국내업체 증가, 경기침체로 경쟁 심화	.040
O2 : 글로벌 한류문화의 성장으로 K-뷰티 관심 고조	.038
W2 : K-뷰티 브랜드 경쟁력 부족과 업체의 영세성	.035
T4 : 뷰티산업을 천시하는 사회적인 고정관념 잔존	.035
W1 : 지식, 기술, 노하우 및 정보 공유의 폐쇄성	.021
T3 : 한·일 무역분쟁으로 기자재 공급선의 악영향 예상	.019

SWOT-AHP 분석결과를 토대로 한국 뷰티서비스산업의 발전을 실현할 수 있는 전략을 구성해보면 SO, WO, ST, WT 네 가지 유형으로 조합할 수 있으며 〈그림 5.5〉와 같다.

그림 5.5 SWOT-AHP 분석에 의한 전략요소

내부환경 외부환경	S S_1(0.074), S_2**(0.138)** S_3(0.065), S_4(0.066)	W W_1(0.021), W_2(0.135) W_3**(0.077)**, W_4**(0.132)**
O O_1(0.042), O_2(0.038) O_3(0.061), O_4**(0.077)**	S_2, S_1 + O_4 **SO 전략**	W_4, W_3 + O_4 **WO 전략**
T T_1(0.040), T_2**(0.078)** T_3(0.019), T_4(0.035)	**ST 전략** S_2, S_1 + T_2	**WT 전략** W_4, W_3 + T_2

5.3 분석절차 : EC(ExpertChoice) 2000 사용방법

ExpertChoice 2000 실행

ExpertChoice 2000을 설치하고 프로그램을 실행한다.

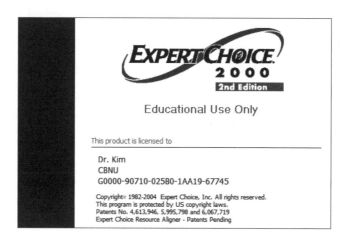

모델 선택

초기화면인 모델 선택 창에서 [Create New Model] → [Direct]를 선택하고 [OK]를 클릭한다.

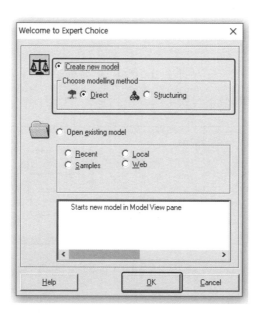

파일명 입력

모델 선택에서 [OK]를 클릭하면 다음과 같은 창이 생성되며, 이곳에 저장할 폴더를 선택하고 새롭게 만들어진 모델의 파일명을 입력한 후 [열기]를 클릭한다. 클릭하면 목적설명창(Goal Description)이 생성된다.

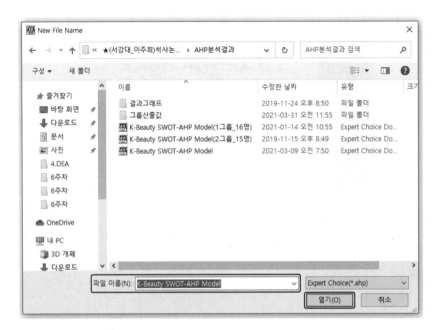

최종목적의 입력

한글 또는 영문으로 의사결정의 목적을 입력한다. 본 예제에서는 'K-Beauty 산업의 발전전략 수립'이라고 입력하고 [OK]를 클릭한다.

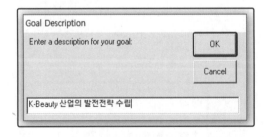

EC2000에서는 다음과 같은 입력창을 Model View라고 하며, 3개의 입력창으로 구획되어 있다.

첫 번째는 좌측 구획창으로 'Tree View'라고 하며 계층구조를 보여준다. 기본값으로 해당 계층에서 하위에 평가해야 할 구성요소가 있는 노드에는 빨간색 원이 표시된다. 반면 하위에 구성요소가 없는 노드에는 검은색 원으로 표시된다. 만일 평가해야 할 하위 구성요소가 있는 노드에 평가하지 않은 구성요소가 있는 경우에는 검은색 점이 빨간색 원의 중앙에 나타난다. Tree View에 있는 모든 기준에 대한 평가가 완료되면, 원은 각 구성요소의 우선순위를 그래프로 나타내는 정사각형으로 바뀐다. 두 번째는 오른쪽 상단 구획창으로 'Alternatives Panes'라고 하며 의사결정 대안들을 나타낸다. 세 번째는 오른쪽 하단 구획창으로 선택한 노드에 대한 정보가 나타난다.

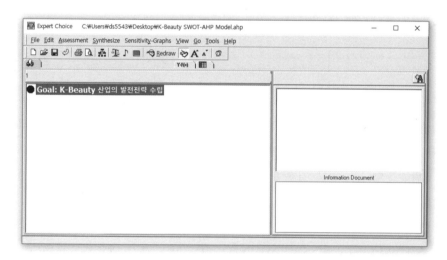

※ 계층별 구성요소들의 중요도와 우선순위를 분석하는 경우에는 좌측 구획창으로 Tree를 구성하게 되며, 최적의 대안에 대한 의사결정을 필요로 하게 되는 경우에는 오른쪽 상단 구획창으로 Alternatives Panes에도 입력이 이루어진다. 본 예제에서는 좌측 구획창을 이용하여 Tree를 구성하고 중요도 및 우선순위를 분석한다.

계층모형의 구성

계층모형은 최종 목적에 대한 평가기준인 구성요인과 하위의 구성요소들로 이루어진다. 우선 2단계의 구성요인을 생성하기 위하여 최종 목적인 'K-Beauty 산업의 발전전략 수립'을 선택하고, 메뉴에서 [Edit]를 선택하고 'Insert Child of the Current Node'를 선택한다. 화면에 노드가 생기면 첫 번째 구성요인인 'S(Strengths)'를 입력하고 Enter를 친다. 다음 노드가 생기면 두 번째 구성요인인 'W(Weaknesses)'를 입력하고 Enter를 누른다. 같은 방법으로

'O(Opportunities)', 'T(Threats)'를 순서대로 입력한다.

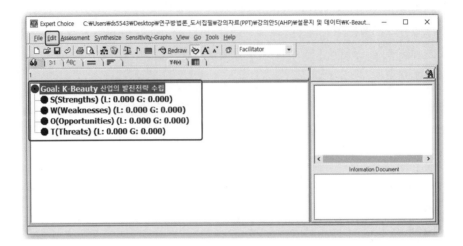

　3단계의 첫 번째 구성요인인 'S(Strengths)' 하위의 구성요소를 생성하기 위하여 'S(Strengths)'를 선택하고, 메뉴에서 [Edit]를 선택하고 'Insert Child of the Current Node'를 선택한다. 화면에 노드가 생기면 첫 번째 구성요소인 'S1 : 뷰티서비스산업 분야의 우수한 기술력'을 입력하고 Enter를 친다. 다음 노드가 생기면 두 번째 구성요소인 'S2 : 우수한 전문인력 양성 가능한 경영 및 교육 시스템'을 입력하고 Enter를 친다. 같은 방법으로 'S3', 'S4'를 순서대로 입력한다.

　동일하게 'W(Weaknesses)'의 하위요소 'W1', 'W2', 'W3', 'W4', 'O(Opportunities)'의 하위요소 'O1', 'O2', 'O3', 'O4', 'T(Threats)'의 하위요소 'T1', 'T2', 'T3', 'T4'를 순서대로 입력하고 Enter를 친다. 모든 입력이 완료되면 esc를 쳐서 입력과정을 종료한다.

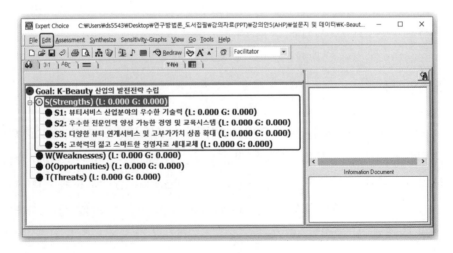

위의 단계가 완료되면 좌측 구획창에 계층모형 Tree가 완성된다. 그리고 메뉴에서 [View]를 선택하고 'Hierarchy View'를 선택하면 계층도를 볼 수 있다.

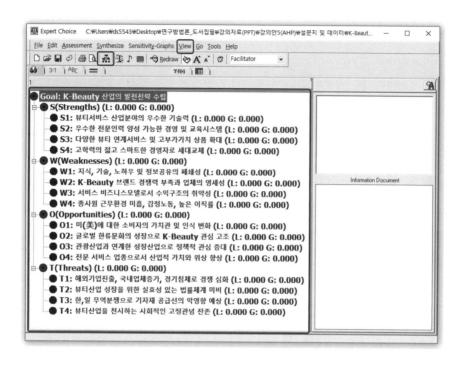

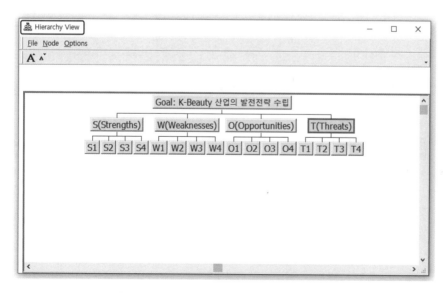

쌍대비교 평가

쌍대비교 평가에서는 2단계 구성요인과 3단계 구성요소에 대해서 평가를 수행한다. ExpertChoice 2000에서는 쌍대비교 평가를 위해서 Pairwise Numerical Comparisons, Pairwise Verbal Comparisons, Pairwise Graphical Comparisons의 세 가지 평가 모드가 있다. 어떠한 평가 모드를 사용하더라도 결과는 같다. 일반적으로 전문가 설문결과에 의해 평가치를 입력하는 경우 'Pairwise Numerical Comparisons Form'을 이용한다.

2단계 구성요인의 쌍대비교를 위해서는 최종 목적인 'K-Beauty 산업의 발전전략수립'을 선택하고, 메뉴에서 [Assessment]를 선택하고, 'Pairwise'를 선택한다.

예제에서는 'S(Strengths)'가 'W(Weaknesses)'보다 3만큼, 'O(Opportunities)'보다 4만큼, 'T(Threats)'보다는 5만큼 중요한 것으로 입력한다. 비교기준이 되는 열방향 요인이 비교대상인 횡방향 요인보다 더 중요할 때는 검은색으로, 덜 중요할 때는 빨간색으로 입력된 중요도 수치가 나타난다.

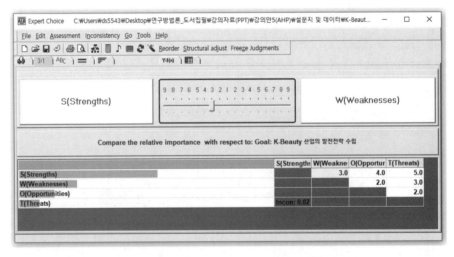

Pairwise Numerical Comparisons Mode

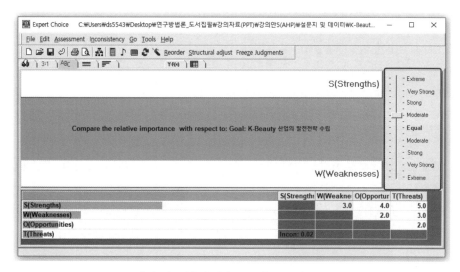

Pairwise Verbal Comparisons Mode

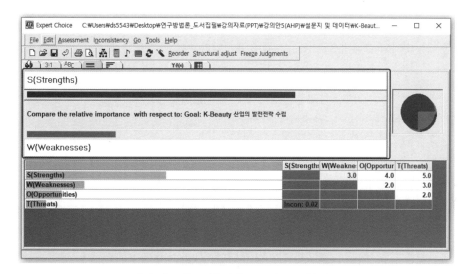

Pairwise Graphical Comparisons Mode

그리고 3단계 하위구성요소의 쌍대비교를 위해서는 구성요인인 'S(Strengths)'를 선택하고, 메뉴에서 'Assessment'를 선택하고, Pairwise를 선택한다.

예제에서는 'S1'이 'S2'보다 3만큼, 'S3'보다 5만큼, 'S4'보다는 1만큼 중요한 것으로 입력한다. 비교기준이 되는 열방향 요인이 비교대상인 횡방향 요인보다 더 중요할 때는 검은색으로, 덜 중요할 때는 빨간색으로 입력된 중요도 수치가 나타난다. 2단계 구성요인 쌍대비교방법과 동일하게 여기에서도 세 가지 평가 모드가 있다.

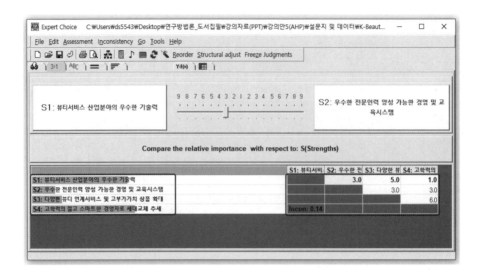

계층모형의 모든 구성요소에 대하여 쌍대비교 평가가 이루어지고 중요도(가중치)가 계산되면, 자동적으로 종합화가 수행된다. Model View 창으로 되돌아가면 계층별 구성요소들에 대한 가중치가 숫자와 그래픽으로 Tree View에 표시된다.

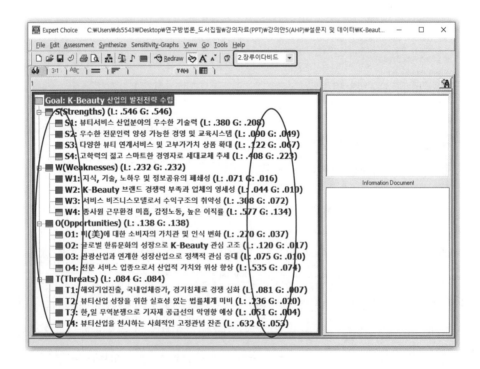

우선순위 도출

구성요소들에 대한 최종 우선순위를 종합하기 위해서는 메뉴의 [Synthesize]를 선택하고, 'With respect to Goal'을 선택하면 다음과 같이 우선순위 그래프가 나타난다. 그리고 [Sort by Priority]를 선택하면 중요도(가중치) 우선순위 순으로 그래프가 정렬된다. 또한 이 창에서 AHP 모형의 목적(중요도 분석 또는 대안의 선택)에 따라 [Distributive mode] 또는 [Ideal mode]를 선택할 수도 있다.

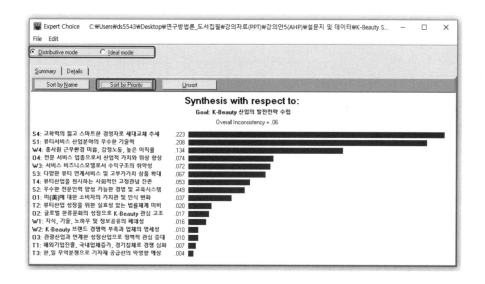

다수의 평가결과 통합

다수의 평가자가 존재하는 경우 평가자들의 쌍대비교 결과를 통합할 수 있다. 메뉴의 [GO]를 선택하고, 'Participants Table'을 선택하면 다음과 같은 평가자 입력창이 나타난다. 평가자를 모두 입력하고 [Combine Individuals]를 클릭하면 'Judgments, Data or both?'라고 묻는 메모창이 나타나면 [Both]를 클릭한다.

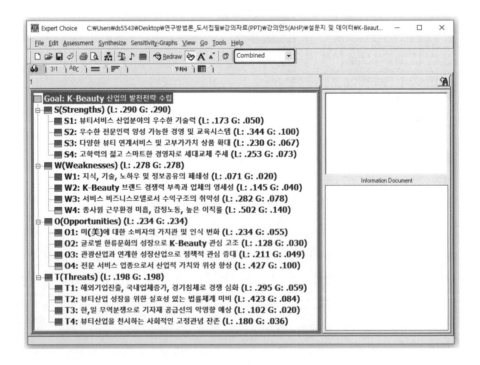

다수의 평가결과가 통합이 완료되면 Model View 창의 계층별 구성요소들에 대한 통합 가중
치로 숫자와 그래픽이 변경된다.

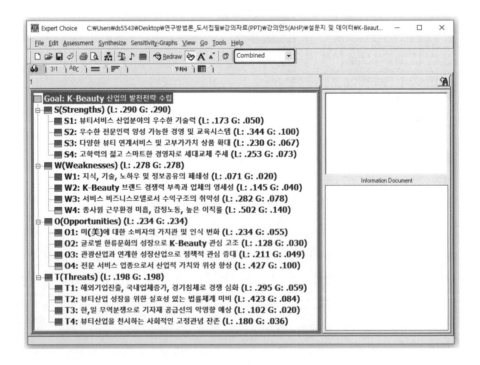

5.4 결과 해석

G(Global)-weight

AHP 분석결과 산출되는 G-weight는 전체 계층화 모형에서 상위계층의 가중치를 반영한 하위 계층 요소들의 가중치(중요도, 우선순위)를 의미한다. 전체 모형을 구성하는 요소들을 모두 고려한 전체 계층모형 관점에서의 가중치가 된다. 따라서 특정 계통 내의 G-weight의 합은 상위 단계요인의 G-weight와 같다. 그리고 계층별 요소의 전체 G-weight의 합은 1이 된다.

L(Local)-weight

AHP 분석결과 산출되는 L-weight는 상위계층의 가중치를 반영하지 않은 해당 계통 내의 구성 요소들만의 가중치(중요도, 우선순위)를 의미한다. 단일 요인과 그 하위를 구성하는 요소들만을 고려한 관점에서의 가중치가 된다. 해당 계통 내의 L-weight의 합은 1이 된다.

Incon(Inconsistency)

일관성 비율(CR)이라고도 표현하며 AHP 분석을 위한 설문응답자(평가자)의 응답의 논리적 일관성의 정도를 나타내는 수치이다. 일반적으로 CR 값이 0.1 이하여야 논리적으로 일관성이 유지된 설문으로 간주한다. 0.1의 의미는 AHP 분석의 쌍대비교 형식의 설문응답에 있어서 논리적으로 잘못된 판단을 내린 비율이 10% 이하라는 의미로 해석할 수 있다. 반면 CR 값이 0.1 이상이면 일관성이 부족한 것으로 재검토가 필요하다는 것을 의미한다. ExpertChoice 2000에서는 비일관성(Inconsistency)으로 표시하고 있지만 그 의미는 일관성과 동일하다.

## 제6장

구조방정식(AMOS)

6.1 기본개념

구조방정식의 개념

구조방정식 모델(Structural Equation Modeling, SEM)은 사회학, 심리학 분야에서 개발된 분석 방법이지만 경영학, 광고학, 교육학, 생물학, 체육학, 의학 등 여러 분야에서 사용한다. 공분산 구조분석(Covariance Structure Analysis), 인과모델링(Causal Modeling), 잠재변수모델(Latent Variable Model), LISREL(Linear Structural Relations) 등으로 사용되었으나 최근 구조방정식 모델로 통일되고 있다. 이 통계기법은 특정 현상을 파악하기 위해서 구조모형 이론의 분석 방법을 이용하여, 확증적인 형태의 모형에서 상호 변수 간의 인과관계와 그 유의성을 검정하는 모형이다. 사회 현상이나 각종 경제 현상 등의 연구에서 각 요인 또는 변수 간의 아주 복잡한 인과관계를 파악하기 위해서 사용되며 연구자가 원하는 형태의 다양한 인과관계를 생성하여 검증하기 위해서 사용된다.

특히 구조방정식은 다수의 독립(외생)변수-다수 종속(내생)변수 간의 관계 설계 가능, 종속 변수 간 인과관계, 대부분의 통계기법들(t 검정, ANOVA, MANOVA, 상관분석, 회귀분석, 판별분석)은 광범위하면서 제각기 나름대로의 역할을 가지고 있지만, 독립변수와 종속변수 간의 일차원적인 관계밖에 보여주지 못하고 있다. 구조방정식 모델의 경우 다수의 독립변수(혹은 외생변수)와 다수의 종속변수(혹은 내생변수) 간 관계뿐 아니라 종속변수(혹은 내생변수)끼리의 인과관계를 동시에 분석할 수 있는 장점이 있다.

이를 활용하기 위해서 사용하는 소프트웨어 프로그램으로는 AMOS(Analysis of MOment Structure)가 있으며 Arbuckle에 의해 개발되었다. SPSS 윈도우 버전처럼 윈도우 기반 프로그램으로 사용자가 쉽게 사용할 수 있는 Graphic Mode로 구성되어 있어서 매우 편리하게 사용할 수 있다. 무엇보다도 모든 사용이 시각적인 지원이 되고 프로그램 작성이나 행렬을 이용하지 않고 데이터와 호환이 자유롭고 초보자가 사용하기 편하다는 장점이 있다.

AMOS에서의 특징들을 나열해보면 다음과 같다. 먼저 잠재변수와 관측변수에 대해서 설명할 수 있다. 잠재변수(Latent Variable)의 경우 (1) 원이나 타원형 형태, (2) 구조방정식 모델에서만 사용되는 변수, (3) 직접 관찰되거나 측정이 되지 않는 변수, (4) 자체적인 측성이 불가능하므로 관측변수에 의해서 측정된다. 관측변수(Observed Variable)는 (1) 직사각형이나 정사각형, (2) 측정변수나 지표 등으로 불리며, (3) 직접 측정되는 변수로서 잠재변수와 연결되어 잠재변수를 측정한다. 두 번째는 외생변수와 내생변수인데 외생변수(Exogenous Variable)의 경우 독립변수의 개념이자 영향을 주는 변수, 화살표가 시작되는 변수라고 할 수 있다. 반대로 내생변수(Endogenous Variable)의 경우 종속변수의 개념이자 직간접적으로 영향을 받는 변수, 화살표를 받는 변수라고 할 수 있다. 각 요인에 대한 유형을 정리하면 〈표 6.1〉과 같다.

표 6.1 경로분석에 사용되는 변수의 개념

구분	외생변수	내생변수
잠재변수	외생잠재변수	내생잠재변수
관측변수	외생관측변수	내생관측변수

세 번째는 오차변수로 측정오차와 구조오차가 있다. 측정오차(Measurement Error)의 경우 관측변수의 분산 중 잠재변수가 설명하지 못하는 부분이며 구조오차(Structural Error)의 경우 내생변수의 분산 중 외생변수에 의해 설명되지 못한 부분으로 설명할 수 있다.

구조방정식은 일반 사회과학 연구 분야, 마케팅/리서치 분야, 경제 모형 및 기타 분야에서 활발하게 연구되고 있다. 일반 사회과학 연구 분야에서는 각종 사회현상(청소년, 의류 구매, 소비자 심리, 각종 사회적 증후군)에 대한 인과관계 분석, 기존 회귀 및 요인 분석을 이용한 분석결과의 고도화 분석, 사회현상의 경로 및 과정에 대한 연구 분야가 있다.

마케팅/리서치 분야에서는 소비자 만족도/충성도 조사 분석, 소비자 행동 파악 및 인과관계 분석, 제품 구매 경로 및 구매 인과관계 분석, 마케팅 설문 분석의 고도화, 일반 제조기업의 마케팅팀 및 리서치 회사 등이 있다.

경제 모형 및 기타 분야에서는 경제지표의 인과관계성 모형, 의료분야 질병 원인 모형 (특히 신경정신과 및 청소년 정신의학 등), 공공정책 입안 관련 모형, 종합병원, 의학 연구소, 국가 공공기관 등에서 연구를 진행하고 있다.

6.2 적용예제 : 디지털 기업가 정신과 기업 성과

분석개요

디지털 기술의 발전은 비즈니스 방식과 전략에 대한 변화를 야기하였다. 고객의 문제를 해결하기 위해 기업의 자원과 프로세스를 표준화 및 모듈화하는 것을 디지털 트랜스포메이션이라고 하는데, 이때 효과적으로 목표를 달성할 수 있는 리더십과 기업가 정신이 필요하다. 디지털 기업가 정신이 전통적인 기업가 정신과 어떠한 관계와 형태를 갖는지 살펴보고 궁극적으로 기업 성과와의 관계를 구조방정식으로 확인하고자 하였다.

분석절차

각 변수에 대한 변수들에 대한 요인을 다음과 같이 사용하여 진행하였으며 각 질문은 5점 척도를 이용하였다. 〈표 6.2〉는 본 연구에서 사용된 개념과 측정변수들이다.

표 6.2 연구모형에 사용된 변수 및 측정항목

변수		측정항목
위험 감수성	RT1	우리 회사는 위험요소가 높은 의사결정이라도 조직에 도움이 되면 진행한다.
	RT2	우리 회사는 환경이 변화하더라도 위험을 무릅쓰고 적극적으로 대응한다.
	RT3	우리 회사는 잠재적 기회를 포착하기 위해 약간은 무모하더라도 공격적인 자세를 취한다.
혁신성	IN1	우리 회사는 연구개발이나 혁신을 강조한다.
	IN2	우리 회사는 새롭고 독창적인 아이디어를 적극적으로 수용한다.
	IN3	우리 회사는 새로운 제품이나 서비스에 대한 마케팅을 강조하고, 창의적인 마케팅 방법을 개발하기 위해 노력한다.
	IN4	우리 회사는 혁신적인 행동을 촉진시켜 경쟁자들을 이기기 위해 노력한다.
진취성	PA1	우리 회사는 경쟁자에 비해 많은 신제품/서비스를 시장에 출시하기 위해 노력한다.
	PA2	우리 회사가 출시하는 제품이나 서비스는 시장트렌드를 선도한다.
	PA3	우리 회사는 경쟁자가 움직이기 전에 먼저 행동한다.
	PA4	우리 회사는 새로운 제품이나 서비스, 생산기술 등을 시장초기에 도입한다.
수용성	RE1	우리 회사는 의사결정에 있어서 고객의 요구를 최우선한다.
	RE2	우리 회사는 고객의 요구사항들을 기존 제품이나 서비스에 적극적으로 반영한다.
	RE3	우리 회사는 제품이나 서비스의 문제를 해결하기 위해 고객의견을 최대한 수용한다.
디지털적 사고	DT1	우리 회사는 디지털 기술을 활용하여 생산프로세스를 효율화하기 위해 노력한다.
	DT2	우리 회사는 디지털 기술을 활용하여 업무프로세스를 효율화하기 위해 노력한다.
	DT3	우리 회사는 디지털 기술을 활용하여 고객들과 소통하기 위해 노력한다.
	DT4	우리 회사의 의사결정은 대부분 데이터를 활용 및 분석하여 이루어진다.
	DT5	우리 회사는 활동으로부터 생산되는 데이터를 축적하고 이를 활용한다.
협력성	CO1	우리 회사는 조직목표를 달성하기 위해 적극적으로 외부기업과 협력한다.
	CO2	우리 회사는 다양한 자원을 보유한 파트너들과 협력하기 위해 상당한 시간을 들인다.
	CO3	우리 회사는 사업을 확장하기 위해 외부조직과 적극적으로 협력한다.
	CO4	우리 회사는 필요한 자원을 보완 혹은 획득하기 위해 외부파트너와 적극적으로 협력한다.
성과	PE1	우리 회사는 지난 3년간, 주요 경쟁사 대비 자산 수익률이 매우 높아졌다.
	PE2	우리 회사는 지난 3년간, 주요 경쟁사 대비 시장 점유율이 매우 높아졌다.
	PE3	우리 회사는 지난 3년간, 주요 경쟁사 대비 매출액이 매우 높아졌다.

※ 척도 : ① 매우 그렇지 않다, ② 그렇지 않다, ③ 보통이다, ④ 그렇다, ⑤ 매우 그렇다.

분석결과

본 예제의 개념에 대한 결과는 〈표 6.3〉과 같이 도출되었으며 모든 가설이 채택되었다.

표 6.3 신뢰성 및 판별타당성

구성개념	α	CR	AVE	상관관계	
				DE	PE
DE	0.905	0.966	0.568	(0.753)	
PE	0.838	0.837	0.632	0.276	(0.795)

α : 크론바흐 알파, CR : 복합신뢰도, AVE : 평균분산 추출값
대각선의 숫자는 평균분산 추출값의 제곱근
DE=디지털 기업가 정신, PE=조직성과

해당 모형에 대한 적합도는 〈표 6.4〉와 같이 나타났으며, 각 요소를 모두 만족하는 것으로 나타났다.

표 6.4 모형 적합도

	x^2	Normed chi-square	GFI	CFI	TLI	RMSEA	RMR
연구모형	374.420 (df=284)	1.318	0.91	0.94	0.93	0.05	0.05

본 연구에서 실시한 통계검증은 원문을 참고하고, 본 책에서 다룰 부분은 개념에 대한 신뢰와 타당성, 모형에 대한 적합도 부분을 다루고자 하였기 때문에 본 예시에서 나타난 부분을 참고하면 된다.

6.3 분석절차

SPSS를 이용한 데이터 정리

먼저 구조방정식을 실행하려면 SPSS를 통해서 값들이 정리되고 특정한 부분에 저장되어 있어야 한다.

AMOS를 이용하여 결과 구하기

AMOS 창을 켰다면 왼쪽에 배치되어 있는 아이콘들을 잘 알고 있어야 한다. 아이콘에 대한 각 세부설명은 다음과 같다.

그림	번호	아이콘 설명
	1	이 아이콘은 관측변수인 사각형을 그릴 때 사용한다. 마우스로 원하는 변수의 크기를 조정할 수 있다.
	2	이 아이콘은 잠재변수인 타원(원)을 그릴 때 사용한다. 마우스로 원하는 변수의 크기를 조정할 수 있다.
	3	이 아이콘은 두 가지 기능이 있는데, 첫째 잠재변수를 그릴 때 사용되며, 둘째 이미 그려진 잠재변수 위에 오차가 붙어 있는 관측변수를 그릴 때 사용된다. 잠재변수와 관측변수를 그리는 데 매우 유용하게 사용되는 아이콘이다.
	4	이 아이콘은 외생변수(독립변수)에서 내생변수(종속변수)로 한 방향 화살표(경로)를 그릴 때 사용된다.
	5	이 아이콘은 변수 사이에 쌍방향 화살표(공분산 혹은 상관관계)를 그릴 때 사용한다.
	6	이 아이콘은 기존에 있는 변수들에 대한 오차항을 그릴 때 사용된다. 또한 마우스를 클릭하면 오차항이 생성되고, 연속으로 클릭할 경우 시계방향으로 오차항의 위치를 바꾸어 모형을 그리는 데 용이하다.
	7	이 아이콘은 이미 만들어진 모형에 대한 변수들에 대한 목록을 보여준다.
	8	이 아이콘은 데이터 파일에 있는 변수들에 대한 목록을 보여준다. 특히 목록에 나와 있는 변수들을 마우스로 끌어내어 변수에 옮겨놓으면 자동으로 변수이름이 생성된다. 자료에서 데이터를 부를 때 매우 유용하게 사용된다.
	9	이 아이콘은 모형에서 하나의 개념(변수 혹은 경로)을 선택할 때 사용된다. 지정된 개념은 색깔이 검은색에서 붉은색이나 혹은 파란색으로 변한다.

그림	번호	아이콘 설명
🖐	10	이 아이콘은 경로도형에서 있는 모든 변수를 지정할 때 사용된다.
✊	11	이 아이콘은 경로도형에서 있는 지정된 모든 변수를 다시 원상태로 풀어줄 때 사용된다.
🚚	12	이 아이콘은 경로도형 창에 있는 물건을 옮길 때 사용된다. 여러 변수나 모형을 한꺼번에 지정한 후 동시에 옮길 때 유용하게 사용된다.
✕	13	이 아이콘은 지정된 개념을 삭제하는 데 사용된다. 한 번 클릭에 지정된 개념이 한 개씩 제거된다.
↻	14	잠재변수 위에 이 아이콘을 놓고 마우스를 누르게 되면 잠재변수에 있는 관측변수와 에러 등이 시계방향 90도로 회전한다.
✍	15	이 아이콘은 작성된 모형의 변수와 화살표나 쌍방향 화살표를 재정렬해주는 역할을 한다. 모형의 미적인 부분에 보강 기능을 한다.
▦	16	이 아이콘은 AMOS 상에서 데이터 파일을 연결시켜 주고 볼 수 있게 해주는 역할을 한다. 아이콘을 누르면 'Data file' 창이 뜨고, File Name으로 데이터를 불러올 수 있다(혹은 Group name 밑에 Group number 1 〈working〉 란을 더블클릭하면 같은 기능을 수행한다). View data의 경우 현재 사용 중인 데이터를 볼 수 있다.
▦	17	이 아이콘은 AMOS에서 필요한 결과물에 대한 여러 가지 옵션을 제공하고 있다.
▦	18	이 아이콘은 모델을 실행할 때 사용되며, 분석이 끝나면 '입출력 경로 다이어그램 선택' 창에서 오른쪽에 있는 아이콘의 중간에 위치한 화살표가 빨간색으로 변한다.
📄	19	이 아이콘은 모델을 실행할 때 사용되며, 분석이 끝나면 '입출력 경로 다이어그램 선택' 창에서 오른쪽에 있는 아이콘의 중간에 위치한 화살표가 빨간색으로 변한다. 메뉴바에서는 [Model-Fit] → [Calculate Estimates]로 사용 가능하다.
💾	20	이 아이콘은 경로도형 창에 그려진 모형을 저장하는 데 사용된다. 이 아이콘을 누르면 '다른 이름으로 저장' 창이 나오고, 이름을 지정해준 후 창에 있는 '저장'을 누르면 지정해준 이름으로 저장된다.

먼저 실습을 진행하기 전에 AMOS를 켰을 때의 각 창에 대해서 구분해보면 다음과 같다.

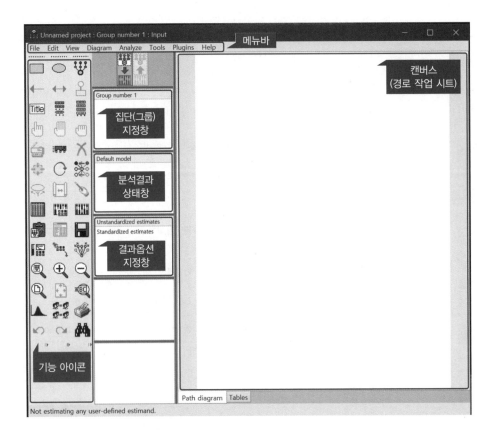

각 창에 대한 기능들을 이용하여 [실습1] AMOS를 이용한 회귀/상관분석을 진행해보고자 한다. 회귀분석은 대표적인 인과관계 분석 방법론의 실습 예제로 〈그림 6.1〉과 같이 어떤 의류 회사에서 브랜드 구매력(Y)에 미치는 영향요소를 브랜드 인지기간(X_1)과 매장 만족도(X_2)라고 정의하고, 브랜드 인지도와 매장만족도에 따라서 브랜드 구매력이 어떻게 영향을 미치는지 확인하고자 하는 것이 목표이다.

그림 6.1   다중 회귀분석의 예

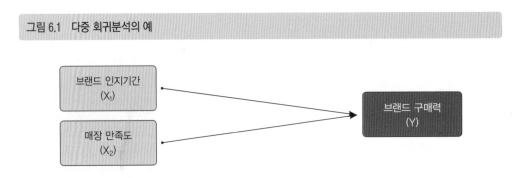

간단한 다중회귀분석으로 종속변수는 브랜드 구매력, 그리고 설명변수는 브랜드 인지기간과 매장 만족도 점수를 사용할 수 있는데 동시에 브랜드 인지기간(X_1)과 매장 만족도(X_2)의 상관관계를 동시에 파악할 수 있다. 구조방정식 모델은 기본적으로 인과관계와 상관관계를 중심으로 이루어져 있으므로 당연히 AMOS를 이용하여 기본적인 회귀분석과 상관분석의 수행이 가능하다.

본 연구에서 종속변수(Y)는 브랜드 구매력이며, 설명변수(X)는 브랜드 인지기간과 매장 만족도로 구성하여 AMOS를 사용하고자 한다.

먼저 설명변수와 종속변수 간의 관계를 구성해야 한다. 그 관계를 구성하기 위해서 다음 내용을 참조해야 하며, 그 순서는 맨 상단 왼쪽부터 오른쪽 'Z' 모양으로 흘러간다.

1. 캔버스 부분에 '▭' 아이콘을 클릭하고 캔버스 부분의 원하는 위치에 네모를 그리고 현재 예제는 독립변수가 2개이기 때문에 왼쪽에 2개를, 오른쪽에 종속변수 1개로 대응해줄 네모를 그린다.

2. 독립변수들에 대한 상관관계를 표현해야 한다. 현재는 독립변수가 2개이기 때문에 1개를 그리지만 독립변수가 3개일 경우에는 3개의 상관관계를 그려야 한다.

3. 상관관계에 대한 화살표가 변수들(네모)을 가리기 때문에 예쁘게 조정하기 위해서 '✗' 아이콘을 클릭하고 다듬어야 하는 부분을 클릭한다. 이 부분은 생략해도 무방하다.

4. 다음은 독립변수와 종속변수에 대한 관계가 있는지 확인해야 하기 때문에 '←' 아이콘을 이용하여 각 독립변수와 종속변수를 이어준다.

5. 이제 변수들의 이름을 입력해야 하기 때문에 입력해야 할 변수(네모)를 마우스로 더블클릭한다.

6. 더블클릭하면 다음과 같은 창이 뜨게 되고 'Variable Name'에 원하는 이름을 적고 그 상태에서 '`esc`'를 누르면 창이 사라진다.

7. 창이 사라지면서 다음과 같이 변화하게 된다.

8. 5~6번 항목을 반복하여 각 변수에 대한 명명을 적어 넣는다.

9. 다 완성하였으면 모형에서 다른 변수들에게 영향을 받는 변수에 대해서 error term을 부여해야 한다. 따라서 '←' 아이콘을 이용하여 다른 변수에 의해서 움직이는 변수를 클릭한다.

10. 9번 항목을 실행하였을 때의 결과는 다음과 같다.

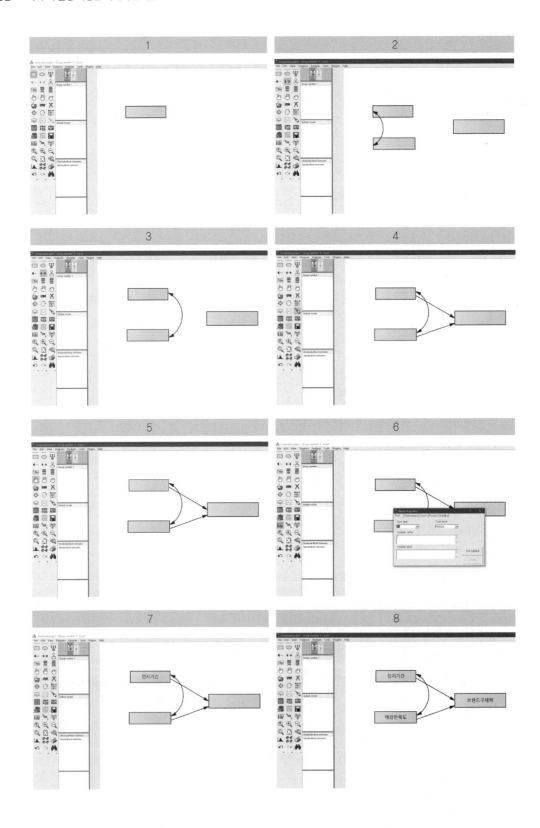

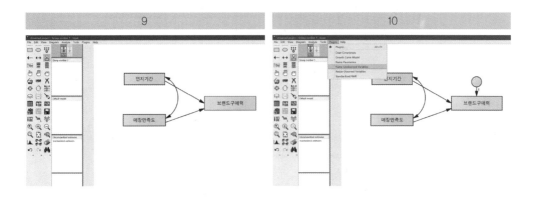

다시 말해서 〈그림 6.2〉와 같이 나타낼 수 있다. 독립변수 사이의 화살표는 상관관계이고 독립변수와 종속변수사이의 관계는 인과관계라고 할 수 있다.

그림 6.2 다중 회귀분석의 예시에 대한 관계 설명

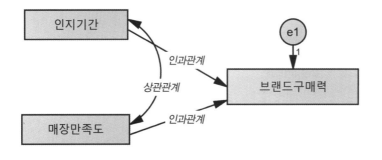

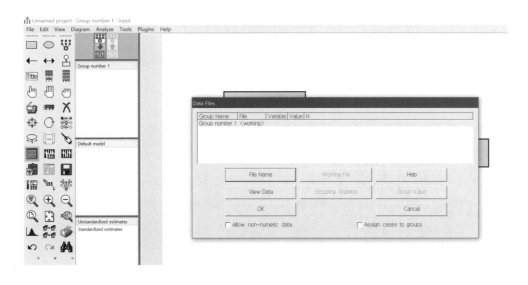

분석해야 하는 파일을 클릭하면 다음과 같이 나타나게 되고 [OK]를 클릭한다.

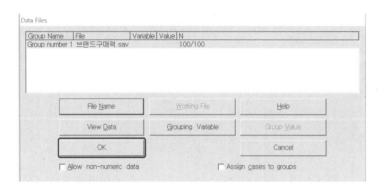

가지고 온 데이터를 구조방정식 안에 채우기 위해서는 '▦' 아이콘을 누르고 팝업된 1번창에서 구조방정식의 변수명과 동일한 데이터(2번) 요소를 클릭한 채로 캔버스의 동일 변수에 드롭한다.

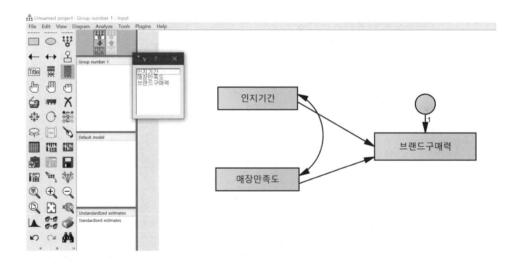

다음은 '오차항 설정하기'이다. 오차항을 설정해주는 이유는 독립변수가 종속변수를 완벽하게 설명하는 것이 어렵기 때문이다. 따라서 일반적인 회귀식의 $y = a + bx + e$로 나타낼 수 있으며 'e'는 독립변수가 종속변수를 설명하지 못하는 요소이다. AMOS에서 구조방정식을 사용할 때 인과관계 화살표관계가 필요하다면 화살을 맞는 쪽에 반드시 오차항을 만들어주어야 한다. 오차항을 만들어주지 않으면 구조방정식 모델 자체가 수행이 되지 않기 때문이다. 여러 개의 화살을 맞더라도 오차항은 1개만 설정해주면 된다.

따라서 현재는 다음의 그림에서 오차항이 하나이지만 여러 개일 경우 하나하나씩 오차항을 투입하는 것이 번거롭기 때문에 다음의 절차를 따르면 효율적으로 처리할 수 있다. 메뉴바에서 [Plugins]를 클릭하고 [Name Unobserved Variables]를 클릭한다.

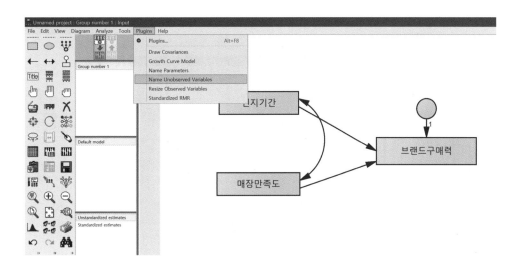

클릭하면 몇 개의 오차항이든지 각 오차항에 대한 이름이 지정된다. 현재 보여준 예시의 경우 오차항이 1개이기 때문에 그 순서에 맞게 'e1'이라고 설정되었다.

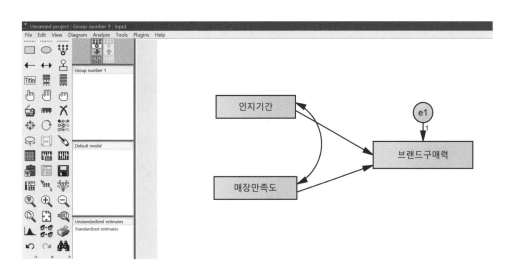

다음은 데이터를 지정하여 그 방정식이 돌아가도록 해야 한다. 따라서 ' 🀫 ' 아이콘을 클릭하고 팝업된 파일창에서 'File Name'을 클릭하여 사용해야 하는 SPSS 파일을 연다.

다음은 모형을 실행하기 전에 어떤 결과값을 도출할 것인지에 대해서 진행해야 한다. 따라서 '▦' 아이콘을 클릭한 이후에 뜨는 팝업창에서 다음의 내용들을 클릭한다. 이후 모든 부분을 클릭하였으면 창을 닫는다.

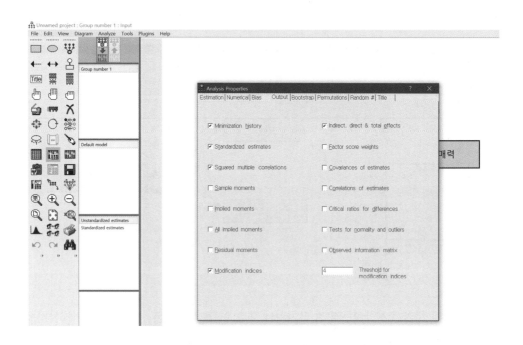

다음은 결과화면을 보기 위해서 결과를 가동시키는 '▦' 아이콘을 클릭한다.

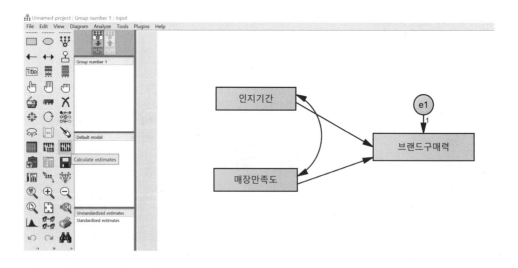

이후 '▦' 아이콘을 클릭한 후에 결과값을 열어본다. 맨 처음 뜨는 결과값은 다음과 같다.

더 세부적으로 보면 다음과 같은데 먼저 가장 기본적인 부분으로 1번을 클릭하면 하단의 내용처럼 나오게 된다. 2번의 경우 자유도가 '0'이면 포화모형을 의미한다. 포화모형이란 해당 데이터에 완전 적합된 모형으로 가장 일반적인 모형이며, SEM의 가장 초기모형이라고 할 수 있다. 포화모형이 아닌 경우 독립모형이 되는데, 이 경우 적합성(Model Fit)을 파악해야 한다.

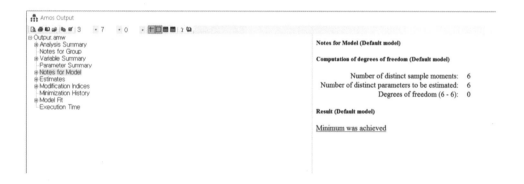

다음은 모형의 'Estimates'에 대한 부분으로 결과창에서 1번을 클릭하면 다음과 같이 도출된다. 2번에 대한 내용은 회귀계수(일방향 화살표), 표준오차(S.E.), 검정통계량(C.R.), P 값을 표시(C.R.은 추정값에 표준오차를 나누어준 것으로 C.R.을 이용하여 계산한 유의확률 값이 P 값이 됨)한다. 본 모형에 대한 해석은 다음과 같이 할 수 있다.

- 2개의 독립변수가 종속변수에 미치는 영향은 각각 0.373, 0.015이다.
- (브랜드) 인지기간의 P 값은 0.002로 신뢰수준 95%에서 귀무가설을 기각하여 유의한 독립변수이나, 반대로 매장 만족도는 유의하지 않다.

31번의 경우 상관계수(양방향 화살표), 표준오차(S.E.), 검정통계량(C.R.), P 값을 표시하는 부분으로 윗부분은 공분산 정보, 아랫부분은 상관계수 정보를 보여준다.

- 공분산 값은 33.412로 유의확률 값이 0.510이므로 신뢰수준 95%에서 0.05보다 크므로 귀무가설(매장 만족도와 인지기간 사이에는 아무런 상관이 없음)을 선택한다.
- Correlation 표의 Estimates 값이 바로 상관계수 값이다.

4번의 경우에는 다중 상관값(Squared Multiple Correlations)을 보여주며, 오직 내생개념(종속변수 개념)의 변수에만 나타나는 부분이다. 다시 말해서 본 모형에서는 2개의 독립변수가 브랜드 구매력에 미치는 영향은 21%이며, 나머지는 오차 부분이라고 설명할 수 있다.

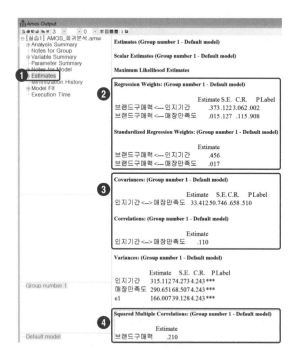

다음은 Multi-Indicator 모형에 대한 실습이다. Multi-Indicator 모형이란 일반적으로 가장 많이 사용되는 구조방정식 모델로 많은 수의 관측변수로 이루어진 잠재변수들로 구성된 모형이다. 2개 이상의 잠재변수를 관측변수로 생성하고, 이를 기반으로 잠재변수 간의 인과관계를 파악하는 모형으로 Multi-Indicator 모형에서 가장 중요한 목적은 잠재변수 간의 인과관계를 파악하는 것이다. 다만 이전에 선행되어야 하는 부분은 요인분석으로 각 측정변수가 개념을 대표하는지 확인해야 한다.

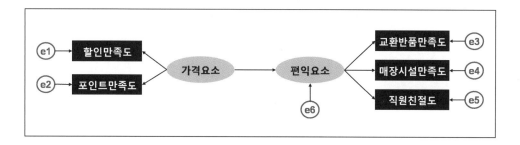

위의 Multi-Indicator 모형은 2개의 관측변수(할인, 포인트만족도)로 만들어진 가격요소가 3개의 관측변수로 만들어진 편익요소와 인과관계가 있는지 여부를 검증하는 것이 핵심 목표라고 할 수 있다. 이러한 Multi-Indicator 모형을 구성하기 위해서는 처음 설명한 부분과 동일하게 아이콘을 사용하여 캔버스에 다음과 같이 그린다.

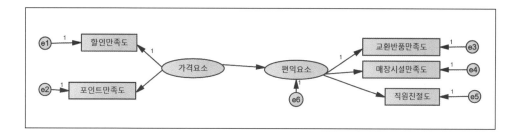

캔버스에 그린 모형에 각 데이터를 넣어야 하기 때문에 다음의 그림처럼 '▦' 아이콘을 클릭한다. 이후에 뜨는 팝업창으로 파일을 찾아서 [OK]를 누른다.

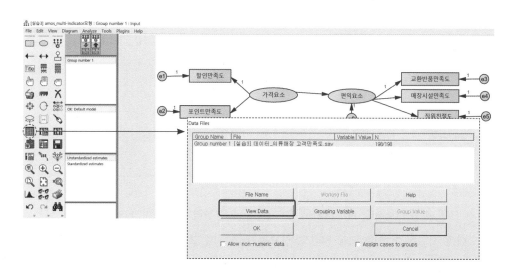

이후 '▦' 아이콘을 클릭하고 각 변수에 맞는 내용을 다시 드래그하여 맞는 위치에 드롭하여 각 데이터가 모형 안에 들어갈 수 있도록 한다. 이후 '▦' 아이콘을 클릭하고 도출할 결과값을 다음과 같이 처리한다.

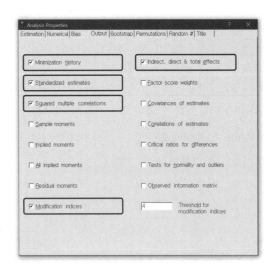

이후 '▦' 아이콘을 클릭하여 결과값을 도출시키도록 진행한다. 다음은 '▦' 아이콘을 클릭하여 그림과 같이 결과창을 도출한다. 결과창이 도출되었다면 다음과 같이 해석할 수 있다.

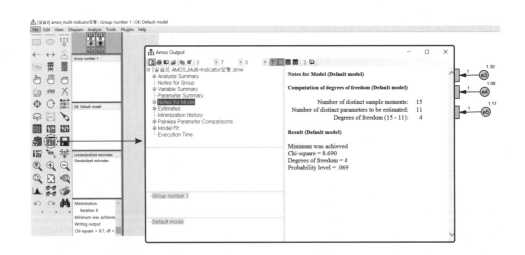

먼저 모델 적합도(Model Fit) 평가에서 카이제곱 검정결과 P 값이 0.069로 귀무가설을 채택, 모형이 적합하긴 하나 모델 적합도 정보를 활용하여 모형의 유의성에 대한 검증이 필요하다.

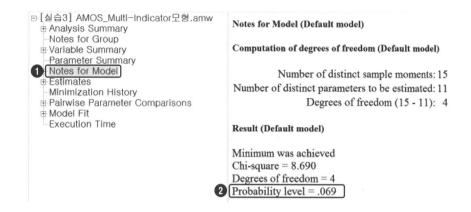

Notes for Model (Default model)

Computation of degrees of freedom (Default model)

Number of distinct sample moments: 15
Number of distinct parameters to be estimated: 11
Degrees of freedom (15 - 11): 4

Result (Default model)

Minimum was achieved
Chi-square = 8.690
Degrees of freedom = 4
Probability level = .069

모델 적합도에서 RMR 값은 0.05~0.08 사이이며, GFI/AGFI 값은 0.9 이상으로 좋은 모형으로 판단된다. 또한 NFI 값 역시 0.9 이상으로 좋은 모형으로 판단된다. 또한 RMSEA 값이 0.07로 매우 낮아 좋은 모형으로 판단된다.

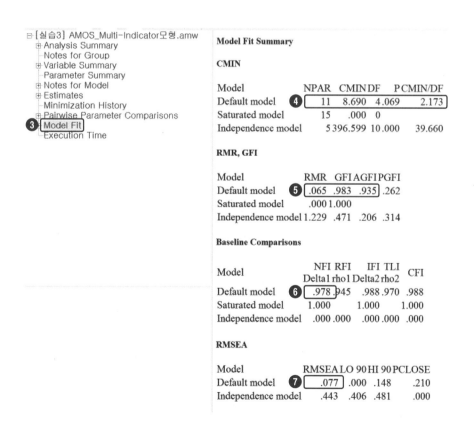

Model Fit Summary

CMIN

Model	NPAR	CMIN	DF	P	CMIN/DF
Default model	11	8.690	4	.069	2.173
Saturated model	15	.000	0		
Independence model	5	396.599	10	.000	39.660

RMR, GFI

Model	RMR	GFI	AGFI	PGFI
Default model	.065	.983	.935	.262
Saturated model	.000	1.000		
Independence model	1.229	.471	.206	.314

Baseline Comparisons

Model	NFI Delta1	RFI rho1	IFI Delta2	TLI rho2	CFI
Default model	.978	.945	.988	.970	.988
Saturated model	1.000		1.000		1.000
Independence model	.000	.000	.000	.000	.000

RMSEA

Model	RMSEA	LO 90	HI 90	PCLOSE
Default model	.077	.000	.148	.210
Independence model	.443	.406	.481	.000

'Estimates'에 대해서는 다음과 같이 해석할 수 있다. 먼저 2번의 경우에는 거의 모든 항목에 걸쳐 유의한 결과를 나타낸다. 특히 가격요소 편익요소가 유의하게 나타난다.

3번의 경우에는 표준화 계수값 출력 결과로서 일반적으로 확인적 요인분석에서는 잠재요인에 대해 표준화 추정치가 0.5 이상일 때 해당 요인이 매우 의미 있는 것으로 해석한다. 본 사례에서는 0.5 이하의 항목이 없기 때문에 관측변수들이 잘 묶여져서 요인이 생성되었다고 판단된다.

4번의 경우에는 다중 상관값은 회귀분석으로 치면 R2에 해당되는데 '편익요소'의 다중 상관값이 0.793이라는 것은 '가격요소'에 의해 '편익요소'가 79.3%가 설명된다는 의미이며, 가격요소가 편익요소에 미치는 영향은 79.3%, '직원 친절도'의 다중 상관값이 0.656이라는 것은 편익요소에 의해 직원 친절도가 65.6%가 설명된다는 의미이다. 나머지는 오차라고 설명할 수 있다.

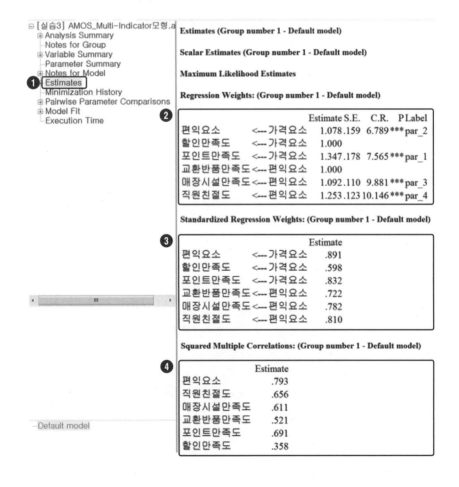

6.4 결과 해석

AMOS는 자기검정을 위해서 구조방정식 모델 내에서는 매우 많은 평가지표 및 지수들이 존재하며 각 요인에 대한 평가기준들은 〈표 6.5〉와 같다.

표 6.5 경로분석 적합도 평가결과

구분	평가지수	평가기준
절대적합지수	카이제곱 통계량(x^2 : Chi-Square)	통계량 P 값이 0.05 이상이면 모형 적합
	GFI(Goodness of Fit Index)	1에 가까울수록 모형 적합(0.9 이상)
	AGFI(Adjusted GFI)	1에 가까울수록 모형 적합(0.9 이상)
	RMSR(Root-Mean-Square Residual)	0.05~0.08 사이면 모형 적합(0.05 이하)
	RMSEA(Root Mean Square Error of Approximation)	0.05~0.08 사이면 모형 적합(0.05 이하)
증분적합지수	NNFI(Non-Normed Fit Index)	1에 가까울수록 모형 적합(0.9 이상)
	NFI(Normed Fit Index)	1에 가까울수록 모형 적합(0.9 이상)
간명적합지수	PGFI(Parsimonous GFI)	값이 클수록 모형 적합
	PNFI(Parsimonous NFI)	값이 클수록 모형 적합
	AIC(Akaike Information Criteria)	0에 가까울수록 모형 적합

분석을 진행하였다면 먼저 모형에 대한 적합도에 대해서 기재해야 한다. 〈표 6.6〉을 기반으로 설명하면 GFI, CFI, TLI 모두 0.9 이상을 웃도는 것으로 모형에 적합함을 확인할 수 있다. 또한 RMSEA도 적합한 구간에 있음을 확인할 수 있다.

표 6.6 분석 모델 적합도

구분	x^2	Normed chi-square	GFI	CFI	TLI	RMSEA
연구모형	8.690 (df=4)	2.173	0.983	0.988	0.970	0.077

아울러 가격요소는 편익요소에 영향을 미친다고 하는 가정일 경우에 본 예시에서는 ***으로 유의하며 가설을 설정하였을 경우에는 해당 가설이 채택되었다고 할 수 있다.

## 제 7 장

부분최소제곱법(PLS)

7.1 기본개념

부분최소제곱법의 개념

부분최소제곱법(Partial Least Square, PLS)은 AMOS나 LISREL과는 다르게 일반화최소제곱법 (Ordinary Least Square)을 사용한다. 이 방법론은 회귀분석에서 기반한 내용으로 모형 내에서 발생하는 내생변수에 대한 오차값을 최소화하기 위한 방법이다. 다음은 PLS를 사용하는 이유 이자 장점들에 대해서 소개하고자 한다.

PLS 장점 첫 번째는 기존의 구조방정식의 단점인 정규분포의 가정에 대한 전제가 필수적으 로 선행되지 않아도 된다.

PLS 장점 두 번째는 작은 표본이라도 값을 확인하는 것이 큰 무리가 없으며 작은 표본이라 도 높은 수준의 통계적 검증력을 나타낸다. 이는 기존의 도구들이 한 개념당 표본수를 30~40 개 정도로 잡는 것에 비해서 PLS는 가장 많은 경로가 걸려 있는 종속변수를 기준으로 독립변 수의 경로 개수에서 ×10을 한다는 점에서 표본을 구하기 어려운 연구의 경우 사용될 수 있다. 만약 〈그림 7.1〉의 연구모형이 있다면 'AMOS/LISREL'의 경우에는 약 210~280개의 표본이 필요하고 'PLS'의 경우에는 약 40개의 표본만이 필요하다.

PLS의 장점 세 번째는 가장 큰 특징이라고 할 수 있는데 바로 모형을 평가할 때 형성적 측정 모형과 반영적 측정모형을 동시에 평가할 수 있다는 점이다. 형성적 측정모형은 〈그림 7.2〉 왼 쪽 그림과 같은 개념으로서 개념을 측정하는 요인들이 개념 전체를 구성한다고 볼 수 있다.

그림 7.1   경로분석모형

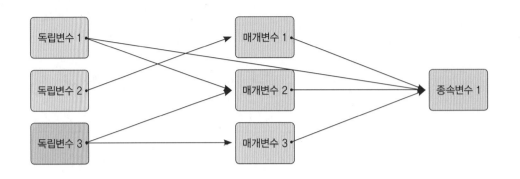

그림 7.2   형성적 측정모형과 반영적 측정모형

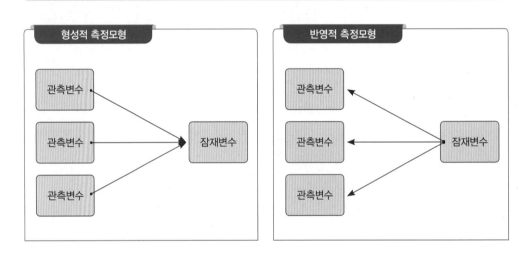

이러한 두 가지 방식은 연구자의 목적에 따라서 섞이게 되며 다양한 모형이 도출될 수 있다. 이러한 구조를 띠는 모형은 PLS만이 이를 해결해줄 수 있어서 연구모형에서 형성적 측정모형과 반영적 측정모형을 섞어서 사용할 경우 바람직한 도구라고 할 수 있다.

7.2 적용예제 : 지식서비스 기업의 관리프로세스 비효율에 영향을 미치는 요인 연구

분석개요

지식서비스산업의 관리프로세스는 표준화, 지식, 경험 등이 성과 간의 관계를 측정함에 있어서 제조업과 차이점을 가진다. 제조산업은 유형자원이 기반이 되는 것에 반해 지식서비스산업은 무형자원에 의존하는 서비스로 표준화하고 이를 정량적으로 변환하는 것이 어렵다. 특히 지식서비스 기업은 관리프로세스의 효율적인 구성이 중요한데 기존 연구들의 경우 효율성에 초점을 맞추거나 긍정적인 요인이 무엇인지 밝히고자 하였다. 따라서 본 연구는 '지식서비스산업에서 조직의 어떤 특성이 관리프로세스 비효율을 초래하는가?'라는 질문에 답하고자 하였으며 관리프로세스 비효율을 초래하는 선행요인과 관리프로세스 비효율성이 기업 성과에 미치는 영향을 중심으로 〈그림 7.3〉처럼 연구모형을 설계하고 관리프로세스 비효율과 그 선행요인 사이에서 업무 난이도의 조절 역할에 대해 각 가설을 수립하고 검증하고자 하였다.

그림 7.3 연구모형

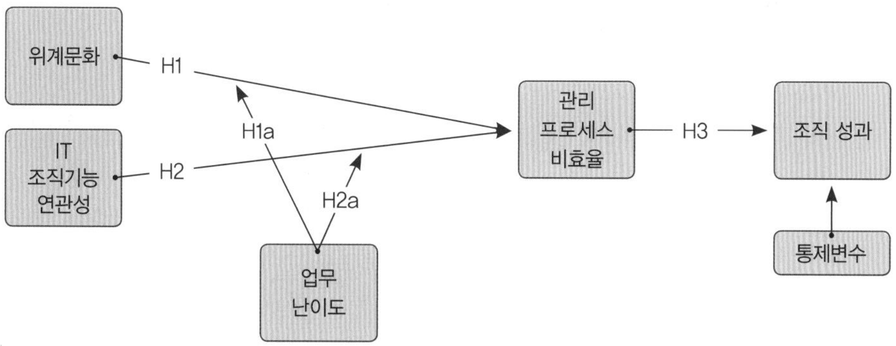

분석절차

본 연구에서는 중소벤처기업부의 지식서비스산업 분류표를 기준으로 비교적 명확하게 기업에서 제공하는 서비스가 지식인 경우로 시장조사 및 여론조사업, 경영컨설팅 서비스업을 주요 연구대상으로 설정하였다. 또한 지식서비스산업의 중기업/중견기업, 소기업, 스타트업 등의 연구부서에서 근무하고 있는 재직자 중 경영 및 조직 성과에 대한 전반적 이해수준이 높을 것으로 예상되는 중간관리자급 이상을 중점으로 설문을 취합하였다. 연구모형은 Smart PLS(Partial Least Square, 최소제곱법)를 이용하여 분석하였다.

분석결과

측정항목의 신뢰도 평가를 위해 크론바흐 알파계수와 복합신뢰도(Composite Reliability, CR), 평균분산 추출값(Average Variance Extracted, AVE)을 계산하였다. 분석결과는 〈표 7.1〉과 같다.

표 7.1 요인 적재값과 신뢰도 분석결과

잠재변수	요인 적재값	알파계수	CR	AVE
위계문화 (HC)	.778	.880	.911	.676
	.663			
	.865			
	.876			
	.904			
IT 조직기능 연관성 (IR)	.803	.921	.941	.760
	.875			
	.877			
	.909			
	.891			
업무 난이도 (TD)	.793	.862	.900	.645
	.884			
	.824			
	.666			
	.833			
관리프로세스 비효율 (IP)	.831	.928	.946	.778
	.901			
	.907			
	.899			
	.869			
조직 성과 (OP)	.924	.931	.950	.825
	.923			
	.906			
	.880			

〈표 7.2〉를 보면 수렴타당성 만족 조건인 요인 적재값 0.6 이상을 기준으로 할 경우 수렴타당성이 만족하고 판별타당성은 AVE의 제곱근 값이 개념들 간의 상관계수보다 크게 나타났으므로 개념 간의 차이가 있는 것으로 확인되었다.

표 7.2 판별타당성 분석결과

변수	(1)	(2)	(3)	(4)	(5)
(1) HC	.822				
(2) IR	−.281	.872			
(3) TD	.399	−.281	.803		
(4) IP	.623	−.430	.553	.882	
(5) OP	−.116	.276	−.240	−.388	.908

PLS 구조모형 평가를 위해 중복성(Redundancy), R^2, GoF(Goodness of Fit) 값을 사용하였으며 교차 검증된 중복성 값은 모두 양수인지를 확인해야 하며(Chin, 1998), 〈표 7.3〉과 같이 기준을 만족한다. R^2 값의 효과 정도는 상(0.26 이상), 중(0.13~0.26), 하(0.02~0.13)로 평가할 수 있다. 〈표 7.3〉에서는 관리프로세스 비효율은 상(.460), 조직 성과는 중(.155) 수준에 해당한다. 마지막으로 GoF 값으로 평가 기준은 Wetzel 등(2009)이 제시한 기준인 Small = 0.1, Medium = 0.25, Large = 0.36을 적용한 결과 〈표 7.4〉에서 보여주듯이 Large로 평가되었다.

표 7.3 중복성 검정값

잠재변수	R^2	공통치 (Communality)	중복성
HC		.676	
IR		.760	
IP	.460	.778	.126
OP	.155	.823	.113

표 7.4 GoF 모델 적합도 검정결과

모델 경로	GoF	평가결과
HC → IP → OP	.483	Large
IR → IP → OP	.492	Large
HC/IR → IP → OP	.483	Large

결과적으로 총 5개의 가설에서 모든 경로가 유의하였음을 〈그림 7.4〉를 통해 알 수 있다.

그림 7.4　연구결과

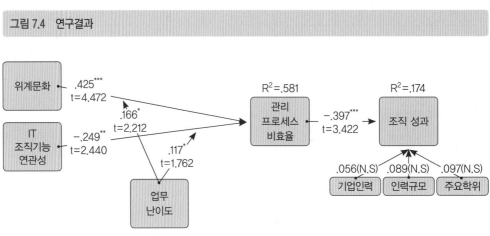

* P＜.05, ** P＜.01, *** P＜.001
N.S : 유의하지 않음

7.3 분석절차

PLS 설치하기

https://www.smartpls.com으로 들어가면 다음과 같은 화면이 켜진다. 이 창에서 'DOWNLOAD NOW'를 클릭한다.

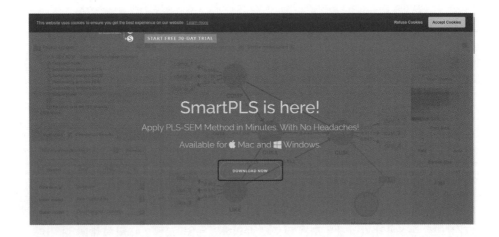

그러면 창이 변경되면서 다음과 같이 나타나게 되고 사용자의 컴퓨터 환경에 맞도록 다운로드한다.

Download latest version - SmartPLS 3.3.3 (see release notes)

이후 설치프로그램을 다운로드하고 난 이후에 가동시키고 나서 'Professional'을 클릭한다.

엑셀을 이용한 데이터 정리

PLS를 사용하기 위해서는 데이터의 확장자가 CSV로 저장되어 있어야 한다. 또한 데이터 내에
는 문자가 있으면 불러오기가 안 되므로 꼼꼼히 데이터를 살펴보아야 한다.

PLS를 이용하여 결과 구하기

PLS 아이콘을 클릭하여 구동하면 다음과 같은 창이 나타난다.

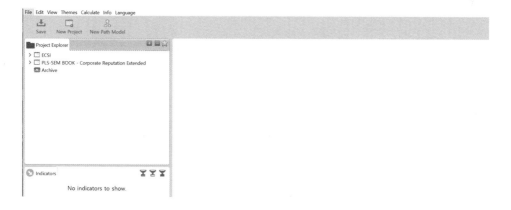

해당 창에서 새로운 구조방정식을 구성하고 그에 대한 결과를 얻기 위해서는 1번의 파일을
누른 후 새로운 프로젝트(2번)를 클릭한다.

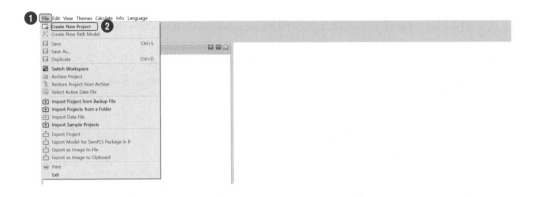

새로운 프로젝트를 클릭하면 다음과 같은 창이 뜨고 프로젝트명을 입력한다.

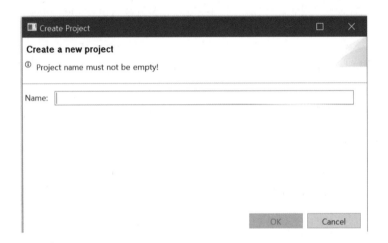

본 예시에서는 'New project'라고 명명하였고 다음과 같이 새로운 프로젝트가 생성된다.

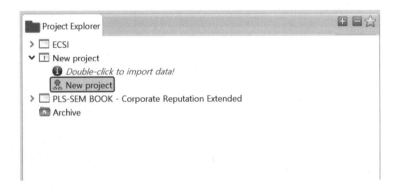

새로운 프로젝트가 생성되면 새로운 창이 보이게 된다. 창에 대한 소개를 하면 맨 위에 메뉴바, 기능 아이콘, 프로젝트 상태창, 데이터 상태창, 캔버스로 구성되어 있다.

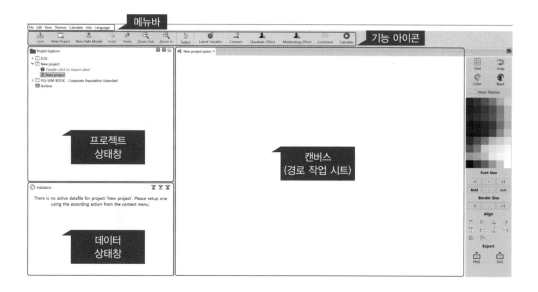

먼저 구조방정식에서 개념을 그려야 하는데 아래 그림에서 [Latent Variable]을 클릭하고 캔버스에 클릭만 하면 다음과 같이 동그라미가 생성된다. 연구자의 연구모형에 맞게 동그라미를 생성한다. 본 예시는 변수가 4개인 구조방정식으로 독립변수 2개와 매개변수 1개 종속변수 1개를 생성하였다.

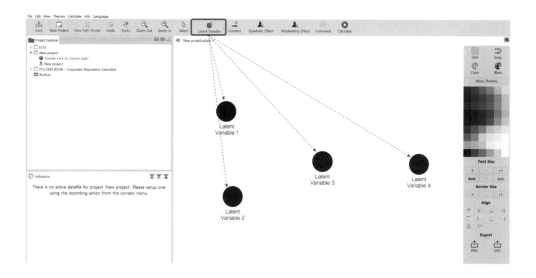

이후에는 각 개념을 서로 어떠한 연결점을 가지고 있는지 선을 그려주어야 한다. 창에서 [Connect]라고 되어 있는 부분을 클릭하고 연결해야 하는 2개의 개념에 대해서 동그라미 안에서 한 번 클릭하고 다른 동그라미 안을 다시 클릭하면 선이 생성된다.

이를 반복하면 다음 그림과 같이 나타난다.

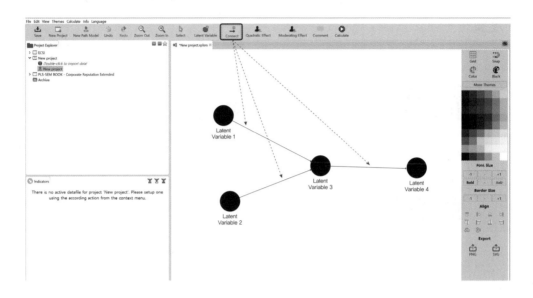

이렇게 그려진 개념 간의 관계도에 연구자가 연구하고 싶은 데이터를 넣어야 한다. 따라서 프로젝트 상태창에서 본 구조방정식을 그리기 위해서 펼친 프로젝트명에서 다음과 같은 명이 포함되어 있을 것이다. 이때 그 부분을 더블클릭하고 컴퓨터에서 저장한 CSV 파일을 클릭한다.

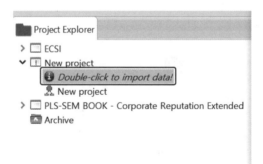

데이터를 가지고 오면 다음과 같이 데이터명을 넣으라고 한다. 이때 연구자 마음대로 데이터명을 입력하면 되고 본 예시에는 'Pretest_No1'이라고 입력하였다.

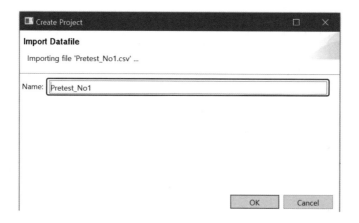

이렇게 데이터명을 입력하면 아래의 그림에서 빨간색으로 박스 처리한 데이터명으로 변경되면서 어떠한 데이터를 가지고 왔는지 캔버스와 데이터 상태창에 뜨게 된다. 이때 만약 데이터 불러오기가 안 된다면 혹시라도 문자열이 있지는 않은지 등을 확인해야 하며 데이터를 다시 불러와야 한다.

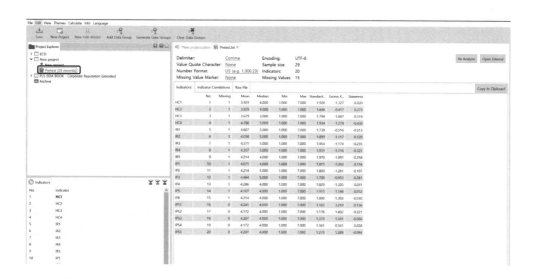

모든 데이터가 잘 열렸음을 확인했으면 다음 그림에서 1번의 창을 없앤다.

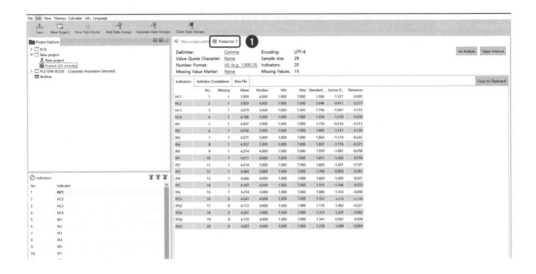

다시 이전의 캔버스로 돌아오게 되고 데이터창에는 빈칸이 아니라 불러온 데이터들이 자리 잡게 된다.

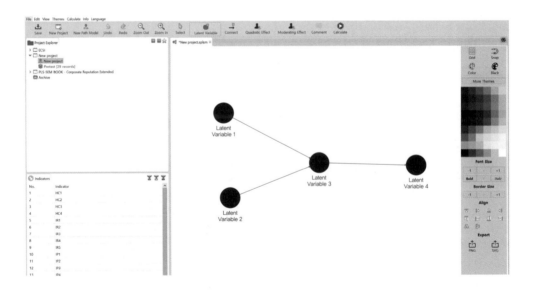

이렇게 옮겨온 데이터를 각 개념으로 옮겨야 한다. 데이터 창에서 개념에 들어가야 하는 것들을 드래그해서 개념에 옮겨놓으면 된다. 예를 들면 다음 그림처럼 개념 안에 들어가야 하는 데이터를 클릭한 상태로 해당되는 동그라미(개념)에 드롭하면 빨간색으로 변경되면서 어떤 측정변수가 옮겨졌는지 확인이 가능하다.

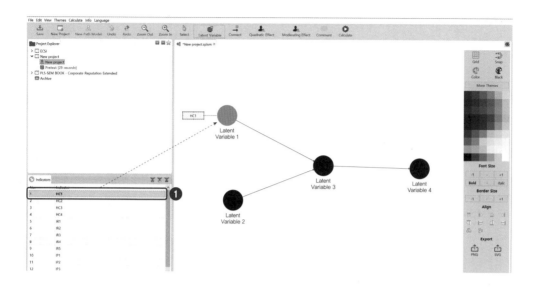

이를 반복하여 각 측정변수를 맞는 개념에 드래그 앤 드롭하면 다음의 그림처럼 변경된다.

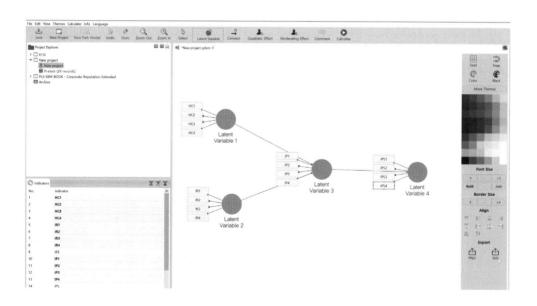

이렇게 데이터를 넣었다면 기능 아이콘에서 1번 [Calculater]를 클릭하고 2번을 클릭한다.

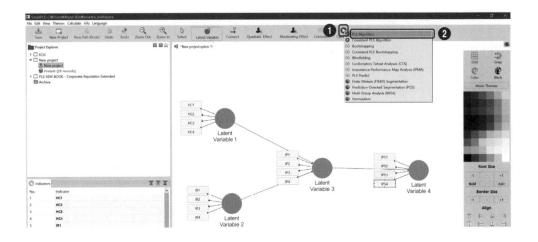

클릭하면 다음과 같은 창이 뜨는데 Default 값으로 처리하고 1번 [Start Calculation]을 누른다.

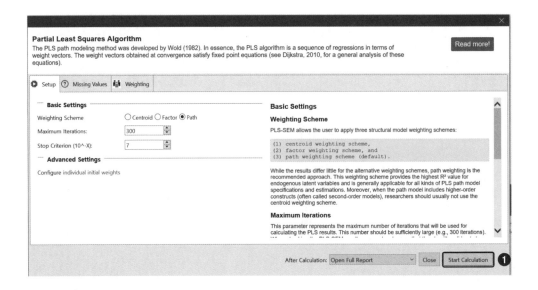

계산을 모두 마치면 다음과 같은 창이 뜨게 되고 각 요인에 기반한 결과값들을 1번처럼 파악할 수 있다.

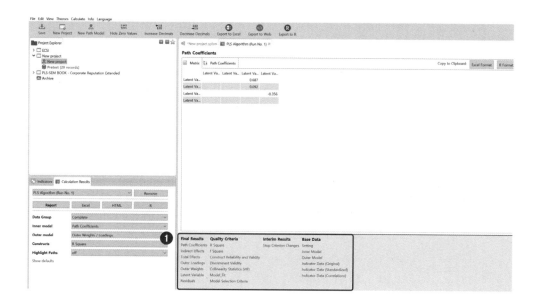

먼저 가장 중요한 요소들을 중심으로 살펴보면 결정계수 값(R^2)을 확인할 수 있으며, 'Latent Variable 3'와 'Latent Variable 4'가 각각 42%, 12%를 설명할 수 있다고 해석이 가능하다.

R Square

Matrix	R Square	R Square Adjusted
	R Square	R Square Adjusted
Latent Variable 3	0.421	0.376
Latent Variable 4	0.127	0.094

다음은 개념에 대한 신뢰도와 타당성에 대한 크론바흐 알파와 'rho_A'와 '구성신뢰도' 및 각 변수가 갖는 'AVE' 값 등을 확인할 수 있다.

Construct Reliability and Validity

Matrix	Cronbach's Alpha	rho_A	Composite Reliability	Average Variance Extracted (AVE)
	Cronbach's Alpha	rho_A	Composite Reliability	Average Variance Extracted (AVE)
Latent Va...	0.796	0.849	0.863	0.615
Latent Va...	0.898	0.910	0.929	0.765
Latent Va...	0.947	0.947	0.962	0.863
Latent Va...	0.958	0.993	0.969	0.887

다음은 판별타당도의 내용으로 각 개념이 현재 대각선의 값보다 세모의 값들이 더 작아야 한다. 본 예시에서는 각 개념이 대각선의 값보다 낮은 것으로 확인되었기 때문에 판별타당성은 매우 높다.

Discriminant Validity

	Fornell-Larcker Criterion	Cross Loadings	Heterotrait-Monotrait Ratio (HTMT)	Heterotrait-Monotrait Ratio (HTMT)
	Latent Variable 1	Latent Variable 2	Latent Variable 3	Latent Variable 4
Latent Variable 1	0.784			
Latent Variable 2	-0.476	0.875		
Latent Variable 3	0.643	-0.235	0.929	
Latent Variable 4	-0.436	0.322	-0.356	0.942

다음은 각 측정요소들이 정말로 개념에 맞는 내용을 다루고 있는지, 그 내용들이 동일한 개념을 설명하고 있는지를 확인하기 위해 'Outer loading' 값을 확인한다. 다음 그림을 기준으로 보면 요인분석에서 대체로 0.7 이상인 경우를 살펴보는데, 이때 표시한 HC3를 제외하고는 모두 매우 높은 요인으로 개념들이 구성되어 있음을 확인할 수 있다.

Outer Loadings

Matrix	Latent Variable 1	Latent Variable 2	Latent Variable 3	Latent Variable 4
HC1	0.795			
HC2	0.729			
HC3	0.656			
HC4	0.931			
IP1			0.888	
IP2			0.941	
IP3			0.970	
IP4			0.915	
IPS1				0.943
IPS2				0.950
IPS3				0.941
IPS4				0.933
IR1		0.929		
IR2		0.858		
IR3		0.845		
IR4		0.865		

다시 다음 그림에서 1번의 창을 닫는다.

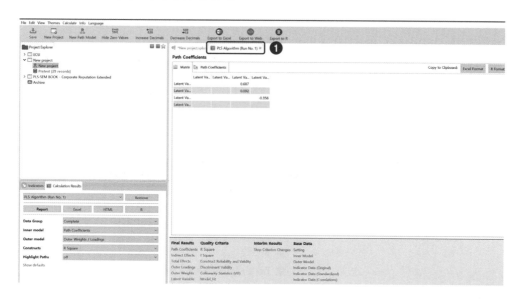

이전에 구성요소들을 확인하였을 때 HC3가 낮은 값을 보였으므로 다음처럼 측정요인에 대해서 오른쪽 마우스 버튼을 클릭하여 [Delete]한다. 물론 연구자가 어떠한 기준을 가지고 있느냐에 따라서 해당 변수를 삭제할 수도 있고 그냥 둘 수 있으며, 본 연구에는 0.7을 기준으로 진행하였고 변수를 삭제하였다. 변수를 삭제하면 다시 각 측정요인과 결정계수값(R^2)을 다시 확인해야 한다.

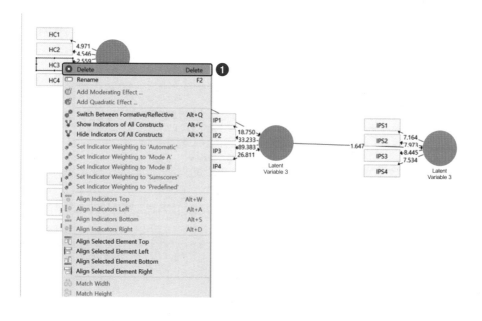

상기의 결과값들을 다시 반복하고 난 이후에 값들이 모든 요소를 충족하는지 확인한 이후에 각 관계에 대한 유의도를 확인해야 한다. 본 예시는 29개의 표본을 가지고 있으며, PLS의 가장 큰 장점 중 하나인 적은 표본으로도 값을 도출할 수 있기 때문에 다음처럼 부트스트랩핑을 이용하여 유의성을 확인해보고자 하였다. 그림과 같이 1번을 클릭한다.

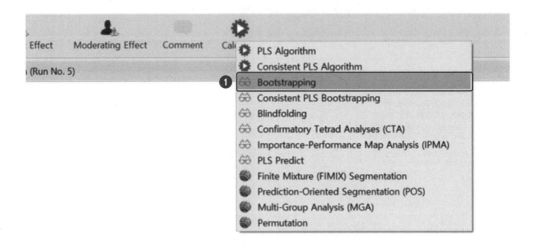

다음과 같은 창이 뜨게 되는데 1번의 칸에 최소 500 이상을 넣는다. 본 연구에서는 1번처럼 500을 넣고 2번을 클릭하여 계산한다.

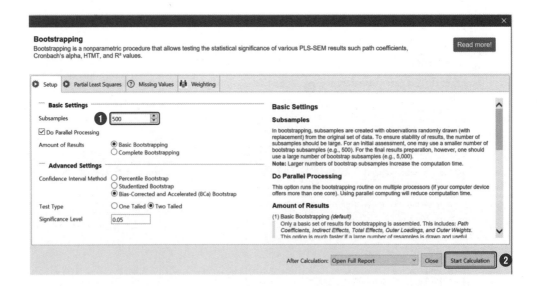

계산을 마치면 다음과 같은 창이 뜨면서 각 경로에 대한 유의도를 확인해준다. 예시로 사용한 데이터의 경우에는 Latent Variable 1과 Latent Variable 3, Latent Variable 3와 Latent Variable 4 간의 관계가 유의한 영향을 미치는 것으로 나타났다.

Path Coefficients

	Original ...	Sample ...	Standard...	T Statisti...	P Values
Latent Variable 1 -> Latent Variable 3	0.553	0.558	0.088	6.324	0.000
Latent Variable 2 -> Latent Variable 3	-0.130	-0.143	0.108	1.207	0.228
Latent Variable 3 -> Latent Variable 4	-0.385	-0.388	0.102	3.772	0.000

캔버스 창으로 돌아가면 각 화살표에 대한 경로계수가 나타난다. 유의한 결과값만을 기준으로 해석하면 Latent Variable 1과 Latent Variable 3는 5.832의 경로계수와 0.000 수준의 유의도를 가지고 있으며, Latent Variable 3와 Latent Variable 4의 경우 1.699의 경로계수와 0.000 수준의 유의도를 가지고 있다고 해석할 수 있다.

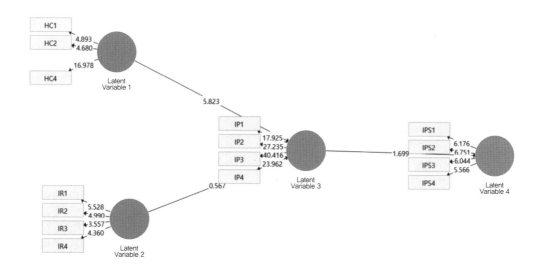

7.4 결과 해석

분석을 진행하였다면 〈표 7.5〉를 다음과 같이 해석하면 된다. 먼저 요인 적재값의 경우 Fornell 과 Lacker(1981)는 0.7 이상인 경우가 유의미하다고 해석한다고 하였다. 따라서 본 연구와 같은 결과가 나왔을 경우에는 0.6 이하인 관측변수를 제외하고 나머지 측정변수들을 이용하여야 한다. AVE 값의 경우에는 그 개념을 얼마나 설명하느냐에 대한 부분으로 해석할 수 있다. R^2 값은 영향을 주는 변수들에 의해서 어느 정도 설명력이 있는지를 확인하는 부분으로 0.421이 라면 42.1%의 설명력이 있다고 해석할 수 있다.

표 7.5 요인 적재값과 교차요인 적재값

Item	Component				AVE	R^2
	1	2	3	4		
HC1	0.795					
HC2	0.729				0.615	–
HC3	0.656					
HC4	0.931					
IR1			0.888			
IR2			0.941		0.765	–
IR3			0.970			
IR4			0.915			
IP1				0.943		
IP2				0.950	0.863	0.421
IP3				0.941		
IP4				0.933		
IPS1		0.929				
IPS2		0.858			0.887	0.127
IPS3		0.845				
IPS4		0.865				

〈표 7.6〉은 각 개념에 대한 신뢰성과 판별타당성에 대한 내용으로 연구자가 측정한 개념이 믿을 만한지 다른 개념과 차이가 있는지 확인하는 부분이다. 크론바흐 알파값(Nunnally, 1978)은 0.6 이상이면 내적 일관성을 가지고 있다고 판단한다. 복합신뢰도 값은 0.7 이상이면 일관성이 높다고 판단한다. 또한 상관관계는 매우 기초적인 부분이므로 필수적으로 연구 내용에 들어가야 한다. 상관관계는 대각선의 값보다 나머지 값들이 낮아야 한다(Fornell & Larcker, 1981).

표 7.6 신뢰성 및 판별타당성

구성개념	α	CR	상관관계			
			L .V 1	L .V 2	L .V 3	L. V 4
Latent Variable 1	0.796	0.863	0.784			
Latent Variable 2	0.898	0.929	−0.476	0.875		
Latent Variable 3	0.947	0.962	0.643	−0.235	0.929	
Latent Variable 4	0.958	0.969	−0.436	0.322	−0.356	0.942

α : 크론바흐 알파, CR : 복합신뢰도
대각선의 숫자는 평균분산 추출값의 제곱근

이후에는 가설을 검증하기 전에 모형의 적합도를 검사해야 하는데 PLS의 경우에는 그 검정방법으로 Gof(Goodness of fit)를 사용한다. Gof는 Tenenhaus 등(2005)이 제안한 것으로 $GoF = \sqrt{\overline{AVE} * \overline{R^2}}$ 으로 계산하면 된다.

## 제 8 장

생존분석

8.1 기본개념

생존분석의 개념

생존분석(Survival Analysis)은 생존기간을 분석하여 생존함수 또는 생존곡선을 추정하는 통계기법이다. 다시 말해 생존분석은 특정 사건이 발생함에 있어서 영향을 미치는 요인을 찾고자할 때 사용하는 방법이다. 여기서 사건대상을 사망이라고 부른다. 주로 의학 분야에서 새로운치료방법 또는 신약이 미치는 효과 등을 추정하기 위해 사용된다. 이 생존분석을 진행하기 위해 사용되는 자료의 특징은 생존기간(시작 시간~사건발생 시점)은 대부분 정규분포가 아니고중도절단을 고려해야 한다. 예를 들면 생존기간, 수명, 고객 유지기간, 고장기간, 실업기간, 재수감까지의 경과기간 등이 해당된다.

여기서 **중도절단 데이터**(Censored Data)란 사건의 발생과 결과의 관계가 불확실한 자료를 말하는데 총 네 가지 유형으로 나눌 수 있다. 먼저 추적이 불가능한 경우와 중도에 탈락한 경우,연구의 종결 : 환자가 사망한 경우, 원인불명의 사망이 해당된다. 생존분석에서는 다음과 같이함수로 나타낼 수 있다.

확률변수 T : 사건발생 시점(예 : 사망, 고장, 이탈 등)

$$\text{생존함수} : S(t) = P\,[T \geq t] \tag{8.1}$$

$$S(t) = 1 - p = 1 - F(t) \tag{8.2}$$

$$\text{위험함수} : h(t) = lim\,[\,P[t \leq T < t + h \,|\, T \geq t]\,] \tag{8.3}$$

식 (8.1)은 t라는 시점에서 생존비율을 이야기한다. 이 비율을 추정하기 위해서 T를 생존기간이라고 하고 t라는 시점에 S(t)의 t시점까지 사건이 없어지지 않고 살아남을 확률에 대한 추정량이라고 한다. 이때 생존기간의 T에 대한 누적분포함수인 F(t)는 식 (8.2)처럼 나타낼 수 있다. 해당 함수에서 t가 현재는 1이지만 기간이 길어지고 이게 무한한 쪽으로 갈수록 0이 된다. 이를 기간에 따라서 그래프로 표현하면 **생존곡선**이라고 한다.

생존분석은 시간에 따른 **생존율(Survival Rate)**을 구간으로 나누어서 보여주며 본 분석의 기본가정은 생존경험이 연구기간 동안 변하지 않는다는 점이다. SPSS를 활용해야 하며 각 데이터에 따라서 세 가지 분석방법이 있으며 생명표가 가장 기본이 된다.

첫 번째 Kaplan-Meier 방법이다. 해당 방법은 분석할 사례에 대해 사망까지 이르는 시간이 짧은 순서대로 정렬하여 누적생존율을 계산하는 방법으로 관찰기간을 구분하지 않고 관찰간격이 사건에 따라서 결정된다.

$$S(t) = \prod_{i=1}^{t}\left[\frac{n-1}{n-i+1}\right]^{c^i} \tag{8.4}$$

Kaplan-Meier를 계산하는 식은 (8.4)와 같다. S(t)는 시간 t에서 추정된 생존함수고 $\prod_{i=1}^{t}$은 t보다 작거나 같은 시점에 모든 대상자의 생존기간을 곱한 것이다. t는 시간이며 n은 표본 전체의 수이며 I는 시간 t까지 생존한 수, 마지막 C^i는 상수로 구성된다. 참고로 생존분석은 다른 방법에 비해서 계산과정이 단순하고 중도에 사라지는 사건에 대한 취급이 간편하다는 장점이 있다.

세 번째 Cox 회귀모형과 시간의존 Cox 모형이 있는데 두 모형은 앞서 설명한 모형과는 다르게 모든 개체의 사건발생의 위험도가 다르다는 것을 가정한다. Cox 회귀모형은 Cox(1972)가 제안한 것으로 개체의 특성에 따라서 사건발생확률이 다름을 반영하는 모형이다. 시간의존 Cox 모형은 생존에 있어서의 영향을 미치는 변수들이 시간 흐름에 따라서 비례하게 상승할 수 있는 부분을 고려한 모형으로 해당 분석을 위해서는 먼저 비례성을 만족하는지 검토해야 한다. 해당 가정을 확인하기 위해서는 시간의존변수를 이용하여 검토할 수 있다.

$$\begin{aligned} h_i(t) &= h_0(t)\exp(\beta' x_i)\\ &= h_0(t)\exp(\beta_1 x_{i1} + \beta_2 x_{i2} + \cdots + \beta_p x_{ip}) \end{aligned} \tag{8.5}$$

$$h(t) = \lim_{\Delta t \to 0} \frac{\Pr(t \le T < t + \Delta t \mid T \ge t)}{\Delta t}$$

$$= \frac{1}{\Pr(T \ge t)} \lim_{\Delta t \to 0} \frac{\Pr(t \le T < t + \Delta t \mid T \ge t)}{\Delta t} = \frac{f(t)}{S(t)} \qquad (8.6)$$

식 (8.5)에서 $ho(t)$는 기저위험함수를 의미하며 해당 함수에 영향을 미치는 부분이 없다는 것을 가정한다. 하지만 실제 수치가 0일 경우에는 계산이 불가능하므로 각 변수를 전체 사례들의 평균값을 빼고 다른 변수로 정의한다. 식 (8.6)의 경우 $h(t)$를 정의한 함수로 t시점까지 생존한 사례가 t시점 바로 직후에 사망할 경우에 대한 순간위험률이라고 하며 $S(t)$는 생존함수로 t시점까지 사망하지 않은 사례에 대한 확률이다. 마지막으로 $f(t)$는 t시점에 부도가 날 확률을 의미한다.

8.2 적용예제 : 나쁜 리뷰가 적은 리뷰보다 더 낫다

분석개요

영화와 관련된 데이터분석 연구는 현재까지 상당히 많지만 영화의 성공 여부의 핵심이라고 할 수 있는 상영일수를 종속변수로 하여 분석한 논문은 찾아보기 힘들다. 이에 본 논문은 Film reviews(Comments)에 대한 2차 데이터를 기반으로 생존분석을 통해 상영일수에 영향을 비치는 요인이 무엇인지를 찾고자 하였다.

분석절차

본 연구의 프로세스는 〈그림 8.1〉과 같다. 먼저 두 가지의 데이터를 Mesh-up하여 진행하였다. 본 연구에서 사용한 데이터는 KOBIS에서 제공하는 데이터들을 이용하였다. 본 연구는 2020년 COVID-19 유행으로 인해 집단적 행동을 할 수 없는 환경으로 인해 영화 관람이 매우 어려워짐을 감안하여 2020년도의 데이터를 제외하였다. 이러한 이유 때문에 상영영화 기준이 아닌 2017년부터 2019년까지 개봉한 영화를 기준으로 데이터를 산출하였다. 먼저 분석을 위해 2차 데이터로 영화진흥위원회에서 제공하는 영화명, 제작국가, 장르, 상영 횟수, 개봉일, 종영일,

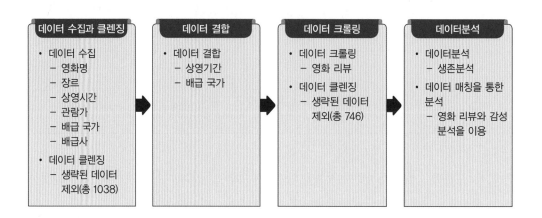

그림 8.1 분석프로세스

배급 국가, 배급사를 사용하였다. 제공된 데이터들을 조합하여 상영일수(개봉일과 종영일을 사용)와 배급 국가를 추가하였다.

분석결과

분석결과는 (1) 각 영화의 리뷰(평점)를 긍정/중립/부정 그룹별로 나누어, 그룹별로 상영일수에 있어서 차이를 확인하였을 때 긍정그룹과 중립그룹, 부정그룹과 중립그룹에서, (2) 긍정그룹과 부정그룹 간의 Magnitude에서, (3) 장르별로 분석한 결과 드라마와 액션, 드라마와 코미디 사이에서, (4) 외국 영화와 국내 영화 사이에서, (5) 영화 등급 전체관람가(G 등급), 부모지도하 전체관람가(PG), 부모동반하 13세 이상 관람가(PG-13), X 등급의 경우에는 G 등급과 PG-13, PG-13과 X 등급 사이에서 상영일수에 유의한 차이가 있음을 확인하였다. 추가로 각 요인에 대한 생명표는 〈그림 8.2〉와 같이 나타났다.

그림 8.2 생존분석 결과표

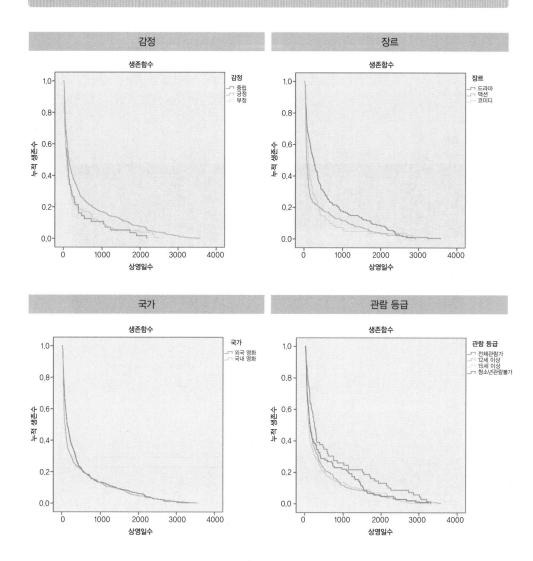

8.3 분석절차

데이터 수집

본 분석에서 사용할 데이터는 각 연구에 맞는 것들을 수집하여 사용한다. 이미 기존에 있는 데이터를 사용할 수도 있으며 직접 크롤링하여 사용할 수도 있다.

SPSS를 이용한 분석절차

SPSS 설치하기

SPSS 설치를 위해서는 https://www.ibm.com/kr-ko/analytics/spss-trials에 들어간다. 그림과 같이 1번을 클릭한다.

이후에는 2번에서 요구하는 정보를 입력하고 이후 차례로 입력값들을 채운다.

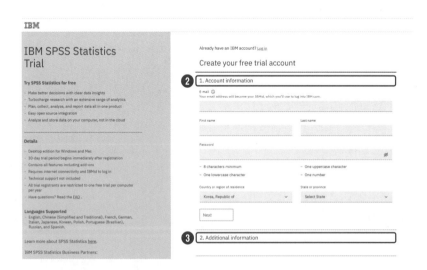

마지막까지 정보를 다 채우고 입력한 이메일로 승인번호를 받았다면 나머지 정보를 확인한 후 4번을 클릭한다.

You can withdraw your marketing consent at any time by submitting an opt-out request. Also you may unsubscribe from receiving marketing emails by clicking the unsubscribe link in each email.

More information on our processing can be found in the IBM Privacy Statement. By submitting this form, I acknowledge that I have read and understand the IBM Privacy Statement.

I accept the product Terms and Conditions of this registration form.

이후 다음과 같은 프로세스 로딩 화면이 나타나고 잠시 기다리면 그 아래처럼 등록이 완료되었다는 화면이 뜬다.

Please wait while we create your IBMid and set up the service subscription.

IBM**id** | 등록 완료

IBMid가 활성화되었습니다.

이후 홈페이지에서는 체험판 설치프로그램을 다운받아야 하기 때문에 5번을 클릭한다.

제품

클릭 후 다음과 같은 화면이 보이게 되며 연구자가 가지고 있는 노트북 유형에 맞게 2개의 6번 중에 선택한다.

다운로드 받은 설치프로그램을 실행시키면 다음과 같은 화면이 로딩되면서 실행할 수 있게 된다.

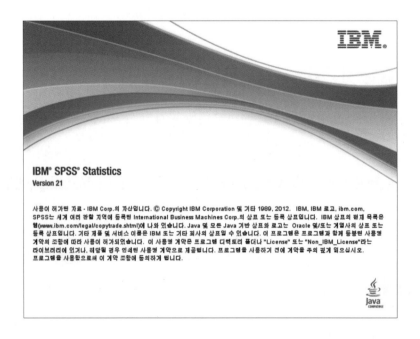

SPSS 실행하여 분석하기

SPSS 아이콘을 클릭하면 다음과 같은 창이 나타난다. 기본적으로 창에 나오는 기능들을 설명하면 그림에서 1번(변수보기)은 연구에서 사용할 변수들에 대한 상세설명이다. 상세설명에 대한 내용들은 2번을 보면 되고, 이름, 유형 등이 작성된다. 필수요소는 이름과 측도이다. 필수요소를 정확하게 설정해야 분석이 가능하고 결과 내용에서도 나타나기 때문이다. 여기서 분석은 3번 분석(A)에서 진행이 가능하며 데이터에 대한 분석방법이나 표현방법 등을 설정할 수 있다. 4번은 1번에서 설정한 변수의 이름들이 해당 표에 반영된다.

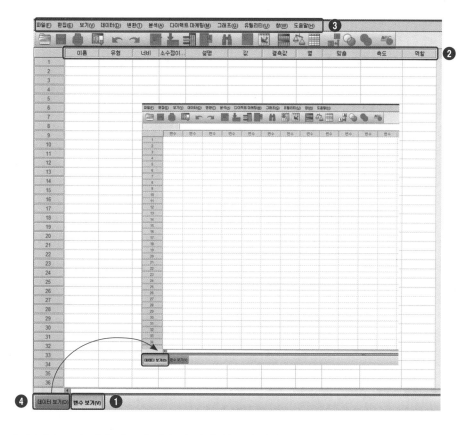

먼저 [변수보기]에서 연구에 사용될 데이터[1]들에 대한 상세설명을 적어야 한다. 따라서 다음 그림 1번에 변수에 대한 이름을 적는다.

---

1 데이터를 SPSS로 불러오기 전에 분석에 사용할 변수들에 대해서 숫자로 코딩해야 한다. 분석에 사용될 데이터들은 다음의 전제를 요한다. 먼저 종속변수는 일정한 시간 간격이 있어야 하며, 독립변수는 비연속적이어야 하지만 연속범주로 만들어서 진행할 수도 있다.

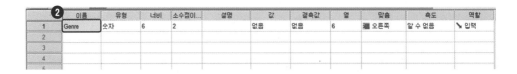

	이름	유형	너비	소수점이...	설명	값	결측값	열	맞춤	척도	역할
1	❶										
2											
3											
4											
5											

만약 그 변수명이 'Genre'였고 이를 2번과 같이 입력[2]하였다면 그 뒤에 유형, 너비, 소수점 등에 대해서 자동으로 기본값들이 들어오게 된다.

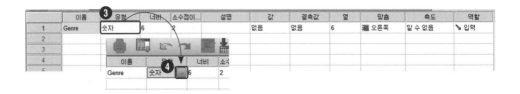

	이름	유형	너비	소수점이...	설명	값	결측값	열	맞춤	척도	역할
1	Genre	숫자	6	2		없음	없음	6	오른쪽	알 수 없음	입력
2											
3											
4											
5											

기본값들을 다시 변수에 맞게 조정해주어야 하는데 변수에 대한 상태를 먼저 설정해주어야 한다. 3번에서 '숫자'라는 글자에 마우스를 가져다 대면 4번처럼 바뀐다. 이 4번을 클릭한다.

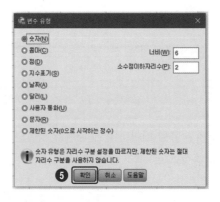

4번을 클릭하면 다음 창이 뜨는데 해당 변수가 숫자면 숫자를, 문자면 문자를, 변수의 속성에 맞도록 클릭하고 5번의 [확인] 버튼을 누른다. 현재 사용하고 있는 'Genre'라는 변수는 숫자로 구성[3]되어 있기 때문에 변경처리하지 않았다.

----

2 변수명은 특수문자가 들어가지 않아야 입력이 가능하다.
3 문자를 직접 생존분석에 사용할 수 없기 때문에 각 문자들을 특정 범주 혹은 명명이 숫자로 코딩되어야 한

이후에는 소수점 이하 자리에 대한 항목으로 해당 변수가 소수점까지 입력해야 한다면 그 수에 맞게 숫자를 넣는다. 예를 들면 2를 넣는다면 소수점 둘째 자리까지 표현된다는 의미이다. 본 예시 데이터에서는 모두 정수이기 때문에 0으로 입력하였다.

	이름	유형	너비	소수점이	설명	값	결측값	열	맞춤	측도	역할
1	Genre	숫자	6	❻2		없음	없음	6	▦ 오른쪽	알 수 없음	↘ 입력
2											
3											
4											
5											

다음은 값에 대한 설명인데 값이란 변수들에 대한 구체적인 설명이다. 만약 'Genre'라는 변수에서 1은 'SF'라고 코딩되었다면 이들을 결과표 등에서 쉽게 이해할 수 없고 혼란만 가중되기 때문에 이를 방지하기 위해서 해당 작업을 수행한다.

	이름	유형	너비	소수점이	설명	값	결측값	열	맞춤	측도	역할
1	Genre	숫자	6	2	❼	없음	없음	6	▦ 오른쪽	알 수 없음	↘ 입력
2											
3											
4											
5											

해당 작업은 다음의 순서로 진행되는데 위 그림의 7번 '없음'을 클릭하면 4번과 같이 '⋯'가 나타나고, 이를 클릭하면 아래의 창이 뜬다. 이때 1번의 기준값이란 변수에서 사용하는 값들을 코딩한 후의 값을 말한다. 2번의 경우는 코딩 전의 설명값을 이야기한다. 따라서 앞서 이야기한 1을 'SF'로 코딩하였다면 1번에 1을 넣고 2번에 'SF'를 넣고 3번을 클릭한다. 이렇게 되면 4번처럼 설정이 완료되고 이후 값들에 대해서 반복하면 5번처럼 진행된다. 이후 6번 [확인]을 클릭하여 마무리한다.

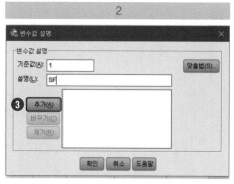

다. 물론 숫자가 아닐 수도 있으나 코딩해야 하는 상황이었다면 편리성을 위해서 정수로 코딩하는 것이 좋다.

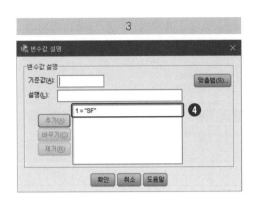

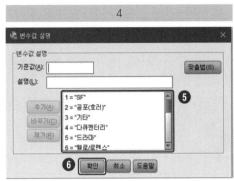

다음은 측도를 설정해주어야 한다. 해당 유형에 대한 기본값은 7번처럼 '알 수 없음'으로 나타나지만 해당 글을 마우스로 클릭하면 8번과 같이 나타난다. 연구자가 사용하는 변수에 따라서 척도인지 순서인지, 명목[4]인지 확인하면 된다.

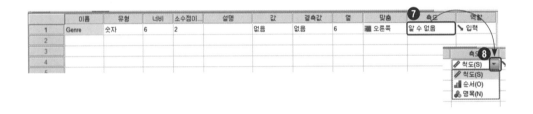

본 예시에서는 'Genre'라는 변수가 명목이기 때문에 명목을 클릭하였다. 이러한 방식을 분석해야 하는 변수별로 모두 설정하게 된다면 다음 그림처럼 나타나게 된다.

---

4 명목이란 명목척도와 동일한 개념으로 변수를 구성하고 있는 값들을 서로 더하거나 뺄 수 없는 척도를 말한다. 예를 들면 선수의 등번호가 이에 해당된다. 순서는 서열척도와 동일한 개념으로 변수를 구성하고 있는 값들에 대한 크고 작음을 구분할 수 있으나 그 정도는 구분할 수 없음을 의미한다. 예를 들면 달리기 등수가 이에 해당한다. 마지막으로 척도는 비율척도와 동일한 개념으로 모든 계산이 가능한 값들로 이루어졌음을 의미한다.

이 변수들에 대한 설정이 잘 되었는지 확인하기 위해서는 켜진 SPSS의 왼쪽 맨하단의 [데이터보기]를 클릭하면 된다. 1번을 클릭하면 입력한 변수들을 2번에서 확인할 수 있다.

하지만 본 분석은 생존분석으로 분석해야 하는 데이터 말고 1개를 추가로 더 만들어야 한다. 1번처럼 이름을 'Survival'이라고 해도 좋고 연구자가 알아볼 수 있도록 이름을 부여한다.

이전의 설정처럼 소수점 이하 자리는 0으로 수정하고 값에서도 0을 사망으로 설정한다. 본 예시에서 0만을 사용하는 이유는 살아남은 데이터가 없기 때문이다. 만약 살아남은 값들이 있다면 '1 = 생존'을 입력한다. 이후 측도에 설정값은 명목으로 설정한다.

다시 SPSS창에서 왼쪽 하단의 [데이터 보기]로 넘어가고 해당 창에 사용할 연구자의 원본 데이터들을 Ctrl+C하고 아래 그림의 첫 번째 박스에 Ctrl+V한다.

	Genre	FilmRating	Openingdate	Motion	National	Survival
1						
2						
3						
4						
5						
6						
7						
8						
9						
10						
11						
12						

값들을 모두 옮겼다면 맨 마지막 데이터 행인 'Survival'에 대한 값들을 사망이라면 0으로 생존이라면 1로 나타내준다. 이렇게 모든 항목에 대해서 데이터를 기입하였다면 아래 그림처럼 나타날 것이다.

	Genre	FilmRating	Openingdate	Motion	National	Survival
1	12	1	494	1	1	0
2	17	2	154	1	3	0
3	14	2	42	1	1	0
4	13	3	62	1	1	0
5	11	3	107	1	1	0
6	13	3	648	1	3	0
7	13	4	27	1	1	0
8	1	2	56	1	1	0
9	13	3	51	1	1	0
10	9	3	897	1	3	0
11	18	2	44	1	1	0
12	8	4	20	0	1	0
13	5	3	279	2	3	0
14	11	3	694	1	1	0

이제 분석을 하기 위한 처리는 모두 완료되었다. 따라서 다음 그림에서 1번처럼 [분석]을 클릭한다. 해당 분석은 2번 [생존확률]을 클릭한다. 이 책에서는 [생명표]와 [Kaplan-Meire 생존분석]을 다루며 먼저 2-1번의 [생명표]에 대해서 설명한다.

2-1번을 클릭할 경우 다음 그림에서 가장 상단의 왼쪽과 같은 창이 팝업된다. 분석에서 종속변수가 되는 변수를 시간변수로 투입해야 한다. 본 예시에서는 'Openingdate'는 상영기간을 의미하며 창에서 해당되는 변수를 1번처럼 클릭하고 2번을 클릭하면 3번처럼 나타난다. 이후 시간간격에 대한 표시를 진행해야 하는데 3번에 기입한 변수에 대한 기초통계[5]가 어떤지에 따라서 변하게 된다. 본 예시에서 3번에 대한 값이 최대였기 때문에 4번처럼 0에서(H)는 1000으로 적고 증가폭은 1로 작성하였다. 다음은 상태변수로 마지막으로 만든 'Survival'을 넣어야 한다. 따라서 5번처럼 해당 변수를 클릭하고 6번을 클릭하면 상태변수에 입력되게 된다. 해당 상태변수가 어떠한 값을 지니는지 확인해야 하는데, 이때 7번을 클릭하면 8번 창이 뜬다. 해당 창은 변수가 어떻게 구성되어 있는지 확인하고자 하는 것으로 본 예시에서는 사망밖에 없기 때문에 9번처럼 단일값에서 0을 기입하고 10번을 누른다. 다음은 분석을 통해서 어떠한 값들을 추가적으로 도출하게 할 것인지를 선택해야 한다. 11번의 옵션을 누르면 뜨는 12번 창에서 [도표] 안에 있는 모든 항목에 체크하고, [처음 요인의 수준 비교]에서는 '대응별'에 체크한 후

---

5 변수에 대한 최소, 최대, 평균 등을 이야기한다.

[계속](13번)을 누른다. 다음은 어떤 요인이 변화를 가지고 오는지 확인해야 하므로 본 예시에서는 'Genre'(14번)를 클릭하고 15번을 누르면 16번과 같이 변한다. 입력한 요인이 어떠한 값들로 구성되어 있는지에 대해서 입력해야 하는데 17번을 눌러서 18번과 같은 창이 뜨면 요인이 될 변수의 최솟값과 최댓값을 입력한다. 본 예시에서는 1~19번으로 구성되어 있기 때문에 19번에 '1'을, 20번에 '19'를 입력하였다. 이후 [계속](21번)을 누르고 [확인](22번)을 누른다.

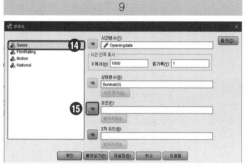

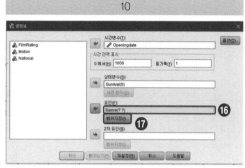

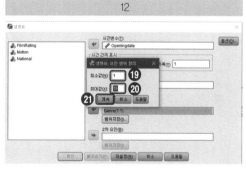

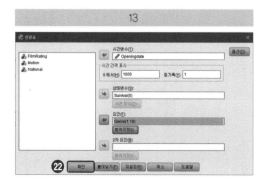

[확인]을 누르는 순간 새로운 창이 뜨면서 분석된 결과 내용이 도출된다. 처음에 뜨는 표는 [생명표]이나 본 예시에서는 모든 사건이 사망이기 때문에 다음 표들에 대해서 살펴보아야 한다. 전체 비교를 통해서 값들을 확인하면 〈표 8.1〉에서 보는 바와 같이 윌콕슨의 값이 77.722이고, 유의확률

이 0.000^6으로 장르별로 상영일수에 차이가 있는 것으로 나타났다.

표 8.1 윌콕슨 통계량 결과

Over Comparisons[a]		
윌콕슨 통계량	자유도	유의도
77.722	18	.000

각 장르 간 유의미한 차이가 있는지를 확인하기 위해서 〈표 8.2〉를 보면 빨간색 박스 처리된 부분이 0.05 수준에서 차이가 있음을 알 수 있다.

표 8.2 Pairwise 비교[a]

(I) 장르	(J) 장르	윌콕슨 통계량	자유도	유의도
1	2	.335	1	.563
	3	5.472	1	.019
	4	7.250	1	.007
	5	10.144	1	.001
	6	3.319	1	.068
	7	.091	1	.763
	8	.799	1	.372
	9	3.609	1	.057
	10	5.123	1	.024
19	1	5.466	1	.019
	2	4.035	1	.045
	3	3.000	1	.083
	4	.325	1	.569
	5	3.302	1	.069
	6	3.084	1	.079
	7	3.000	1	.083
	8	5.883	1	.015
	9	5.334	1	.021
	10	4.691	1	.030
	11	4.490	1	.034
	12	1.852	1	.174
	13	5.134	1	.023
	14	4.054	1	.044
	15	1.800	1	.180
	16	5.000	1	.025
	17	5.960	1	.015
	18	2.692	1	.101

6 0.05 안으로 들어오면 신뢰도 95%로 유의하다고 해석한다.

다음은 생명표를 그림으로 나
타낸 것으로 장르별로 그래프로
그린 것이다.

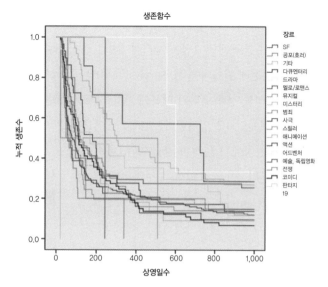

다음은 2-2번 [Kaplan-Meier 생존분석] 방법에 대해서 설명한다. [생명표]와 동일하게 [분석]
(1번)을 누르고 [생존확률](2번)을 누른다. 이후 [Kaplan-Meier 생존분석](2-2번)을 클릭한다.
Kaplan-Meier는 사례수가 50개 이하일 때 사용하는 방법이며 기간 설정이 [생명표]와 다르다.

2-2번을 클릭하면, 1 그림과 같은 창이 팝업된다. 다음은 본 분석에서 사용할 시간변수를 1번과 같이 클릭한 후 2번을 눌러서 3번과 같이 변수를 설정한다. 이후 상태변수를 부여해야 하는데, 이전에 만들어 놓은 'Survival'(4번)을 클릭하고 5번을 누르면 6번처럼 된다. 이때 상태 변수의 속성을 정해야 하기 때문에 7번을 누르면 8번의 팝업창이 뜨게 된다. 해당 예시는 단일 값으로 9번처럼 0을 입력한다. 참고로 해당 부분은 연구자의 데이터 상태에 따라서 달라질 수 있다. 해당 창에서 입력이 끝났으면 [계속](10 번)을 누른다. 이후 요인을 설정하는데 본 예시에서는 'Genre'(11번)를 선택하고 12번을 누르면 13번과 같이 나타나게 된다. 해당 변수들을 어떤 결과값을 도출하게 할지는 14번의 요인 비교를 클릭하여 설정한다. 15번의 창이 팝업되면 16번과 동일하게 클릭하고 [계속](17번)을 누른다. 이후 [옵션](18번)을 클릭하여 팝업되는 19번에서 추가로 더 설정해준다. 20번처럼 필요한 사항에 체크하고 [계속](21번)을 누른다. 이후 확인(22번)을 누르고 창을 닫는다.

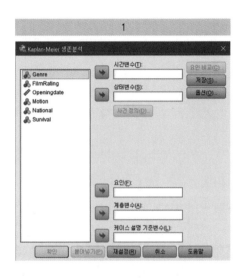

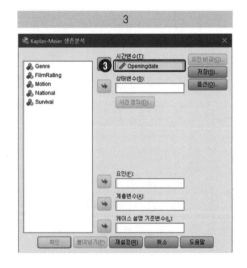

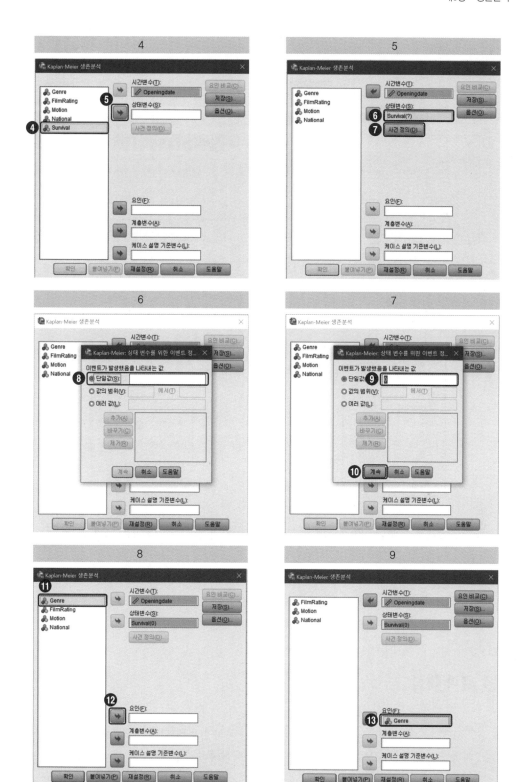

[확인]을 누르는 순간 새로운 창이 뜨면서 분석된 결과 내용을 도출해준다. 각 결과는 앞서 설명한 내용과 동일하므로 앞서 설명한 내용을 참고하면 된다.

8.4 결과 해석

이 장에서 예시로 든 내용은 장르로 그 개수가 매우 많아서 결과를 해석함에 있어서는 다음과 같이 2개의 요인만을 대상으로 한 결과값을 가지고 해석하려고 한다.

맨 처음 추출되는 것은 결과값에 대한 요약으로 〈표 8.3〉과 같이 나타난다. 다시 말하면 '외국 영화'는 321개이고 '국내 영화'는 425개로 나타났다.

표 8.3 사례수 요약

구분	총개수	사례수	중도 절단	
			N	Percent
외국 영화	321	321	0	0.0%
국내 영화	425	425	0	0.0%
전체	746	746	0	0.0%

이후에 〈표 8.4〉와 같이 나타나는데 시간이 흐를수록 그 사례들이 어떻게 변화했는지를 확인해주는 표이다. 다음 표의 경우에는 그 상태가 사망임을 확인할 수 있다.

표 8.4 생존분석표

국가		시간	상태	누적 부분 생존		누적 사건수	잔여 사건수
				추정	표준편차		
외국 영화	1	18.00	사망	.997	.003	1	320
	2	20.00	사망	.	.	2	319
	3	20.00	사망	.991	.005	3	318
	4	21.00	사망	.	.	4	317
	5	21.00	사망	.	.	5	316
	6	21.00	사망	.	.	6	315
	7	21.00	사망	.978	.008	7	314
	8	22.00	사망	.975	.009	8	313
	9	26.00	사망	.972	.009	9	312
	10	27.00	사망	.	.	10	311
	11	27.00	사망	.	.	11	310
	12	27.00	사망	.	.	12	309

〈표 8.5〉는 각 요인에 대한 차이가 있는지에 대한 유의성을 확인해주는 부분이다. 국내 영화와 외국 영화는 유의한 차이를 나타내고 있지 못하다는 것을 알 수 있다. 유의 수준이 0.05보다 크기 때문에 유의하지 않다고 해석할 수 있다.

표 8.5 유의도 확인

	국가	외국 영화		국내 영화	
		카이제곱	유의도	카이제곱	유의도
Log Rank(Mantal-Cox)	외국 영화			.335	.563
	국내 영화	.335	.563		

다음은 생존에 대한 흐름을 시각적으로 표현한 그림이다. 〈그림 8.3〉을 기준으로 살펴보면 '외국 영화'와 '국내 영화'의 흐름이 교차되어 있기 때문에 유의하지 않음을 알 수 있다.

그림 8.3 생존분석

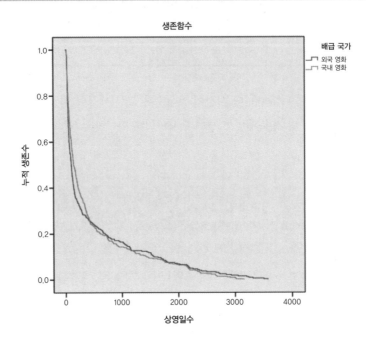

## 제 9 장

투입산출분석

9.1 기본개념

투입산출분석의 개념

투입산출분석(Input-Output Analysis, IO 분석)으로 일정 기간의 산업간 거래관계를 일정한 원칙에 따라 행렬형식으로 기록한 통계표이다. IO 분석은 Leontif(1966), Miller와 Blair(2009)에 의해서 발전되었다. IO 분석은 산업연관표를 이용하여 분석할 수 있다. 산업연관표는 일정 기간 창출된 재화와 서비스를 투입구조와 배분구조로 나타낸다. 이러한 점 때문에 산업연관표는 국민경제의 순환과정을 소득순환과 산업 간 생산물순환, 두 측면 모두를 파악할 수 있으므로 국가경제의 구조적 측면에서 산업간 연관관계, 파급효과 차이 등을 분석할 수 있다.

투입산출분석의 이해

이 분석을 이해하려면 앞서 언급한 산업연관표를 상세하게 살펴볼 필요가 있다. 산업연관표를 이용하기 위해서는 먼저 공급표와 사용표, 투입산출표에 대한 이해가 필요하다. **공급표**는 산업별 재화 및 서비스의 공급내역에 대한 정보를 상품×산업행렬로 나타난 통계표이다. **사용표**는 산업별 상품의 사용내역과 부가가치, 최종 수요의 항목별 사용내역에 대한 정보를 상품×산업행렬 형태로 나타낸 통계표이다. 마지막으로 **투입산출표**는 각 상품의 생산과 사용내역에 대한 정보를 상품×상품행렬 형태로 나타낸 통계표이다. 투입산출표를 가시적으로 설명하면 〈표 9.1〉과 같다.

표 9.1 투입산출표

			중간 수요			최종 수요	수입	총산출
			P1	P2	Pn			
중간 투입	국내	P1	X_{12}	X_{12}	…	y_1	M_1	x_1
		P2	X_{21}	X_{22}	…	y_2	M_2	x_2
		Pn	…	…	…	…	…	…
최종 중간 수요			IC_1	IC_2	…			
부가가치			V_1	V_2	…			
총투입			X_1	X_2	…			

산업연관분석을 하기 위한 기초가정은 총 네 가지이다. 첫 번째, 한 산업은 한 개의 상품만 생산한다. 두 번째, 대체생산방법이 존재하지 않는다. 세 번째, 규모의 경제가 존재하지 않는다. 네 번째, 외부경제가 존재하지 않는다. 이 산업연관분석을 계산하기 위해서는 먼저 투입계수와 부가가치율에 대한 이해가 필요하다. 먼저 투입계수는 1부분의 생산물에 대한 1단위를 생산하기 위해 필요한 각 산업의 생산물 크기를 나타낸다. 따라서 투입계수식은 $a_{ij} = \dfrac{x_{ij}}{x_j}$로 나타낼 수 있다. 참고로 부가가치율은 1부문의 생산물에 대한 1단위를 생산하기 위해 필요한 해당 산업의 부가가치 크기를 나타낸다. 부가가치율식은 $a^{vj} = \dfrac{x_j}{v_j}$로 나타낼 수 있다.

투입계수와 부가가치율로 구성된 투입계수표에서 열방향으로 특정 산업에 대한 합계가 1이

표 9.2 생산유발계수 도출식

투입산출표의 첫 행을 방정식으로 표현	$x_{11} + x_{12} \cdots x_{1n} + y_1 - m_1 = x_1$	[1]
투입계수를 투입	$a_{11} + x_1 + a_{12} + x_2 \cdots a_1 n\ xn + y_1 - m_1 = x_1$ $aij = j$ 부문 생산을 위한 i 부문 생산물 투입계수 $xi = i$ 부문 산출액 $yi = i$ 부문 최종 수요 $mi = i$ 부문 수입	[2]
행렬로 전환	$Ax + y - m = x$ A = 투입계수행렬 x = 총산출액 벡터(1열) y = 최종 수요 벡터 m = 수입액 벡터	[3]
생산유발계수 산출	$x = (I - A)^{-1}$	[4]

되기 때문에 특정 산업의 1단위 생산 증가에 따라서 다른 산업들의 생산부가가치가 비율적으로 상승하게 됨을 확인할 수 있다. 이를 바로 **생산유발계수**라고 하는데, 최종 수요가 한 단위 발생하였을 때 이를 충족시키기 위하여 각 산업부문에서 직간접적으로 유발되는 생산액 수준이라고 할 수 있다. 생산유발계수를 도출하기 위한 식은 〈표 9.2〉와 같다. 먼저 [1]의 경우에는 투입산출표의 첫 행을 방정식으로 표현한 것이며, 〈표 9.1〉과 연결지어 고려하면 된다. 앞서 계산한 투입계수를 [1]에 대입하면 [2]의 식이 된다. 이를 행렬식으로 표현하면 [3]과 같아지며 [3]을 x에 대해서 풀면 [4]와 같다.

투입산출분석 방법

생산유발계수는 특정 산업에서 생산되는 제품이나 서비스에 대해서 최종 수요에 대한 단위당 증가가 다른 산업에 단위당 미치는 영향의 강도를 표현할 수 있다. **후방연쇄효과**는 특정 산업부문의 생산이 증가할 경우 동 산업부문의 생산과정에 투입되는 다른 산업부문의 생산의 증가에 대해서 파악할 수 있다. **전방연쇄효과**는 특정 산업부문의 생산이 증가하면 다른 산업부문의 생산에 투입되는 상품의 추가적인 공급이 늘어남에 따라 다른 산업부문의 생산 증가에 대해 파악할 수 있다. 전방연쇄효과는 레온티에프 역행렬의 행 합계를 전 산업의 평균값으로 나눈 값이며 후방연쇄효과는 레온티에프 역행렬의 열합계를 전 산업의 평균값으로 나누어 계산한다.

표 9.3 후방연쇄효과 및 전방연쇄효과의 계산식

후방연쇄효과	전방연쇄효과
$$BL_j = \dfrac{\dfrac{1}{n}\sum_i B_{ij}}{\dfrac{1}{n^2}\sum_{ij} B_{ij}}$$	$$FL_i = \dfrac{\dfrac{1}{n}\sum_j B_{ij}}{\dfrac{1}{n^2}\sum_{ij} B_{ij}}$$

기타 투입산출분석 소개

먼저 크게 비경쟁수입모형과 경쟁수입모형으로 나누어 설명할 수 있는데 각각을 비교하면 〈표 9.4〉처럼 구분된다. 시각적으로 보았을때는 다른 부분들은 모두 동일하나 표의 구성이 국내자료만으로 사용하면 **비경쟁수입모형**이 되고, 국내와 해외자료를 모두 사용하면 **경쟁수입모형**이 된다.

2개의 차이는 모형이 설명하고자 하는 범위로 비경쟁수입모형은 수입품 소비구조를 반영하여 국산품과 수입품을 구분하는 모형이다. 반대로 경쟁수입모형은 국내에서 생산하는 물품과 수입품이 동일하게 취급된다. 따라서 국산품인지 수입품인지를 구분하지 않는 모형이다. 두 모형은 서로 대비되는 특징을 가지고 있는데 비경쟁수입모형은 제품의 생산에 대한 구분이 가능하지만 경쟁수입모형은 국내제품과 수입제품 사이의 구분이 불가능하다. 이 때문에 비경쟁수입모형은 상호 간의 경쟁이 불가능하며 경쟁수입모형은 상호 간의 경쟁을 하나의 값으로 표현이 가능하다. 이러한 상호 간의 특징 때문에 비경쟁수입모형의 경우 국내에서 생산하는 물품과 수입품의 투입 구성이 가변적이므로 투입계수가 불안정하며, 경쟁수입모형의 경우 경제의 장기 예측 또는 계획을 수립하는 경우에 투입구조를 반영하기에 안정적이다. WIOD의 투입산출표(IO 표)를 살펴보면 비경쟁수입모형은 실제로 해당 나라의 생산경쟁력을 보기 위해 이용하기 때문에 시간을 고려할 수 있다. 반면 경쟁수입모형은 수입과 국내 원재료를 모두 고려한 값으로 재고와 해당 나라 총생산, 수입의 총생산이 포함되어 시간을 고려하는 것은 불가능하다. 국산품과 수입품을 통합하여 표시한 경쟁수입형의 산업연관표로부터 도출된 생산유발계수와 국산품과 수입품을 분리한 비경쟁수입형의 산업연관표로부터 도출된 생산유발계수는 다른 값을 가지게 되는데, 그 차이는 수입중간재의 사용 여부와 관계되는 것으로서 두 계수의 차이가 큰 산업부문은 그 산업 또는 연관산업의 수입의존도가 높은 산업이라고 판단할 수 있다.

참고로 앞서 설명한 지역 내 산업연관모형(Intra-Regional Input Output Model)을 제외하고도 산업연관분석은 단일지역모형(Single Region Model), 다수지역모형(Many Region Model) 방법도 있다. 연구 목적에 따라서 선택하며 단일지역모형은 단일지역 산업연관표로 한 지역 내 산업

표 9.4 투입산출표

			중간 거래		최종 소비	총고정 자본 형성	재고와 가치 변화	수출	최종 산출물
			P_1	P_2					
중간재	국내	P_1	Z_{12}	Z_{12}	a_1	b_1	c_1	F_1	X_1
		P_2	Z_{21}	Z_{22}	a_2	b_2	c_2	F_2	X_2
	수입	P_1	G_{11}	G_{12}	a_3	b_3	c_3	0	0
		P_2	G_{21}	G_{22}	a_4	b_4	c_4	0	0
총중간 소비			IC_1	IC_2					
부가가치			V_1	V_2					
최종 투입물			X_1	X_2					

간 거래 및 경제 구조만 나타내고 다른 지역과의 거래 내용은 이입, 이출로 일괄 계산한다. 다수지역모형은 지역 간 산업연관모형(Inter-Regional Input Output Model)과 다지역 산업연관모형(Multi-Regional Input Output Model)으로 나누어 설명할 수 있고, 이는 타지역에서 중간재 또는 최종재로 사용되었는지를 구분하여 지역 간 상호의존관계를 파악하는 방법이다.

9.2 적용예제 : 한국과 네덜란드의 핵심산업에 대한 생산유발계수 비교

분석개요

한국의 지정학적 특성으로 인해 무역산업의 성장은 주로 중간무역에 의해 추진되었지만, 중간무역은 국가적인 차원에서 무역산업을 지원할 수 없는 환경 때문에 산업 성장의 중추적인 역할을 하지 못하고 있다. 이 연구는 새로운 무역 구조를 찾기 위해 작성된 것으로 한국과 특성이 비슷한 네덜란드와 비교함으로써 문제를 해결하기 위한 방향을 제시하였다.

분석절차

본 연구는 〈그림 9.1〉과 같은 흐름으로 진행하였다.

연구절차의 첫 번째 단계는 해당되는 데이터를 수집하는 과정으로 WIOD에서 2000년부터 2014년까지의 IO 데이터를 이용하여 분석하였다. 중계무역으로 대표되는 네덜란드의 주요산업인 화학, 의료산업과 한국의 주요산업인 ICT 산업을 중심으로 진행한다.

두 번째 단계는 분석단계로 재수출을 통한 영향도 및 부가가치의 중요도가 높은 두 나라를 파악하기 위해서 비경쟁수입모형과 경쟁수입모형을 확인하고 생산유발계수와 부가가치를 모두 확인한다. 전 산업에 대해 분석해본 결과, 네덜란드는 국내만 고려했을 때 산업생산 유발효과의 계수 변동이 심해서 유의한 결과를 얻을 수 없는 경우가 많았다. 해당 값들은 음수(−) 값으로 중간에 투입되는 값과 세금과의 수치가 거의 비슷하여 최종 산출량이 0이 되기 때문에 결과적으로 일반적으로 나오는 양수(+)가 산출되지 않게 된다(Xiaming Liu, 2008). 또한 비경쟁수입모형은 이전의 재고 등의 고려 및 나라의 외부환경에 따라서 다른 나라보다 영향이 높아 변동이 심했다. 따라서 선행연구와 결과값을 기반으로 중계무역의 특징을 지닌 두 나라는 비경쟁수입모형보다 수입이 고려된 경쟁수입모형을 사용하여 가설을 검정하였다. 경쟁수입모형

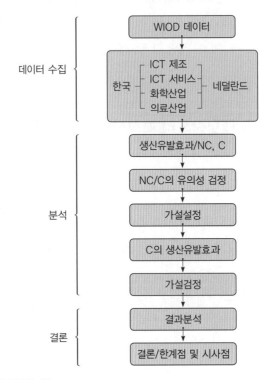

그림 9.1 연구 프로세스

* NC(비경쟁수입모형), C(경쟁수입모형)

으로 각 산업의 생산유발계수의 차이에 대한 가설을 설정한 후 경쟁수입모형에서의 생산유발
효과를 파악하고 중계무역에서 중요한 부가가치를 산출하였다. 산출된 계수를 통해서 가설을
검정한다. 마지막 단계는 결론 부분으로 비경쟁수입모형에서 산출된 생산유발계수 및 부가가
치를 이용하여 결과를 분석한다. 분석한 결과를 토대로 결론을 냈다.

분석결과

본 연구의 분석결과를 경쟁수입모형에 대한 결과로 설명하였으며 〈그림 9.2〉와 같다. 각 표에
구성된 그래프는 옅은 빨간색은 경쟁수입모형이고 짙은 빨간색은 비경쟁수입모형이며, 실선
은 후방연쇄효과, 점선은 전방연쇄효과를 나타낸다.

분석결과에 대한 해석은 비경쟁수입모형을 기반으로 하면 다음과 같이 해석할 수 있다. 먼
저 ICT 제조업은 경쟁수입모형에서의 생산유발계수(후방연쇄효과 및 전방연쇄효과)를 한국과

그림 9.2 경쟁수입모형 및 비경쟁수입모형의 전후방연쇄효과 비교

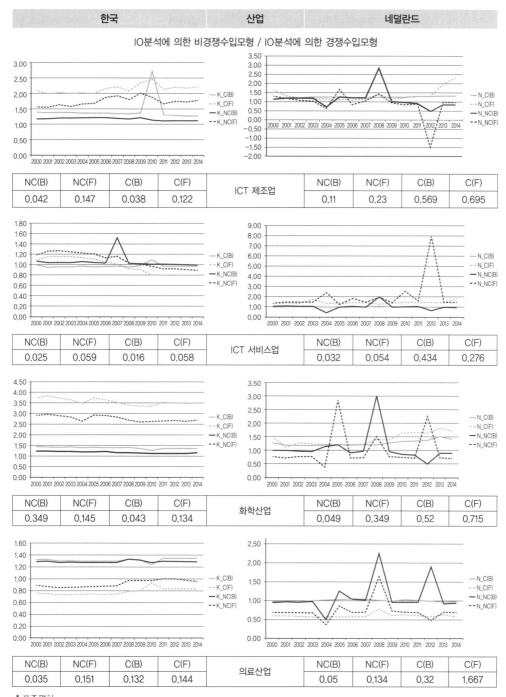

한국				산업	네덜란드			

IO분석에 의한 비경쟁수입모형 / IO분석에 의한 경쟁수입모형

NC(B)	NC(F)	C(B)	C(F)	ICT 제조업	NC(B)	NC(F)	C(B)	C(F)
0.042	0.147	0.038	0.122		0.11	0.23	0.569	0.695

NC(B)	NC(F)	C(B)	C(F)	ICT 서비스업	NC(B)	NC(F)	C(B)	C(F)
0.025	0.059	0.016	0.058		0.032	0.054	0.434	0.276

NC(B)	NC(F)	C(B)	C(F)	화학산업	NC(B)	NC(F)	C(B)	C(F)
0.349	0.145	0.043	0.134		0.049	0.349	0.52	0.715

NC(B)	NC(F)	C(B)	C(F)	의료산업	NC(B)	NC(F)	C(B)	C(F)
0.035	0.151	0.132	0.144		0.05	0.134	0.32	1.667

* 표준편차
** K : 한국 / N : 네덜란드, NC : 비경쟁수입모형 / C : 경쟁수입모형, B : 후방연쇄효과 / F : 전방연쇄효과

네덜란드의 2000년부터 2014년까지의 수치를 비교하였을 때 한국은 후방연쇄효과 및 전방연쇄효과가 각각 15회 중 13회, 11회가 높았다. 네덜란드는 후방연쇄효과 및 전방연쇄효과가 모두 비슷한 규모를 보여주며 한국은 글로벌 금융위기였던 2010년을 기준으로 이후에 조금씩 낮아지는 추세를 보이고 있다.

ICT 서비스업의 경우 경쟁수입모형에서의 생산유발계수(후방연쇄효과와 전방연쇄효과)를 한국과 네덜란드를 2000년부터 2014년까지의 수치를 비교하였을 때 ICT 서비스업의 후방연쇄효과에서 한국이 15회 중 9회가 높게 나타난 반면 전방연쇄효과에서는 네덜란드가 15회 중 15회를 차지한다. 2개의 수치를 모두 비교해보면 한국은 후방연쇄효과와 전방연쇄효과가 비슷한 수치를 보이나 네덜란드는 전방연쇄효과가 더 높은 것으로 나타났다. 두 나라의 생산유발계수를 비교해보면 한국은 후방연쇄효과와 전방연쇄효과가 비슷한 수치를 보이는 반면 네덜란드는 비교적 전방연쇄효과가 후방연쇄효과보다 더 높게 나타난다.

화학산업은 경쟁수입모형에서의 생산유발계수(후방연쇄효과와 전방연쇄효과)를 한국과 네덜란드를 2000년부터 2014년까지의 수치를 비교하였을 때 후방연쇄효과에서 한국이 15회 중 9회가 높게 나타났으며 전방연쇄효과 비교 시 한국이 15회 중 15회를 차지한다. 두 나라의 생산유발계수를 비교해보면 네덜란드는 후방연쇄효과와 전방연쇄효과가 비슷하게 나타나며 한국은 전방연쇄효과의 계수가 후방연쇄효과보다 크게 나타나는 것을 알 수 있다.

의료산업에서 경쟁수입모형에서의 생산유발계수(후방연쇄효과와 전방연쇄효과)를 한국과 네덜란드를 2000년부터 2014년까지의 수치를 비교하였을 때 후방연쇄효과에서 한국이 15회 중 15회가 높게 나타났으며 전방연쇄효과에서 한국이 15회 중 15회를 차지한다. 4개의 산업과 비교해보았을 때 해당 산업에서 네덜란드는 한국에 비해 생산유발계수 모두 높다는 것을 알 수 있다. 두 나라의 생산유발계수를 비교해보면 두 나라 모두 후방연쇄효과가 높은 구조를 띠고 있다고 해석할 수 있다.

9.3 분석절차

데이터 수집

본 분석을 진행하려면 〈표 9.5〉에서 제시한 기관에서 제공하는 산업연관표 데이터를 사용해야 한다.

표 9.5 산업연관표 작성기관

분류	URL
OECD	http://stats.oecd.org/Index.aspx?DataSetCode=IOTS
WIOD	http://www.wiod.org/database/niots16
한국은행	http://ecos.bok.or.kr
BEA	http://www.bea.gov/industry/io_annual.htm

【예시】 WIOD의 경우 〈그림 9.3〉의 1 그림처럼 홈페이지에 접속하여 Release 탭에서 [Input Output Tables]를 선택한다. 이후 2 그림처럼 우측 [Related Tables]에서 [National IO Tables]를 선택한다. 다음 3 그림처럼 'National Input-Output Tables, Released November 2016'에서 연구에 사용될 국가를 선택한다.

그림 9.3 데이터 추출방법

데이터를 이용한 분석절차

WIOD의 데이터를 다운로드하면 첫 시트에서는 다음과 같이 나타난다.

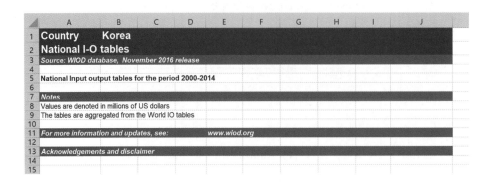

첫 시트에서 'National IO-tables'를 클릭하여 창을 다음과 같이 변경한다. 'National IO -tables'로 변경하면, 다음 그림과 같이 나타나며 차례별로 Year(연도), Code(산업코드), Description(산업명), Origin(국산/수입)으로 구분되어 있다.

분석에 맞는 데이터를 추출해야 하므로 1번을 클릭하면 2번처럼 'Year'에 있는 데이터들을 확인할 수 있다. 여기서 연구에 필요한 연도만을 3번처럼 클릭하고 4번을 클릭한다. 연구자가 진행하는 모형이 비경쟁모형인지 경쟁모형인지에 따라서 'Origin'에 있는 데이터를 추출하는 범위가 달라지는데 5번을 클릭하면 'Origin'에 있는 데이터들을 6번처럼 확인할 수 있다. 연구에서의 분석이 경쟁수입모형이라면 7번의 모형처럼 'Import'와 'Domestic'만 추출하고 비경쟁

수입모형이라면 8번처럼 'Domestic'만 추출한다. 7번 혹은 8번처럼 연구에 맞게 클릭하였으면
9번을 누른다.

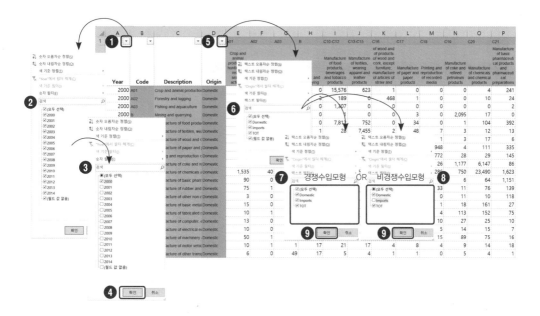

만약 경쟁수입모형으로 진행하였다면 다음과 같이 나타났을 것이다.

	A	B	C	D	E	F	G	H	I	J	K	L
1	Year	Code	Description	Origin	A01	A02	A03	B	C10-C12	C13-C15	C16	C17
3	2000	A01	Crop and animal production,	Domestic	1,594	80	25	0	15,576	623	1	0
4	2000	A02	Forestry and logging	Domestic	105	87	5	3	189	0	468	1
5	2000	A03	Fishing and aquaculture	Domestic	0	0	88	0	1,307	0	0	0
6	2000	B	Mining and quarrying	Domestic	0	0	0	0	1	0	0	3
				...								
54	2000	P85	Education	Domestic	1	1	0	0	17	20	1	5
55	2000	Q	Human health and social wo	Domestic	58	0	9	1	18	20	1	4
56	2000	R_S	Other service activities	Domestic	15	4	3	7	39	73	5	11
57	2000	T	Activities of households as	Domestic	0	0	0	0	0	0	0	0
58	2000	U	Activities of extraterritorial c	Domestic	0	0	0	0	0	0	0	0
59	2000	A01	Crop and animal production,	Imports	220	14	4	0	2,095	85	17	0
60	2000	A02	Forestry and logging	Imports	48	39	3	1	87	0	213	1
61	2000	A03	Fishing and aquaculture	Imports	1	0	1	0	10	0	1	0
62	2000	B	Mining and quarrying	Imports	3	0	1	0	9	8	0	25
63	2000	C10-C12	Manufacture of food product	Imports	336	0	5	0	750	90	6	5
				...								
110	2000	P85	Education	Imports	0	0	0	0	2	2	0	0
111	2000	Q	Human health and social wo	Imports	0	0	0	0	1	1	0	0
112	2000	R_S	Other service activities	Imports	0	0	0	0	1	2	0	0
113	2000	T	Activities of households as	Imports	0	0	0	0	0	0	0	0
114	2000	U	Activities of extraterritorial c	Imports	0	0	0	0	0	0	0	0
115	2000	II_fob	Total intermediate consumpt	TOT	10,520	608	1,055	760	36,804	27,864	1,960	6,834
116	2000	TXSP	taxes less subsidies on proc	TOT	178	13	39	42	654	333	15	33
117	2000	EXP_adj	Cif/ fob adjustments on expc	TOT	0	0	0	0	0	0	0	0
118	2000	PURR	Direct purchases abroad by	TOT	0	0	0	0	0	0	0	0
119	2000	PURNR	Purchases on the domestic	TOT	0	0	0	0	0	0	0	0
120	2000	VA	Value added at basic prices	TOT	19,097	1,111	1,952	1,488	8,855	11,551	982	3,390
121	2000	IntTTM	International Transport Marg	TOT	105	7	10	4	280	377	42	97
122	2000	GO	Output at basic prices	TOT	29,900	1,739	3,057	2,294	46,592	40,125	2,999	10,354

반대로 비경쟁수입모형으로 진행하였다면 다음과 같이 나타났을 것이다.

	A	B	C	D	E	F	G	H	I	J	K	L
1	Year	Code	Description	Origin	A01	A02	A03	B	C10-C12	C13-C15	C16	C17
3	2000	A01	Crop and animal production	Domestic	1,594	80	25	0	15,576	623	1	0
4	2000	A02	Forestry and logging	Domestic	105	87	5	3	189	0	468	1
5	2000	A03	Fishing and aquaculture	Domestic	0	0	88	0	1,307	0	0	0
6	2000	B	Mining and quarrying	Domestic	0	0	0	0	1	0	0	3
						...						
54	2000	P85	Education	Domestic	1	1	0	0	17	20	1	5
55	2000	Q	Human health and social wo	Domestic	58	0	9	1	18	20	1	4
56	2000	R_S	Other service activities	Domestic	15	4	3	7	39	73	5	11
57	2000	T	Activities of households as	Domestic	0	0	0	0	0	0	0	0
58	2000	U	Activities of extraterritorial c	Domestic	0	0	0	0	0	0	0	0
115	2000	II_fob	Total intermediate consump	TOT	10,520	608	1,055	760	36,804	27,864	1,960	6,834
116	2000	TXSP	taxes less subsidies on proc	TOT	178	13	39	42	654	333	15	33
117	2000	EXP_adj	Cif/ fob adjustments on expc	TOT	0	0	0	0	0	0	0	0
118	2000	PURR	Direct purchases abroad by	TOT	0	0	0	0	0	0	0	0
119	2000	PURNR	Purchases on the domestic	TOT	0	0	0	0	0	0	0	0
120	2000	VA	Value added at basic prices	TOT	19,097	1,111	1,952	1,488	8,855	11,551	982	3,390
121	2000	IntTTM	International Transport Marg	TOT	105	7	10	4	280	377	42	97
122	2000	GO	Output at basic prices	TOT	29,900	1,739	3,057	2,294	46,592	40,125	2,999	10,354

상기의 두 가지 보기 중에 하나처럼 데이터가 추출되었다면, 추출된 부분만 다시 복사하여 새로운 시트를 만들어야 이후 계산을 편하게 할 수 있다. 새로운 시트는 하단의 왼쪽에서 1번의 모양을 누르면 새로운 시트가 나타난다. 새로운 시트에 2~5번까지의 데이터를 옮겨야 한다. 먼저 2번에 있는 'Year'에서 A3부터 A114까지 드래그하여 'Ctrl + C'를 누른다. 방금 전 생성한 새로운 시트를 클릭하고 A2에 'Ctrl + V'로 옮긴다. 이렇게 차례로 3번은 B3부터, 4번은 C1부터, 5번은 D1부터, 6번은 D2부터 옮긴다.

	A	B	C	D	E	F	G	H	I	J	...	BD	BE	BF	BG	BH
	Year	Code	Description	Origin	A01	A02	A03	B	C10-C12	C13-C15	P85	Q	R_S	T	U	
3	2000	A01	Crop and animal production	Domestic	1,594	80	25	0	15,576	623		2	176	35	0	0
4	2000	A02	Forestry and logging	Domestic	105	87	5	3	189	0		2	2	2	0	0
5	2000	A03	Fishing and aquaculture	Domestic	0	0	88	0	1,307	0		0	0	9	0	0
6	2000	B	Mining and quarrying	Domestic	0	0	0	0	1	0		0	0	0	0	0
7	2000	C10-C12	Manufacture of food produc	Domestic	3,490	0	48	0	7,812	752		0	15	226	0	0
						...										
110	2000	P85	Education	Imports	0	0	0	0	2	2		3	1	3	0	0
111	2000	Q	Human health and social w	Imports	0	0	0	0	1	1		1	1	1	0	0
112	2000	R_S	Other service activities	Imports	0	0	0	0	1	2		3	1	9	0	0
113	2000	T	Activities of households as	Imports	0	0	0	0	0	0		0	0	0	0	0
114	2000	U	Activities of extraterritorial	Imports	0	0	0	0	0	0		0	0	0	0	0
115	2000	II_fob	Total intermediate consump	TOT	10,520	608	1,055	760	36,804	27,864		9,215	10,854	12,275	0	0
116	2000	TXSP	taxes less subsidies on proc	TOT	178	13	39	42	654	333		702	795	393	0	0
117	2000	EXP_adj	Cif/ fob adjustments on exp	TOT	0	0	0	0	0	0		0	0	0	0	0
118	2000	PURR	Direct purchases abroad by	TOT	0	0	0	0	0	0		0	0	0	0	0
119	2000	PURNR	Purchases on the domestic	TOT	0	0	0	0	0	0		0	0	0	0	0
120	2000	VA	Value added at basic prices	TOT	19,097	1,111	1,952	1,488	8,855	11,551		23,949	12,526	13,017	0	0
121	2000	IntTTM	International Transport Marg	TOT	105	7	10	4	280	377		53	41	52	0	0
122	2000	GO	Output at basic prices	TOT	29,900	1,739	3,057	2,294	46,592	40,125		33,919	24,216	25,737	0	0
1815																
1816																
1817																
1818																
1819																
1820																
1821																

Notes National IO-tables Sheet2

만약 하고자 하는 분석이 비경쟁수입모형이라면 다음 표에서 1번에 있는 'Year'에서 A3부터 A58까지 드래그하여 'Ctrl+C'를 누른다. 방금 전 생성한 새로운 시트를 클릭하고 새로운 시트의 A2에 'Ctrl+V'로 옮긴다. 이렇게 차례로 3번은 B3부터, 4번은 C1부터, 5번은 D1부터 옮긴다.

	A	B	C	D	E	F	G	H	I	J	K	L		BD	BE	BF	BG	BH
	Year	Code	Description	Origin	A01	A02	A03	B	C10-C12	C13-C15	C16	C17		P85	Q	R_S	T	U
3	2000	A01	Crop and animal production	Domestic	1,594	80	25	0	15,576	623	1	0		2	176	35	0	0
4	2000	A02	Forestry and logging	Domestic	105	87	5	3	189	0	468	1		2	2	2	0	0
5	2000	A03	Fishing and aquaculture	Domestic	0	0	88	0	1,307	0	0	0		0	0	9	0	0
6	2000	B	Mining and quarrying	Domestic	0	0	0	0	1	0	0	3		0	0	0	0	0
								...										
54	2000	P85	Education	Domestic	1	1	0	0	17	20	1	5		40	10	32	0	0
55	2000	Q	Human health and social w	Domestic	58	0	9	1	18	20	1	4		47	274	15	0	0
56	2000	R_S	Other service activities	Domestic	15	4	3	7	39	73	5	11		243	69	1,178	0	0
57	2000	T	Activities of households as	Domestic	0	0	0	0	0	0	0	0		0	0	0	0	0
58	2000	U	Activities of extraterritorial	Domestic	0	0	0	0	0	0	0	0		0	0	0	0	0
115	2000	II_fob	Total intermediate consumption	TOT	10,520	608	1,055	760	36,804	27,864	1,960	6,834		9,215	10,854	12,275	0	0
116	2000	TXSP	taxes less subsidies on pro	TOT	178	13	39	42	654	333	15	33		702	795	393	0	0
117	2000	EXP_adj	Cif fob adjustments on exp	TOT	0	0	0	0	0	0	0	0		0	0	0	0	0
118	2000	PURR	Direct purchases abroad by	TOT	0	0	0	0	0	0	0	0		0	0	0	0	0
119	2000	PURNR	Purchases on the domestic	TOT	0	0	0	0	0	0	0	0		0	0	0	0	0

이후 새로운 시트에 생성된 표는 다음과 같이 도출될 것이다.

	A	B	C	D	E	F	G	H	I	J	K	L	M
1				A01	A02	A03	B	C10-C12	C13-C15	C16	C17	C18	C19
2	2000	A01	Domestic	1,594	80	25	0	15,576	623	1	0	0	0
3	2000	A02	Domestic	105	87	5	3	189	0	468	1	0	0
4	2000	A03	Domestic	0	0	88	0	1,307	0	0	0	0	0
5	2000	B	Domestic	0	0	0	0	1	0	0	3	0	2,095
6	2000	C10-C12	Domestic	3,490	0	48	0	7,812	752	0	34	0	1
7	2000	C13-C15	Domestic	45	1	30	1	28	7,455	2	48	7	3
8	2000	C16	Domestic	25	1	47	3	25	11	441	54	1	3
9	2000	C17	Domestic	135	0	3	0	678	353	19	3,211	948	4
10	2000	C18	Domestic	10	0	0	1	122	100	1	50	772	28
11	2000	C19	Domestic	384	7	158	64	176	343	16	146	26	1,177
12	2000	C20	Domestic	1,535	40	11	29	299	5,280	138	565	286	750
13	2000	C21	Domestic	90	0	5	0	165	75	1	6	1	6
14	2000	C22	Domestic	75	1	12	2	253	214	5	34	33	11
15	2000	C23	Domestic	3	0	0	0	76	7	1	12	0	11
16	2000	C24	Domestic	15	0	1	2	4	7	1	7	1	18
17	2000	C25	Domestic	10	1	1	9	297	154	19	12	4	113
18	2000	C26	Domestic	13	0	3	0	6	7	0	3	10	27
19	2000	C27	Domestic	10	0	10	4	8	23	3	7	5	14

해당 표는 경쟁수입모형이라면 총 113×56이 생성되고, 비경쟁수입모형이라면 57×56이 생성된다. 경쟁수입모형이라면 'Import'와 'Domestic'을 합쳐야 한다. 만약 비경쟁수입모형이라면 해당 부분을 건너뛰어도 된다. 따라서 119C에 56개의 코드를 복사해서 붙여넣는다. 이때 'Import'와 'Domestic'을 합쳐야 하기 때문에 다음과 같이 진행한다.

		A01	A02	A03	B	C10-C12	C13-C15
2	A01	Domestic	1,594	80	25	0	15,576	623
3	A02	Domestic	105	87	5	3	189	0
4	A03	Domestic	0	0	88	0	1,307	0
5	B	Domestic	0	0	0	0	1	0
6	C10-C12	Domestic	3,490	0	48	0	7,812	752
52	Q	Domestic	58	0	9	1	18	20
53	R_S	Domestic	15	4	3	7	39	73
54	T	Domestic	0	0	0	0	0	0
55	U	Domestic	0	0	0	0	0	0
56	A01	Imports	220	14	4	0	2,095	85
57	A02	Imports	48	39	3	1	87	0
58	A03	Imports	1	0	1	0	10	0
59	B	Imports	3	0	1	0	9	8
60	C10-C12	Imports	336	0	5	0	750	90
105	P85	Imports	0	0	0	0	2	2
106	Q	Imports	0	0	0	0	1	1
107	R_S	Imports	0	0	0	0	1	2
108	T	Imports	0	0	0	0	0	0
109	U	Imports	0	0	0	0	0	0
110	ll_fob	TOT	10,520	608	1,055	760	36,804	27,864
111	TXSP	TOT	178	13	39	42	654	333
112	EXP_adj	TOT	0	0	0	0	0	0
113	PURR	TOT	0					
114	PURNR	TOT	0					
115	VA	TOT	19,097					
116	IxITTM	TOT	105					
117	GO	TOT	29,900	1,739	3,057	2,294	46,592	40,125
118								
119		A01	=C2+C56					
120		A02						
121		A03						
122		B						
123		C10-C12						

(②) A01 | 1,815 | 94 | 29
A02

 1번처럼 'Import'와 'Domestic'에 대한 하나의 산업에 대해 값을 계산하였다면 1번의 박스 아래 커서를 두면 더하기 부호처럼 마우스가 변경된다. 이때 2번처럼 끌어서 맨 왼쪽까지, 다시 맨 아래쪽까지 56×56의 칸을 모두 채운다. 마지막으로 그 테이블이 끝나는 부분에서 'GO' 부분을 1번처럼 다시 복사하여 덧붙인다.

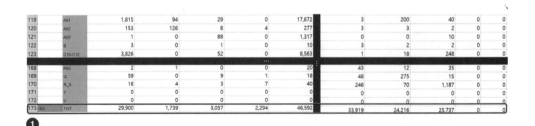

 이후는 경쟁수입모형과 비경쟁수입모형 모두 동일하게 진행된다. 2개 모형은 각자 만든 테이블 아래에 투입계수를 계산해야 하기 때문에 'Code'를 표 아래에 복사한다. 먼저 경쟁수입모형에서는 다음과 같이 진행한다.

	A	B	C	D	E	F
1			A01	A02	A03	B
2	A01	Domestic	1,594	80	25	0
3	A02	Domestic	105	87	5	3
108	T	Imports	0	0	0	0
109	U	Imports	0	0	0	0
110	ll_fob	TOT	10,520	608	1,055	760
111	TXSP	TOT	178	13	39	42
112	EXP_adj	TOT	0	0	0	0
113	PURR	TOT	0	0	0	0
114	PURNR	TOT	0	0	0	0
115	VA	TOT	19,097	1,111	1,952	1,488
116	IntTTM	TOT	105	7	10	4
117	GO	TOT	29,900	1,739	3,057	2,294
118						
119		A01	1,815	94	29	0
120		A02	153	126	8	4
171		T	0	0	0	0
172		U	0	0	0	0
173	GO	TOT	29,900	1,739	3,057	2,294
174						
175	투입계수	A01	=C119/C$173			
176		A02				
225		Q				
226		R_S				
227		T				
228		U				

174					
175	투입계수	A01	0.06069	0.05395	0.00955
176		A02			

‘Import’와 ‘Domestic’을 더한 표에서 1번과 같이 투입계수 ‘a’는 열(세로)방향을 기준으로 ‘중간투입량/총투입’이므로 $a_{11} = \dfrac{x_{11}}{x_1}$로 계산된다. 1번처럼 첫 번째 투입계수를 계산한 뒤 해당 셀의 오른쪽 아래에 마우스 커서를 두면 커서의 모양이 ‘더하기’로 변경되는데, 이대로 왼쪽 끝까지 끌고 다시 아래쪽 끝까지 끌면 56×56에 대한 값들을 채울 수 있다. 만약 비경쟁수입모형이라면 다음과 같이 계산하면 된다.

	A	B	C	D	E	F
1			A01	A02	A03	B
2	A01	Domestic	1,594	80	25	0
3	A02	Domestic	105	87	5	3
54	T	Domestic	0	0	0	0
55	U	Domestic	0	0	0	0
56	ll_fob	TOT	10,520	608	1,055	760
57	TXSP	TOT	178	13	39	42
58	EXP_adj	TOT	0	0	0	0
59	PURR	TOT	0	0	0	0
60	PURNR	TOT	0	0	0	0
61	VA	TOT	19,097	1,111	1,952	1,488
62	IntTTM	TOT	105	7	10	4
63	GO	TOT	29,900	1,739	3,057	2,294
64						
65						
66		A01	=C2/C$63			
67		A02				
68		A03	65			
69		B	66			

65				
66	A01	0.053317	0.045985	0.008341
67	A02			
68	A03			

이후 단위행렬(I)을 구하기 위해서는 대각선이 1인 정방행렬로 x축과 y축의 코드명이 일치하는 대각선이 1이 되도록 'IF'함수를 사용해 계산한다. 다시 말해 '=IF($B122=C$121, 1, 0)'[1]으로 식을 세워 계산한다.

56*56 단위행렬 (I)					
	A01	A02	A03	B	C10-C1
A01	=IF($B122 = C$121, 1, 0)				0
A02	0	1	0	0	0
A03	0	0	1	0	0
B	0	0	0	1	0
C10-C12	0	0	0	0	1
C13-C15	0	0	0	0	0

이후 3번째 테이블인 (I-A)행렬을 만드는데, 단위행렬(I)의 값에서 투입계수행렬(A)을 뺀 것으로 다음과 같이 계산할 수 있다.

투입계수 (A)					
	A01	A02	A03	B	C10-C1
A01	0.050	0.125	0.011	0.000	0.258
A02	0.002	0.074	0.001	0.001	0.006
T	0.000	0.000	0.000	0.000	0.000
U	0.000	0.000	0.000	0.000	0.000

56*56 단위행렬 (I)					
	A01	A02	A03	B	C10-C1
A01	1	0	0	0	0
A02	0	1	0	0	0
T	0	0	0	0	0
U	0	0	0	0	0

(I - A)					
	A01	A02	A03	B	C10-C1
A01	=C122-C63		-0.01	0.00	-0.26
A02	0.00	0.93	0.00	0.00	-0.01

상기처럼 (I-A)행렬을 만들었다면 다음은 네 번째 테이블인 생산유발계수인 (I-A)$^{-1}$을 계산해야 한다. 엑셀 프로그램에서 역행렬을 계산하는 함수는 MINVERSE 함수를 사용하며 계산된 역행렬 값이 출력될 범위를 지정하고 계산된 역행렬 값이 출력될 네 번째 테이블의 빈 셀들을 선택한다. 네 번째 테이블인 생산유발계수를 구하는 셀에서 가장 첫 번째 행과 열에 있는

---

1 '$'는 행이나 열을 고정하는 데 사용하는 수식으로 엑셀 프로그램에서 행번호와 열번호를 통해 셀을 원하는 방향으로 고정 및 이동할 수 있다. 열번호 혹은 행번호 앞에 '$' 값을 입력하면 해당 열 혹은 행이 고정된다.

셀에 'MINVERSE'라고 입력하고 역행렬을 계산하고자 하는 행렬 값의 범위를 선택하여 함수를 완성한다. 다시 말해 '=MINVERSE(범위)' 함수 입력 후 'Ctrl + Shift + Enter'로 실행한다.

산출된 생산유발계수를 토대로 후방연쇄효과와 전방연쇄효과를 산출하면 된다. 후방연쇄효과(BL)와 전방연쇄효과(FL)는 생산유발계수의 열합계 또는 행합계를 산업별 생산유발계수의 평균값으로 나눈 값이다. 따라서 전체 산업별 생산유발계수의 평균값을 계산한다. 생산유발계수 행렬 56×56을 SUM 함수를 이용하여 합계를 총산업의 수인 56으로 나눈다.

후방연쇄효과(BL)를 계산하기 위해서는 계산된 열합계를 산업별 생산유발계수 평균으로 나누어 계산한다. 다시 말해서 1의 경우에는 $=SUM(I-A)^{-1}$에서의 열을 계산한다. 이후 오른쪽으로 산업별로 열합계를 드래그하여 구한다.

이후 전방연쇄효과(FL)를 계산하기 위해서는 계산된 행합계를 산업별 생산유발계수 평균으로 나누어 계산한다. 다시 말해서 2의 경우에는 $=SUM(I-A)^{-1}$에서의 행을 계산한다. 이후 아래쪽으로 산업별로 행합계를 드래그하여 구한다.

생산유발계수 (I - A)^(-1)

	A01	A02	T	U		행합계	전방연쇄효과(FL)
A01	1.12	0.15	0.00	0.00		❷	
A02	0.00	1.08	0.00	0.00			
T	0.00	0.00	1.00	0.00			
U	0.00	0.00	0.00	1.00			
열합계	❶						
후방연쇄효과(BL)							

다음은 후방연쇄효과를 구해야 하는데 계산된 열합계를 전체 평균으로 나누어 계산하면 된다. 이때도 하나를 구하고 난 뒤 오른쪽으로 드래그하여 자동으로 나머지 산업별 후방연쇄효과를 도출한다.

생산유발계수 (I - A)^(-1)

	A01	A02	T	U		행합계	전방연쇄효과(FL)
A01	1.12	0.15	0.00	0.00			
A02	0.00	1.08	0.00	0.00			
T	0.00	0.00	1.00	0.00			
U	0.00	0.00	0.00	1.00			
열합계	1.84	1.68	1.00	1.00			
후방연쇄효과	=C297/$B$301	❶					
전체평균							
1.84899							

전방연쇄효과도 동일하게 구하면 되는데 계산된 행합계를 전체 평균으로 나누어 계산하면 된다. 이때도 하나를 구하고 난 뒤 아래쪽으로 드래그하여 자동으로 나머지 산업별 전방연쇄효과를 도출한다.

생산유발계수 (I - A)^(-1)

	A01	A02	T	U		행합계	전방연쇄효과(FL)
A01	1.12	0.15	0.00	0.00		2.15	=BH240/$B$301 ❶
A02	0.00	1.08	0.00	0.00		1.35	
T	0.00	0.00	1.00	0.00		1.00	
U	0.00	0.00	0.00	1.00		1.00	
열합계	1.84	1.68	1.00	1.00			
후방연쇄효과(BL)	1.00	0.91	0.54	0.54			
전체평균							
1.84899							

이를 모두 마치면 아래와 같이 도출된다.

생산유발계수 (I - A)^(-1)	A01	A02	T	U	행합계	전방연쇄효과(FL)
A01	1.12	0.15	0.00	0.00	2.15	1.16
A02	0.00	1.08	0.00	0.00	1.35	0.73
T	0.00	0.00	1.00	0.00	1.00	0.54
U	0.00	0.00	0.00	1.00	1.00	0.54
열합계	1.84	1.68	1.00	1.00		
후방연쇄효과(BL)	1.00	0.91	0.54	0.54		
전체평균						
1.84899						

9.4 결과 해석

후방연쇄효과의 경우 해당 산업부문의 생산물에 대한 최종 수요가 한 단위 증가하였을 때 전 산업부문에 미치는 영향으로 해석할 수 있다. 반대로 전방연쇄효과는 모든 산업부문의 생산물에 대한 최종 수요가 각각 한 단위씩 증가하였을 때 어떤 산업이 받는 영향도라고 할 수 있다.

다시 말해서 〈그림 9.4〉에서 보면 후방연쇄효과가 1보다 큰 산업은 완제품·최종재로 활용되어 산업 전반에 대한 후방효과가 상대적으로 높고, 전방연쇄효과가 1보다 큰 산업은 중간재로 널리 사용됨으로써 산업 전반에 대한 전방효과가 상대적으로 높은 산업이다. Miller(1985)

그림 9.4 전후방연쇄효과에 대한 유형 분류

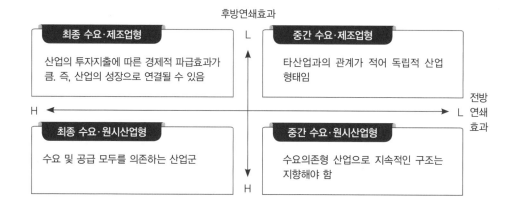

는 이러한 유형을 4개의 산업군으로 나누어 설명하였다. 먼저 후방연쇄효과 및 전방연쇄효과가 모두 1 이하인 산업군으로 다른 산업과 연계가 강하지 않은 독립된 산업군이 있다. 둘째, 후방연쇄효과가 1 이상이지만 전방연쇄효과가 1 이하인 경우 타산업의 공급에 의존하는 산업군이다. 셋째, 후방연쇄효과가 1 이하이지만 전방연쇄효과가 1 이상인 경우 타산업의 수요에 의존하는 산업군이다. 마지막으로 후방연쇄효과 및 전방연쇄효과가 모두 1보다 큰 산업군은 전반적으로 타산업에 의존하는 산업군으로 분리할 수 있다.

따라서 본 결과에 대한 해석은 다음과 같이 할 수 있다. 먼저 해당 국가는 한국이었으므로 한국의 A01 산업(농작물 및 농물 생산, 사냥 및 관련 서비스 활동)은 후빙연쇄효과(BL)는 1.00이며, 전방연쇄효과(FL)는 1.16이라고 나왔다면 전반적으로 타산업에 의존하는 산업군이라고 해석할 수 있다. 두 번째, A02 산업(산림 및 임업)의 후방연쇄효과(BL)는 0.91이며, 전방연쇄효과(FL)는 0.73으로 나왔다면 다른 산업 간의 연계가 강하지 않은 독립된 산업군이라고 해석할 수 있다. 세 번째, T산업(상품 및 서비스 생산 활동)의 후방연쇄효과(BL)는 0.54이며, 전방연쇄효과(FL)는 0.54라고 나왔다면 다른 산업과 연계가 강하지 않는 독립된 산업군이라고 해석할 수 있다. 마지막 U산업(치외법권 단체 및 단체의 활동) 또한 후방연쇄효과(BL)는 0.54이며, 전방연쇄효과(FL)는 0.54로 나온 것을 감안하면 T산업과 동일한 산업군이라고 해석할 수 있다.

## 제 10 장

구조적 공백 이론

10.1 기본개념

구조적 공백 이론의 개념

인간은 경제적 동물로서 각자의 삶을 영위하기 위해 다양한 사람과 네트워크를 구축하며 살아가고 있다. 특히 정보통신 기술이 발달하며 각각의 연결성은 더욱 커졌고 타인과의 관계 속에서 여러 상호 영향을 미치고 있다. 최초 수학의 그래프이론에서 발전된 네트워크 이론은 현재는 수학 분야뿐만 아니라 전산학, 생물학, 경제학, 사회학, 경영학 등 다양한 분야에서 그 가치를 인정받으며 사용되고 있으며, 특히 경제학, 사회학에서는 인간과 인간과의 관계와 경제적 효과를 파악하기 위해 널리 이용되고 있다. 하지만 아직 사람들은 이런 네트워크의 효과에 대해 구조적 이해가 매우 부족하다. 이 장에서는 네트워크 효과에서 해당 구조의 효율성에 대해 알아보는 **구조적 공백 이론**(Structural Holes Theory)에 대해 알아보고 실제 산업데이터에 적용시켜 볼 것이다.

용어 정의

들어가기에 앞서 간단한 용어들에 대해 정의해야 한다.

표 10.1   제외된 변수

용어	설명
액터	실제 정보를 가지고 있는 각각의 개인단위
네트워크	액터들끼리의 연결된 구조
에고 네트워크	하나의 액터를 중심으로 하고 그 개인과 다른 노드와의 연결을 표현한 네트워크
에고	에고 네트워크에서 중심이 되는 액터
알터	에고 네트워크에서 에고를 제외한 나머지 액터
밀도	에고 네트워크 안에서 알터 간 서로 연결되어 있는 정도

통제 효익

구조적 공백은 '사회적 구조 내에 존재하는 공간'으로 정의된다(Burt, 2005). Burt는 1992년 논문에서 구조적 공백의 개념을 이용하여 네트워크의 구조가 어떻게 사람들에게 차별화된 경쟁적 우위를 제공하는지에 대해 설명하였다.

가령 〈그림 10.1〉과 같은 네트워크를 상상해보자. 해당 네트워크에서 B, C, D는 각자가 연결되어 있지 않고 A만이 모든 액터와 연결되어 '정보의 독점'과 '정보의 중개' 역할을 할 수 있게 된다. 이런 상황에서 A는 B, C, D 사이에서 발생한 '구조적 공백'으로부터 발생하는 위치 우위를 갖게 된다. 이렇게 된다면 A는 네트워크에서 위치 이점을 활용하여 정보의 흐름을 통제할 수 있게 된다. 이를 **통제 효익**이라고 한다.

반면 〈그림 10.2〉와 같이 모든 액터가 연결된 네트워크를 상상해보자. 해당 네트워크에서는 모두가 동등한 정보를 취할 수 있으며 모두가 중개자 역할을 해낼 수 있다. 즉, 해당 네트워크는 모두가 동등한 정보를 보유할 수 있으며 '구조적 공백'이 일어나지 않게 된다. 즉, '통제 효익'이 일어나지

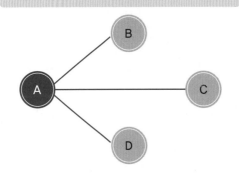

그림 10.1   높은 효율성의 네트워크

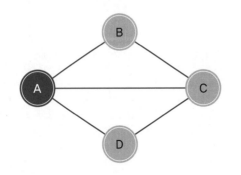

그림 10.2   낮은 효율성의 네트워크

않는 구조로 판단할 수 있게 된다.

정보 효익

그러면 다르게 생각해보자. 위 2개의 네트워크 중에서 더 다양한 정보를 보유한 네트워크는 어디일까? 답은 A만이 연결되어 중개자 역할을 하고 있는 네트워크가 더 다양한 정보량을 보유한 네트워크라고 할 수 있다. 이는 동일한 노드들이 서로 중첩하여 연결관계를 맺게 될 때 정보의 원천이 다양화되어 불필요한 정보의 중첩이 일어나게 되기 때문이다. 따라서 모두 연결된 네트워크와 구조적 공백이 존재하는 네트워크 간의 정보 효익의 차원에서 살펴본다면 구조적 공백이 존재하는 네트워크가 더 효율적인 네트워크라고 할 수 있다.

중복성

중복성은 에고와 연결된 알터들이 서로 간에 또다시 연결관계를 맺음으로써 이미 연결되어 있는 에고와 알터 간의 연결관계가 중복되는 정도를 의미한다. 따라서 에고의 중복성이 증가할수록 구조적 공백에 따른 위치 우위가 감소하게 된다. 이런 에고의 중복성은 에고 네트워크의 유효 규모로 나타낼 수 있다. 유효 규모는 에고 네트워크가 가지는 비중복 액터의 숫자들을 의미하며 에고 네트워크의 실제 규모에서 네트워크의 중복 정보를 차감하여 측정된다. 여기서 네트워크의 유효 규모를 실제 네트워크 규모로 나누게 되면 실제 네트워크 규모에 대해 표준화된 네트워크의 유효 규모를 구할 수 있으며, 이를 '효율성'이라고 부를 수 있게 된다.

그림 10.3   중복성 에고 네트워크

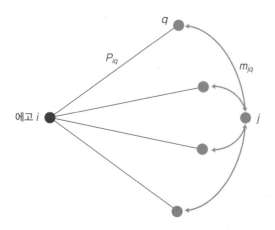

〈그림 10.3〉과 같은 네트워크에서 액터 i는 에고를 나타내고, 액터 j는 에고 i와 직접적 연결관계를 가지고 있는 알터를 의미하며 액터 q는 액터 I와 j를 제외한 제3의 알터를 나타낸다. 여기서 에고 i와 연결된 알터 j가 나와 연결된 또 다른 알터들과 얼마나 많은 연결관계를 가지고 있는지를 측정하여 나의 중복성 정도를 평가할 수 있다. 에고 i가 액터 j를 통해 얻을 수 있는 정보는 (1) 내가 또 다른 액터 q와의 관계에 많은 시간과 노력을 투자하고 있고, (2) 그 액터 q가 또한 액터 j와 강한 연결관계를 가지고 있을 경우 중복될 가능성이 크다. 따라서 에고 i와 알터 j의 관계에 대한 중복정도는 위의 두 가지(내가 액터 q와의 관계에 투자하는 시간과 노력의 정도 그리고 액터 q와 액터 j 간의 관계 강도)에 의해 결정된다. 해당 중복성을 구하는 수식은 다음과 같다.

$$R_i = \sum_j R_{ij} = \sum_j \left(\sum_q p_{iq} m_{jq} \right), q \neq i, j \tag{10.1}$$

R_i : 에고 i의 중복성

R_{ij} : (i, j) 연결관계의 중복 정도

R_{iq} : i의 연결관계 중 q와의 직접적인 접촉에 투자된 관계의 비율

m_{jq} : (j, q) 연결관계의 한계강도 $\left(= \dfrac{(j, q) \text{ 연결관계의 강도}}{j \text{의 강한 연결관계 강도}} \right)$

에고 i의 연결관계 중에서 제3의 액터 q와의 직접적인 접촉에 투자된 관계의 비율을 구한다(p_{iq}). 연결관계를 1과 0으로 나타낸 이진 네트워크의 경우에 $p_{iq} = \dfrac{1}{\text{에고 네트워크의 크기(알터의 개수)}}$ 이다. 그 후 제3의 액터 q와 액터 j 간의 연결관계의 강도를 액터 j가 가지고 있는 가장 강한 연결관계 강도로 나누어 (j, q) 간의 한계강도를 구한다. 이진 네트워크의 경우 가장 강한 연결관계의 강도는 항상 1이므로 이 값은 1 또는 0이 된다. 즉, (j, q) 간의 연결관계가 존재하면 $(m_{iq}) = 1$이 되고 그렇지 않으면 $(m_{iq}) = 0$이 된다. 에고 i와 연결된 모든 제3의 백터 q에 대하여 같은 방식으로 두 값 p_{iq}와 m_{jq}를 구하여 곱한 후 모든 q에 대하여 더한다($\sum_q p_{iq} m_{jq}$). 이렇게 구한 $p_{iq} m_{jq}$의 합 R_{ij}는 에고 i가 알터 j와 맺고 있는 관계가 알터 j와 에고 i의 다른 알터들과 맺고 있는 관계로 인해 중복이 되는 비율을 나타낸다. 그 후 에고 i와 직접적으로 연결된 모든 알터 j에 대하여 합산하여($\sum_j R_{ij}$) 에고 i의 중복성을 산출한다.

유효 규모
유효 규모는 해당 네트워크의 액터 간의 거리가 얼마나 유효한지를 나타낸다. 즉, 에고 네트워

크가 가지고 있는 비중복 액터들의 수를 말하며 보통 유효 규모는 일반적으로 실제 규모, 즉 알터의 개수에서 에고 i의 중복성을 차감하여 산출되게 된다. 유효 규모의 산식은 다음과 같다.

$$ES_i = \sum_j (1 - R_{ij}) = n - R_i, \quad q \neq i, j \tag{10.2}$$

ES_i : i 에고 네트워크의 유효 규모

R_{ij} : (i, j) 연결관계의 중복 정도

R_i : 에고 i의 중복성

n : i 에고 네트워크의 실제 규모(알터의 개수)

에고 네트워크의 유효 규모는 1에서부터 네트워크 내의 알터의 개수까지의 값을 갖는다. 여기서 유효 규모가 1이라는 것은 알터들이 완전히 중복되어 있기 때문에 에고는 어느 하나의 알터만을 통해서도 다른 모든 알터에 도달할 수 있다는 것을 나타내고 유효 규모가 알터의 개수라는 것은 네트워크 내의 모든 알터가 비중복이기 때문에 각 알터는 에고에 대해 고유한 정보제공 원천으로서의 역할을 한다는 것을 의미한다. 즉, 에고 네트워크가 에고에게 제공하는 실질적인 유효한 알터의 수는 관측된 알터의 수와 동일해진다. 따라서 유효 규모를 실제 관측된 네트워크 규모로 나누게 되면 효율성을 측정할 수 있게 된다. 이 효율성은 네트워크 내의 모든 알터가 비중복일 경우 최대 1의 값을 가지며 네트워크 내의 모든 알터가 중복일 경우 $\dfrac{1}{\text{알터의 개수}}$의 값을 갖게 된다. 해당 수식은 다음과 같다.

$$EF_i = \frac{ES_i}{n} \tag{10.3}$$

EF_i : i 에고 네트워크의 효율성

ES_i : i 에고 네트워크의 유효 규모

R_i : i 에고 네트워크의 실제 규모

제약성

제약성이란 에고에 이웃해 있는 알터 간의 관계가 에고를 제약하는 정도를 나타낸다. 예를 들어 액터 A는 액터 B와 연결되어 있고 액터 A와 연결된 다른 액터들이 역시 액터 B와 연결되어 있다면 위치적 이점을 이용하려는 액터 A의 행동은 액터 B에 의해 제약을 받을 가능성이 크

다. 이 제약성은 개념적으로 에고가 네트워크 내에서 구조적 공백을 이용할 여지를 얼마나 갖고 있는지를 나타낸다. 예를 들어 나의 거래 파트너들이 서로 간에도 거래 파트너라면 나의 행동은 상당히 제약받게 될 것이다. 반면에 나의 거래 파트너들이 나 이외에는 다른 대안이 없다면 나의 거래 파트너들은 나를 제약할 수 없다.

그림 10.4　중복성 에고 네트워크 2

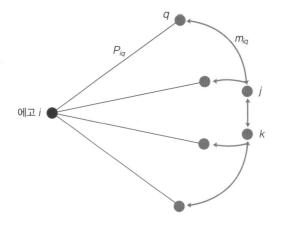

제약성을 구하는 수식은 다음과 같다.

$$C_i = \sum_j C_{ij} = \sum_j \left(p_{ij} + \sum_q p_{iq}p_{qj} \right)^2, \quad q \neq i, j \tag{10.4}$$

C_i : 에고 i의 제약성

C_{ij} : i에 대한 j의 제약 정도

p_{ij} : i의 연결관계 중 j와의 직접적 접촉에 투자된 관계의 비율

$\sum_q p_{iq}p_{qj}$: i의 q를 통한 j에 대한 간접적 접촉에 투자된 관계의 비율

구조적 공백 이론의 계산

먼저 〈그림 10.5〉와 같은 간단한 네트워크를 상
상해보자.

해당 네트워크의 계산을 정리한 표는 〈표 10.2〉
와 같다.

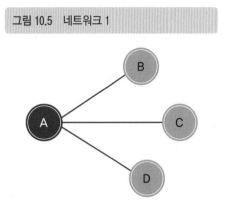

그림 10.5 네트워크 1

표 10.2 네트워크 1 계산

구분	B	C	D	합계	계산
연결 대상에 대한 투자	1/3 (33%)	1/3 (33%)	1/3 (33%)	1 (100%)	$p_{ij} = \dfrac{1}{(\text{연결된 에고의 개수})}$
중복성	0	0	0	0	R = (A와 해당 에고의 간접 연결수)/(A의 직접 연결수)
에고 네트워크의 크기				4	네트워크 내 에고의 개수
에고 네트워크의 유효 크기				4	유효 크기 = 네트워크 크기−중복성
유효성				1	유효성 = 유효 크기/네트워크 크기
제약성	0.11	0.11	0.11	0.33	제약성 = $(\frac{1}{3})^2 + (\frac{1}{3})^2 + (\frac{1}{3})^2$

먼저 연결 대상에 대한 투자의 경우 중심 에고가 다른 액터와 얼마큼 연결되어 있는지를 계
산하면 된다. 즉, A의 경우 각각 B, C, D와 하나씩 연결되어 있으므로 1/3, 1/3, 1/3로 계산될
수 있다. 중복성의 경우 A와 해당 에고의 간접 연결성에서 직접 연결된 것을 나누어 주면 된
다. 예시 네트워크에서는 간접 연결은 없으므로 모두 0으로 되었다. 에고 네트워크 크기의 경
우 해당 네트워크 내의 에고의 개수를 그대로 적용시키면 된다. 에고 네트워크의 유효 크기의
경우 해당 네트워크 크기−중복성을 해주면 된다. 해당 네트워크에는 중복성이 없으므로 계산
되지 않는다. 유효성의 경우 유효 크기/네트워크 크기를 해주면 된다. 둘의 값이 같으므로 1로
도출되며, 이는 매우 유효한 네트워크라고 할 수 있다. 제약성의 경우 A와 다른 에고 간의 직
간접 연결을 구해 제곱을 해주면 된다. 해당 네트워크의 경우 간접 연결은 없으므로 직접 연결
만을 구해 제곱해주면 된다.

그럼 간접효과가 있는 네트워크의 경우 어떻게 구할 수 있을까? 〈그림 10.6〉과 같은 네트워크를 상상해보자.

해당 네트워크의 계산을 정리한 표는 〈표 10.3〉과 같다.

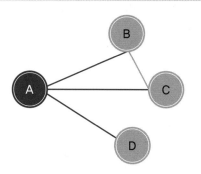

그림 10.6　네트워크 2

표 10.3　네트워크 2 계산

구분	B	C	D	합계	계산
연결 대상에 대한 투자	1/3 (33%)	1/3 (33%)	1/3 (33%)	1 (100%)	$p_{ij} = \dfrac{1}{(\text{연결된 에고의 개수})}$
중복성	1/3	1/3		2/3	R = (A와 해당 에고의 간접 연결수)/(A의 직접 연결수)
에고 네트워크의 크기				4	네트워크 내 에고의 개수
에고 네트워크의 유효 크기				3.33	유효 크기 = 네트워크의 크기 - 중복성 = 4 - 0.67
유효성				0.83	유효성 = 유효 크기/네트워크 크기
제약성	0.25	0.25	0.11	0.61	제약성 = $(\frac{1}{3} + \frac{1}{3} \times \frac{1}{2})^2 + (\frac{1}{3} + \frac{1}{3} \times \frac{1}{2})^2 + (\frac{1}{3})^2$

먼저 연결 대상에 대한 투자의 경우 그대로 1/3로 계산된다. 하지만 중복성의 경우 이번에는 B와 C를 이어주는 선이 생김으로써 중복성이 생기게 된다. 즉, 기존 B와의 중복성의 경우 A와 B의 간접 연결수는 1, A의 전체 직접 연결수는 3이므로 1/3로 계산된다. C도 마찬가지로 간접 연결수는 1, 전체 연결수는 3이므로 1/3로 계산된다. D는 A와의 직접 연결밖에 없으므로 중복성은 0이다. 따라서 전체 중복성은 2/3라 할 수 있다. 에고 네트워크 크기의 경우에도 네트워크 내 에고의 개수는 여전히 4개이다. 하지만 유효 크기의 경우 네트워크의 크기 - 중복성으로 계산되어야 한다. 즉, 4 - 0.67로 약 3.33이 된다. 유효성은 유효 크기/네트워크의 크기이므로 3.33/4으로 약 0.83의 유효성을 갖는다. 제약성의 경우 약간 복잡할 수 있다. 먼저 B 에고의 제약성을 구하게 되면 A와의 직접 연결 + 간접 연결을 구하게 되면 $\left(\frac{1}{3} + \frac{1}{3} \times \frac{1}{2}\right)^2$으로 나오게 된다. C의 직간접 연결의 경우도 $\left(\frac{1}{3} + \frac{1}{3} \times \frac{1}{2}\right)^2$으로 나오게 된다. D의 경우 직접 연결밖에 없으므로 $\left(\frac{1}{3}\right)^2$으로 나오게 된다. 이런 전체 제약성을 더하게 되면 0.25 + 0.25 + 0.11 = 0.61로 제약성이 나오게 된다.

10.2 적용예제 : 구조적 공백 이론을 이용한 산업간 융합 측정 연구 (ICT 산업을 중심으로)

개요

본 예제는 ICT 기반의 산업간 융합의 중요성이 사회와 학문 전반에 걸쳐 광범위하게 인식되고 있음에도 불구하고 이를 정량적인 지표를 사용하여 체계적으로 측정하려는 시도는 매우 부족한 실정이다. 단순 ICT 장비 및 기기 구매금액을 지표로 사용하거나 기존 연구 중에는 특허 자료와 같은 매우 제한된 자료를 이용하여 산업별 융합을 측정하고자 한 연구가 있으나(Hwang, 2017), 견실한 이론 기반으로 산업간 경제 활동 전체를 포괄하는 데이터를 이용한 연구는 전무하다. 이에 본 연구에서는 구조적 공백 이론 관점에서 산업연관표의 데이터를 분석하는 방법을 제시하여 ICT 산업이 국내 산업간 융합에서 차지하는 위상을 규명하여 학문적·실용적 시사점을 제시하고자 한다. 구체적으로는 ICT 산업을 ICT 제조업과 ICT 서비스업으로 분류한 후 구조적 공백 이론 관점에서 산업연관표의 데이터를 분석하여 산업간 융합 네트워크 구조에서의 ICT 산업의 효율성과 제약성을 확인하였다.

문헌연구

ICT 산업

ICT 산업은 정보처리 및 통신의 기능을 수행하거나 가능하게 하는 하드웨어와 소프트웨어를 포함한 광범위한 제품과 서비스를 포괄하는 산업으로써 크게 ICT 제조업과 ICT 서비스업으로 분류 가능하다(Lee et al., 2019). 끊임없이 변화하는 산업 환경, 산업간 융합, 신흥산업 등의 등장으로 산업간 경계가 점점 흐려지고 있는 실정에도 불구하고, 산업을 대상으로 파급 효과나 네트워크 분석을 수행하기 위해서는 산업에 대한 명확한 정의와 분류 방법이 필요하다. ISIC Rev.4(국제표준산업분류 제4차 개정)에 따른 최근 연구에 따르면 ICT 제조업은 반도체, 메모리, 비메모리, 액정 표시장치, 인쇄회로기판 등을 포함한 전자부품 및 컴퓨터, 유무선 통신장비, 영상 및 음향기기 등을 포함한 소비자 및 산업용 전자제품 등을 제조하는 산업을 의미한다. ICT 서비스업은 유무선 통신업, 컴퓨터 프로그래밍, 시스템 통합 및 관리업 외에도 자료처리, 호스팅, 포털 등을 포함한 정보서비스업을 포함한다(Li et al., 2019).
　한국의 ICT 제조업은 수출 규모에서 OECD 국가 중에 1위이고, 2016년 기준 국가 전체 수

출의 33%, 무역 흑자의 90%를 차지하는 등 경쟁우위에 있는 산업이다(Lee et al., 2019). 반면에 한국의 ICT 서비스업은 ICT 제조업에 비해 국제경쟁력이 다소 떨어지지만, 2000년대 이후로 정부 주도의 적극적인 소프트웨어 및 정보통신 진흥정책을 발판 삼아 선두 국가들을 추격성장하고 있는 상황이다(Lee et al., 2019).

연구방법

산업연관표

한 나라의 경제는 서로 긴밀히 연결되어 있는 수많은 산업들로 이루어진다. 그리고 각 산업은 상품 또는 서비스를 생산하기 위해서 다른 산업의 생산물을 중간물로 이용함으로써 직간접적으로 관계를 맺게 된다. 이와 같은 산업간 투입산출 거래관계를 연간 단위로 기록한 통계표를 산업연관표라고 하며, 국가 경제에서 전체 산업의 구조적 측면을 파악하는 데 매우 유용하다(Im and Lee, 2018; Lee et al., 2019; Li et al., 2019). 산업연관표는 선진국뿐만 아니라 개발도상국까지 대부분의 국가에서 정부통계당국이 공식적으로 작성하고 있고, 우리나라에서는 한국은행에서 공표하고 있다. 다만 국가별로 산업분류 및 세부작성지침이 상이해서 국가별로 직접적인 비교가 다소 힘든 실정이다. 이런 단점을 해소하고자 WIOD(World Input-Output Database)는 43개 국가의 산업연관표를 ISIC Rev.4에 따라 56개 산업분류 방식으로 재구성하여 제공하고 있다(Timmer et al., 2015). 따라서 본 연구는 국내경제에서 산업 간의 재화와 서비스의 거래관계를 국제기준에서 정확하게 파악하여 추후 국제 비교연구를 도모하고자 WIOD에서 현재 제공 중인 2000~2014년 국내 산업연관표를 사용하였다. ICT 제조업은 ISIC Rev.4의 산업분류코드 C26인 '전자부품, 컴퓨터, 영상, 음향 및 통신장비 제조업'의 투입산출 데이터를 사용하였고, ICT 서비스업은 산업분류 코드 J61 '통신업'과 J62 '컴퓨터 프로그래밍, 시스템 통합 및 관리업' 그리고 J63 '정보서비스업'의 투입산출 데이터를 활용하였다.

10.3 분석절차

ICT 제조업과 ICT 서비스업을 포함한 총 56개 산업을 대상으로 2000~2014년의 15개년도 산업연관 데이터를 UCINET으로 분석하여 국가경제의 산업간 융합에서 차지하는 ICT 산업의 이점을 구조적 공백을 확인하여 살펴보도록 하겠다.

데이터 수집

데이터는 World Input-Output Data Base에서 다운로드 받는다. 먼저 http://www.wiod.org/ database/niots16에 접속한다.

　해당 홈페이지에 접속하면 다음과 같은 화면이 나온다. 상단의 [Release 2016]을 클릭 후 [Input-Output Tables]를 클릭한다.

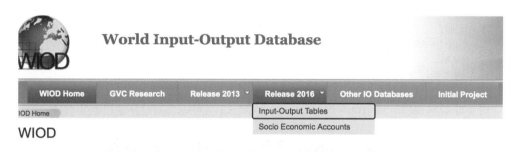

다음과 같이 홈페이지 화면이 바뀌면 우측의 'National IO Tables'를 클릭하도록 한다.

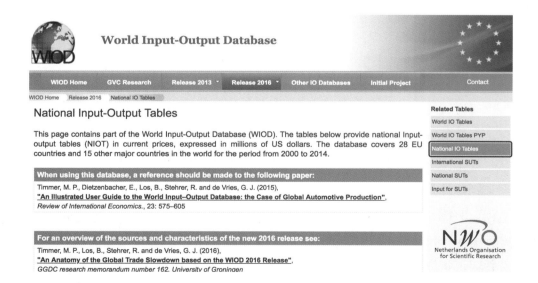

해당 페이지에서 Korea NIOT 파일을 클릭 후 엑셀 형식의 데이터를 다운로드한다.

National Input-Output Tables, Released November 2016			
Australia NIOT	Estonia NIOT	Korea NIOT	Russia NIOT
Austria NIOT	Finland NIOT	Latvia NIOT	Slovak Republic NIOT
Belgium NIOT	France NIOT	Lithuania NIOT	Slovenia NIOT
Brazil NIOT	Germany NIOT	Luxembourg NIOT	Spain NIOT
Bulgaria NIOT	Greece NIOT	Malta NIOT	Sweden NIOT
Canada NIOT	Hungary NIOT	Mexico NIOT	Switzerland NIOT
China NIOT	India NIOT	Netherlands NIOT	Taiwan NIOT
Croatia NIOT	Indonesia NIOT	Norway NIOT	Turkey NIOT
Cyprus NIOT	Ireland NIOT	Poland NIOT	United Kingdom NIOT
Czech Republic NIOT	Italy NIOT	Portugal NIOT	United States NIOT
Denmark NIOT	Japan NIOT	Romania NIOT	
› All countries (ZIP file)			

다음과 같은 모양의 데이터가 정상적으로 다운로드되었다면 데이터는 준비를 마쳤다.

다음으로는 분석에 필요한 프로그램인 UCINET을 설치하도록 하겠다. UCINET은 소셜 네트워크 분석을 위한 소프트웨어 패키지이다. 먼저 홈페이지(https://sites.google.com/site/ucinetsoftware/downloads)에 접속하게 되면 다음과 같은 화면이 나타날 것이다. UCINET의 경우 32bit 소프트웨어는 90일간 무료로 제공하고 있다. 따라서 32bit를 다운로드한다.

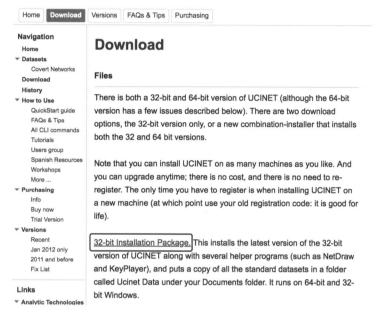

그림과 같이 실행파일을 우클릭하여 '관리자 권한으로 실행'해준다.

해당 파일이 실행되면 [Immediate Installation]을 클릭 후 설치를 끝낸다. 이로써 설치는 마무리된다.

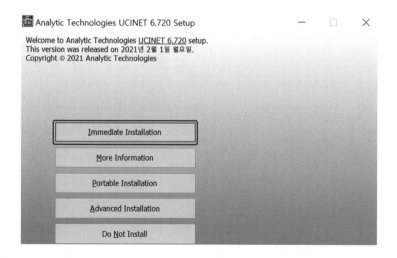

데이터 준비

분석을 실시하기에 앞서 먼저 간단한 데이터 편집이 필요하다. WIOD의 한국 엑셀파일을 실행해보면 데이터는 다음과 같은 구조이다.

	A	B	C	D	E	F	G	H	I	J
1	▼	▼			▼	A01	A02	A03	B	C10-C12	C13-C
2	연도 Year	산업코드 Code	산업설명 Description	국내생산/수입여부 Origin	Crop and animal production, hunting and related service activities	Forestry and logging	Fishing and aquaculture	Mining and quarrying	Manufacture of food products, beverages and tobacco products	acture of textiles wearing appar
3	2000	A01	Crop and animal production, hunting and related servic	Domestic	1,594	80	25	0	15,576	623
4	2000	A02	Forestry and logging	Domestic	105	87	5	3	189	0
5	2000	A03	Fishing and aquaculture	Domestic	0	0	88	0	1,307	0
6	2000	B	Mining and quarrying	Domestic	0	0	0	0	1	0
7	2000	C10-C12	Manufacture of food products, beverages and tobacco	Domestic	3,490	0	48	0	7,812	752
8	2000	C13-C15	Manufacture of textiles, wearing apparel and leather pr	Domestic	45	1	30	1	28	###
9	2000	C16	Manufacture of wood and of products of wood and cork	Domestic	25	1	47	3	25	11
10	2000	C17	Manufacture of paper and paper products	Domestic	135	0	3	0	678	353
11	2000	C18	Printing and reproduction of recorded media	Domestic	10	0	0	1	122	100
12	2000	C19	Manufacture of coke and refined petroleum products	Domestic	384	7	158	64	176	343
13	2000	C20	Manufacture of chemicals and chemical products	Domestic	1,535	40	11	29	299	###

연도(Year)와 산업코드(Code)는 ISIC4.0 기준에 맞춘 산업 구분에 따른 코드가 적혀 있고 산업설명(Description)에는 해당 산업에 대한 간단한 설명이 되어 있다. 'Origin'은 국내 생산량과 수입량에 대해 구분하기 위한 것이다.

본 실습은 2000년부터 2014년까지의 한국 국산투입산출표를 분석한다. 하지만 일단 분석은 연도별로 따로 진행해야 한다. 먼저 1번 체크박스를 클릭하여 2014를 선택한다. 그 후 2번 체크박스인 'Origin'은 'Imports'만 해제해준다.

	A	B	C	D	E	F	G	H	I	J
1	❶ ▼	▼		▼	❷ ▼ A01	A02	A03	B	C10-C12	C13-C
2	Year	Code	Description	Origin	Crop and animal production, hunting and related service activities	Forestry and logging	Fishing and aquaculture	Mining and quarrying	Manufacture of food products, beverages and tobacco products	acture of textiles wearing g appar
3	2000	A01	Crop and animal production, hunting and related servic	Domestic	1,594	80	25	0	15,576	623
4	2000	A02	Forestry and logging	Domestic	105	87	5	3	189	0
5	2000	A03	Fishing and aquaculture	Domestic	0	0	88	0	1,307	0
6	2000	B	Mining and quarrying	Domestic	0	0	0	0	1	0
7	2000	C10-C12	Manufacture of food products, beverages and tobacco	Domestic	3,490	0	48	0	7,812	752
8	2000	C13-C15	Manufacture of textiles, wearing apparel and leather pr	Domestic	45	1	30	1	28	###
9	2000	C16	Manufacture of wood and of products of wood and cork	Domestic	25	1	47	3	25	11
10	2000	C17	Manufacture of paper and paper products	Domestic	135	0	3	0	678	353
11	2000	C18	Printing and reproduction of recorded media	Domestic	10	0	0	1	122	100
12	2000	C19	Manufacture of coke and refined petroleum products	Domestic	384	7	158	64	176	343
13	2000	C20	Manufacture of chemicals and chemical products	Domestic	1,535	40	11	29	299	###

데이터 선택을 할 경우 다음 그림과 같이 나타나게 된다.

A01, A02, ···, U(56개 산업코드)   A01, A02, ···, U(56개 산업코드)

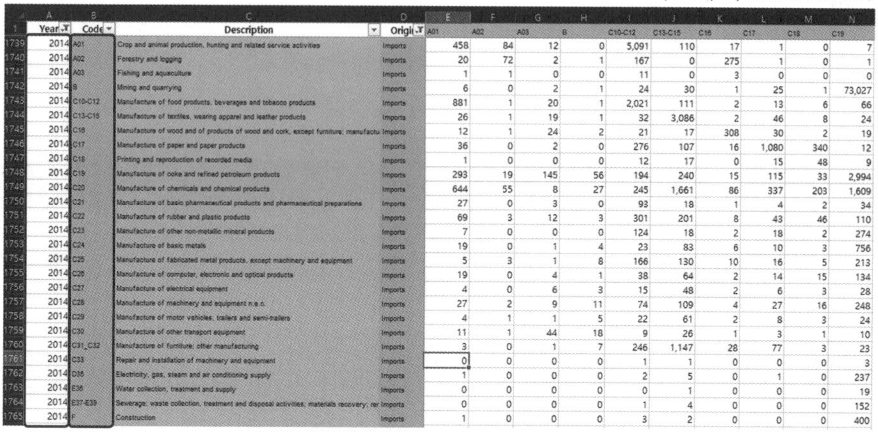

	Year	Code	Description	Origin	A01	A02	A03	B	C10-C12	C13-C15	C16	C17	C18	C19
1739	2014	A01	Crop and animal production, hunting and related service activities	Imports	458	84	12	0	5,091	110	17	1	0	7
1740	2014	A02	Forestry and logging	Imports	20	72	2	1	167	0	275	1	0	1
1741	2014	A03	Fishing and aquaculture	Imports	1	1	0	0	11	0	3	0	0	0
1742	2014	B	Mining and quarrying	Imports	6	0	2	1	24	30	1	25	1	73,027
1743	2014	C10-C12	Manufacture of food products, beverages and tobacco products	Imports	881	1	20	1	2,021	111	2	13	6	66
1744	2014	C13-C15	Manufacture of textiles, wearing apparel and leather products	Imports	26	1	19	1	32	3,086	2	46	8	24
1745	2014	C16	Manufacture of wood and of products of wood and cork, except furniture; manufactu	Imports	12	1	24	2	21	17	308	30	2	19
1746	2014	C17	Manufacture of paper and paper products	Imports	36	0	2	0	276	107	16	1,080	340	12
1747	2014	C18	Printing and reproduction of recorded media	Imports	1	0	0	0	12	17	0	15	48	9
1748	2014	C19	Manufacture of coke and refined petroleum products	Imports	293	19	145	56	194	240	15	115	33	2,994
1749	2014	C20	Manufacture of chemicals and chemical products	Imports	644	55	8	27	245	1,661	86	337	203	1,609
1750	2014	C21	Manufacture of basic pharmaceutical products and pharmaceutical preparations	Imports	27	0	3	0	93	18	1	4	2	34
1751	2014	C22	Manufacture of rubber and plastic products	Imports	69	3	12	3	301	201	8	43	46	110
1752	2014	C23	Manufacture of other non-metallic mineral products	Imports	7	0	0	0	124	18	2	18	2	274
1753	2014	C24	Manufacture of basic metals	Imports	19	0	1	4	23	83	6	10	3	756
1754	2014	C25	Manufacture of fabricated metal products, except machinery and equipment	Imports	5	3	1	8	166	130	10	16	5	213
1755	2014	C26	Manufacture of computer, electronic and optical products	Imports	19	0	4	1	38	64	2	14	15	134
1756	2014	C27	Manufacture of electrical equipment	Imports	4	0	6	3	15	48	2	6	3	28
1757	2014	C28	Manufacture of machinery and equipment n.e.c.	Imports	27	2	9	11	74	109	4	27	16	248
1758	2014	C29	Manufacture of motor vehicles, trailers and semi-trailers	Imports	4	1	1	5	22	61	2	8	3	24
1759	2014	C30	Manufacture of other transport equipment	Imports	11	1	44	18	9	26	1	3	1	10
1760	2014	C31_C32	Manufacture of furniture; other manufacturing	Imports	3	0	1	7	246	1,147	28	77	3	23
1761	2014	C33	Repair and installation of machinery and equipment	Imports	0	0	0	0	1	1	0	0	0	3
1762	2014	D35	Electricity, gas, steam and air conditioning supply	Imports	1	0	0	0	2	5	0	1	0	237
1763	2014	E36	Water collection, treatment and supply	Imports	1	0	0	0	0	1	0	0	0	19
1764	2014	E37-E39	Sewerage; waste collection, treatment and disposal activities; materials recovery; rer	Imports	0	0	0	0	1	4	0	0	0	152
1765	2014	F	Construction	Imports	1	0	0	0	3	2	0	0	0	400

그 후 새로운 엑셀파일을 생성한 후 56×56의 투입산출표 행렬 데이터를 새로운 파일의 시트에 복사해준다.

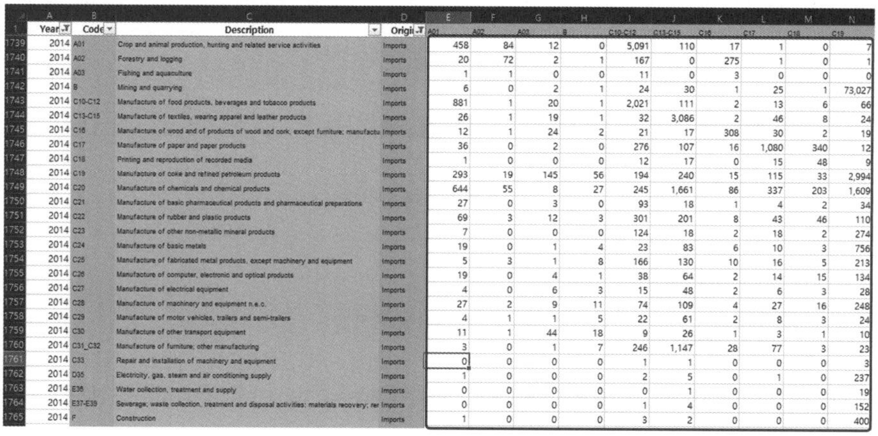

	Year	Code	Description	Origin	A01	A02	A03	B	C10-C12	C13-C15	C16	C17	C18	C19
1739	2014	A01	Crop and animal production, hunting and related service activities	Imports	458	84	12	0	5,091	110	17	1	0	7
1740	2014	A02	Forestry and logging	Imports	20	72	2	1	167	0	275	1	0	1
1741	2014	A03	Fishing and aquaculture	Imports	1	1	0	0	11	0	3	0	0	0
1742	2014	B	Mining and quarrying	Imports	6	0	2	1	24	30	1	25	1	73,027
1743	2014	C10-C12	Manufacture of food products, beverages and tobacco products	Imports	881	1	20	1	2,021	111	2	13	6	66
1744	2014	C13-C15	Manufacture of textiles, wearing apparel and leather products	Imports	26	1	19	1	32	3,086	2	46	8	24
1745	2014	C16	Manufacture of wood and of products of wood and cork, except furniture; manufactu	Imports	12	1	24	2	21	17	308	30	2	19
1746	2014	C17	Manufacture of paper and paper products	Imports	36	0	2	0	276	107	16	1,080	340	12
1747	2014	C18	Printing and reproduction of recorded media	Imports	1	0	0	0	12	17	0	15	48	9
1748	2014	C19	Manufacture of coke and refined petroleum products	Imports	293	19	145	56	194	240	15	115	33	2,994
1749	2014	C20	Manufacture of chemicals and chemical products	Imports	644	55	8	27	245	1,661	86	337	203	1,609
1750	2014	C21	Manufacture of basic pharmaceutical products and pharmaceutical preparations	Imports	27	0	3	0	93	18	1	4	2	34
1751	2014	C22	Manufacture of rubber and plastic products	Imports	69	3	12	3	301	201	8	43	46	110
1752	2014	C23	Manufacture of other non-metallic mineral products	Imports	7	0	0	0	124	18	2	18	2	274
1753	2014	C24	Manufacture of basic metals	Imports	19	0	1	4	23	83	6	10	3	756
1754	2014	C25	Manufacture of fabricated metal products, except machinery and equipment	Imports	5	3	1	8	166	130	10	16	5	213
1755	2014	C26	Manufacture of computer, electronic and optical products	Imports	19	0	4	1	38	64	2	14	15	134
1756	2014	C27	Manufacture of electrical equipment	Imports	4	0	6	3	15	48	2	6	3	28
1757	2014	C28	Manufacture of machinery and equipment n.e.c.	Imports	27	2	9	11	74	109	4	27	16	248
1758	2014	C29	Manufacture of motor vehicles, trailers and semi-trailers	Imports	4	1	1	5	22	61	2	8	3	24
1759	2014	C30	Manufacture of other transport equipment	Imports	11	1	44	18	9	26	1	3	1	10
1760	2014	C31_C32	Manufacture of furniture; other manufacturing	Imports	3	0	1	7	246	1,147	28	77	3	23
1761	2014	C33	Repair and installation of machinery and equipment	Imports	0	0	0	0	1	1	0	0	0	3
1762	2014	D35	Electricity, gas, steam and air conditioning supply	Imports	1	0	0	0	2	5	0	1	0	237
1763	2014	E36	Water collection, treatment and supply	Imports	1	0	0	0	0	1	0	0	0	19
1764	2014	E37-E39	Sewerage; waste collection, treatment and disposal activities; materials recovery; rer	Imports	0	0	0	0	1	4	0	0	0	152
1765	2014	F	Construction	Imports	1	0	0	0	3	2	0	0	0	400

다음 표처럼 파일을 만들었다면 데이터 준비는 끝났다.

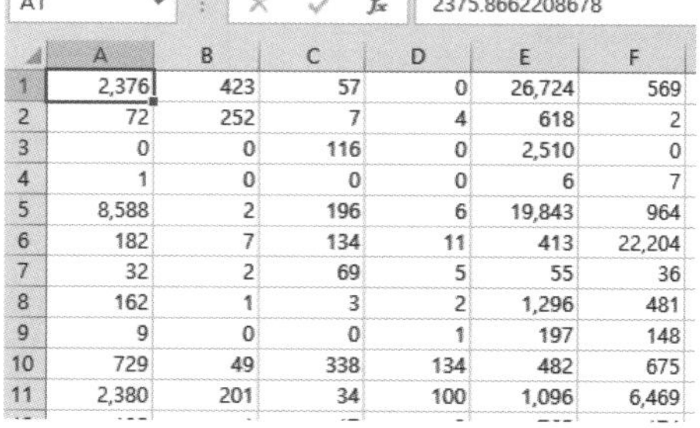

A1				fx	2375.8662208678
	A	B	C	D	E	F

	A	B	C	D	E	F
1	2,376	423	57	0	26,724	569
2	72	252	7	4	618	2
3	0	0	116	0	2,510	0
4	1	0	0	0	6	7
5	8,588	2	196	6	19,843	964
6	182	7	134	11	413	22,204
7	32	2	69	5	55	36
8	162	1	3	2	1,296	481
9	9	0	0	1	197	148
10	729	49	338	134	482	675
11	2,380	201	34	100	1,096	6,469

데이터분석

데이터 입력

먼저 UCINET을 실행시킨다. 실행 후 저장한 엑셀파일을 다음과 같이 입력시켜 준다.

먼저 [Data]를 클릭 후 [Import Excel] → [Metrices]를 클릭한다.

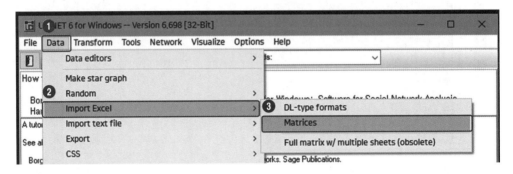

다음 그림을 참고하여 […] 표시를 클릭 후 위의 절차에서 저장된 엑셀파일을 입력시킨다.

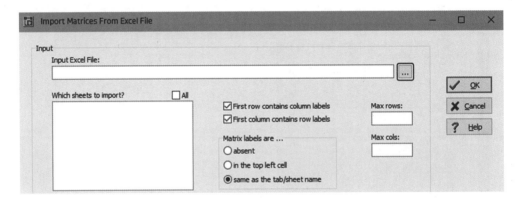

[OK]를 누르기 전에 먼저 1번 부분의 체크박스를 해제해준다. 그 후 [OK]를 클릭한다.

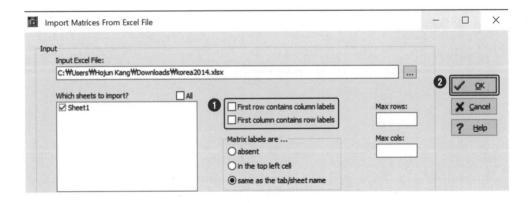

데이터 분석

이제 본격적으로 분석에 들어가 보겠다. 초기화면으로 돌아가 [Network] → [Ego Networks] → [Structural Holes]를 클릭해준다.

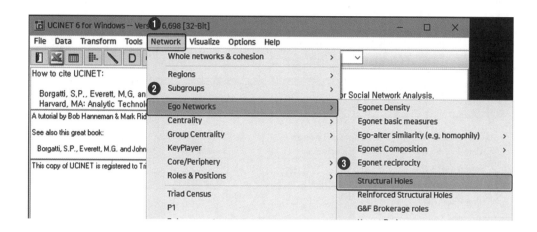

그다음 [Input dataset]에서 1번을 클릭해준다.

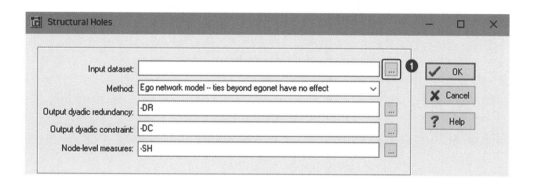

그러면 다음과 같은 화면이 나오게 될 것이다. 최초 입력되었던 엑셀파일명과 같은 '##h'라는 확장자의 파일이 생성되었으면 성공이다. 해당 파일을 더블클릭하여 실행시켜 준다.

다음 그림과 같이 적용되었다면 [OK]를 눌러 분석결과를 확인한다.

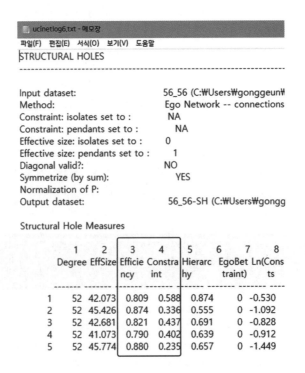

그림의 3~4열 부분이 효율성 및 제약성에 대해서 나타내는 열이다. 이 값들은 56개의 산업이 각각 순서대로 정렬되어 있으며 해당 산업의 순서는 원래의 엑셀파일과 비교해서 알아보면된다. 해당 자료를 2000년부터 2014년까지 정리한 결과값은 〈그림 10.7〉, 〈표 10.4〉와 같다.

그림 10.7 ICT 제조업, ICT 서비스업의 효율성과 제약성 비교

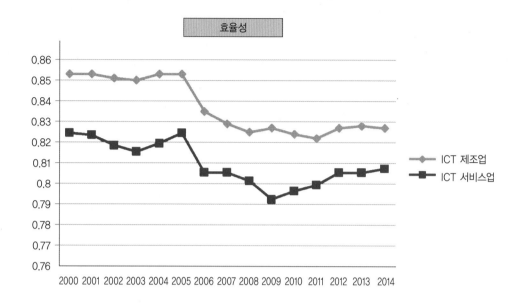

효율성

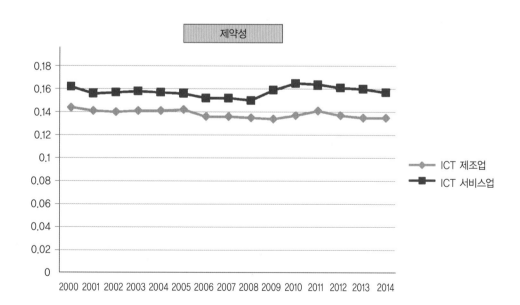

제약성

표 10.4 ICT 산업별, 연도별 효율성과 제약성 비교

연도	ICT 제조업		ICT 서비스업	
	효율성	제약성	효율성	제약성
2000	0.853	0.144	0.824	0.162
2001	0.853	0.141	0.823	0.156
2002	0.851	0.140	0.818	0.157
2003	0.850	0.141	0.815	0.158
2004	0.853	0.141	0.819	0.157
2005	0.853	0.142	0.824	0.156
2006	0.835	0.136	0.805	0.152
2007	0.829	0.136	0.805	0.152
2008	0.825	0.135	0.801	0.150
2009	0.827	0.134	0.792	0.159
2010	0.824	0.137	0.796	0.165
2011	0.822	0.141	0.799	0.164
2012	0.827	0.137	0.805	0.161
2013	0.828	0.135	0.805	0.160
2014	0.827	0.135	0.807	0.157

10.4 결과 해석

기존 연구에 따르면 높은 효율성의 판단 기준은 0.8이며(García-Muñiz and Vicente, 2014; Li et al., 2019), ICT 서비스업의 2009~2011년 결과를 제외하고는 모두 0.8보다 큰 효율성 수치를 보여 정보 효익이 높은 것으로 조사되었다. 시계열 추세를 좀 더 자세히 살펴보면 두 산업 모두 2006년에 효율성이 두드러지게 감소한 후 2000년대 후반까지 하락세가 지속되었다. 다만 ICT 서비스업은 2009년 이후로 효율성이 상승하고 있는 반면, ICT 제조업은 제자리 걸음을 하고 있어서 두 산업 간의 격차가 줄어들고 있는 추세이다. 뒤이어 ICT 제조업과 ICT 서비스업의 제약성을 계산한 결과, 각각 평균 0.138과 0.158을 기록하였고, 2000년 이후로 García-Muñiz와 Vicente(2014)가 제시한 기준치인 0.2보다 계속 낮은 수치를 기록하여 두 산업 모두 구조적 공백으로 인한 통제 효익을 누리는 산업으로 드러났다. 두 ICT 산업의 제약성의 차이가 유의한지를 살펴보기 위해 마찬가지로 윌콕슨 부호순위 검정 방법으로 확인해보았고, 2000~2014년의 ICT 제조업의 제약성이 ICT 서비스업보다 작은 것으로 나타났다(p 값 = 0.001). 시계열 그래프를 살펴보면 두 산업이 매우 비슷한 추이를 보인다. ICT 제조업은 2011년, ICT 서비스업은 2010~2011년에 걸쳐 제약성 수치가 크게 상승하는 시기가 있긴 하였지만 장기적으로는 지속적으로 하락하는 추세이다. 즉, 두 ICT 산업 모두 0.8 이상의 효율성과 0.2

미만의 제약성 수치를 보여서 국내 산업간 융합 과정에서 정보 효익과 통제 효익의 이점을 모두 누리는 중개자의 위치에 있는 것으로 나타났다. 다시 말하면 ICT 제조업과 ICT 서비스업은 국내경제의 융합 핵심산업으로서 두 산업 없이는 산업간 정보, 기술, 자원 교류에 구조적 공백이 발생된다는 것이다. 또한 두 산업 간의 직접적인 비교에 있어서는 2000년 이후로 ICT 제조업이 ICT 서비스업에 비해 유의하게 산업간 융합 과정에서 정보 효익과 통제 효익을 더 크게 누리는 경쟁우위에 있는 것으로 드러났다. ICT 제조업의 정보 효익이 더 크다는 의미는 ICT 제조업이 상대적으로 더 다양한 형태의 융합으로 고유한 자원 및 기술에 더 신속히 접근 가능하다는 것을 말하며, ICT 서비스업의 경우는 ICT 제조업 대비 상대적으로 일부 산업과의 중복된 융합 형태가 많다는 것을 뜻한다.

또한 ICT 제조업의 통제 효익이 더 크다는 점에서 ICT 제조업의 산출물인 반도체, 메모리, 통신장비 등이 상대적으로 직접적인 거래로 소비되는 반면에, ICT 서비스업의 산출물인 소프트웨어, IT 서비스, 통신서비스 등은 상대적으로 제3의 산업의 최종산출물에 중간재 형태로 쓰인 것을 가져다 쓰는 간접적인 거래로 소비되고 있음을 유추할 수 있다.

## 제 11 장

사건연구

11.1 기본개념

사건연구의 개념

이런 상황을 상상해보자. KOSPI 유가증권시장에 상장된 'A'라는 바이오기업에서 FDA의 임상시험 3번째 단계를 통과하였다는 기사가 나왔을 경우 상식상 해당 기업의 주가는 당연히 높은 상승률을 보일 것이라 예측된다. 그리고 실제로도 높은 주가상승률을 보이며 일단은 해당 정보가 주가에 영향을 미치는 것으로 보인다. 하지만 KOSPI 시장 또한 유래 없는 호황을 맞아 해당 바이오 기업의 주가상승이 이루어진 날 마법같이 다른 상장기업들 또한 높은 주가상승률을 보인다면, A기업의 주가상승이 3상 통과 이슈에 의한 상승인지 아니면 단순히 시장의 호황에 의해 결정된 수익률인지는 알기 힘들 것이다. 이때 해당 이벤트가 정말로 주가에 주요한 영향을 미쳤는지를 알아보는 방법론이 바로 **사건연구**(Event Study) 방법론이다.

　사건연구 방법론은 Fama, Fisher, Jesen, Roll(1969)이 뉴욕증권거래소(NYSE)에서 주식분할 공시의 정보효과를 보여주기 위해 개발한 방법론으로 최초 시작된 재무 분야를 넘어 경영학 전반, 그리고 경제학 분야에서 실증적 연구로써 많이 사용되고 있는 방법론이다. 현재는 Brown과 Warner가 제시한 시장모형이 가장 주요한 방법으로 제시되고 있으며 이 책에서는 시장모형을 중심으로 분석을 진행할 예정이다.

분석절차

먼저 사건연구의 간략한 분석절차를 제시해 살펴보도록 하겠다. 큰 틀에서 제시되는 분석절차는 2단계로 다음과 같다.

준비단계

먼저 어떤 기업의 어떠한 사건을 사용하여 분석할 것인지를 정하는 것이 중요하다. 이를 위해서는 해당 사건의 정확한 최초 발생일을 파악해야 한나. 사건을 실정하는 것은 기입의 공시 또는 최초 보도시간으로 알아볼 수 있다. 다시 한 번 반복하지만 사건연구에서 가장 중요한 것은 바로 '정확한 사건일'을 선택하는 것이다. 그다음 해당 사건의 최초 발생시점을 토대로 어느 정도의 기간을 가지고 분석을 실시할 것인지를 생각해보는 것이 중요하다. 이번 분석에서는 거래일 기준 250일(약 1년)을 추정기간으로, 사건일 이후 11일 정도를 예측기간으로 삼고 분석을 실시한다.

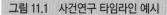

그림 11.1 사건연구 타임라인 예시

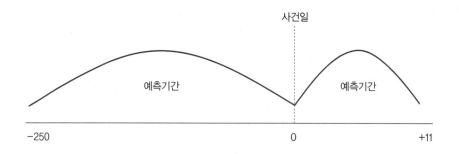

모형 설정단계

최초의 준비단계를 거쳐 사건일과 특정 기업을 선택하였다면 어떤 모형을 통해 분석을 실시할 것인지를 알아보는 것 또한 매우 중요하다. 사건연구의 모형에는 크게 세 가지 모형이 있으며 해당 모형은 다음과 같다.

1. 평균조정 수익률 모형
2. 시장조정 수익률 모형
3. 시장모형

Brown과 Warner(1980, 1985)의 세 가지 모형의 시뮬레이션 연구에 의하면 이 중 시장모형의 검정력이 가장 우수하다고 평가받고 있다. 시장모형에 의거하여 제시되는 회귀식은 다음과 같다. 또한 기본적으로 주가수익률을 산정할 때 로그를 취한 수익률을 사용하여 계산을 실시한다. 또한 단순수익률을 사용할 때 생기는 시점의 변동금액의 불일치성을 제거하기 위해 로그수익률을 사용하여 분석을 실시한다.

$$r_t = \ln(P_t / P_{t-1}) \qquad (11.1)$$

P_t = 현시점 주가

P_{t-1} = 전일 주가

위에서 구한 로그수익률을 활용하여 시장모형의 모델링을 실시하면 다음과 같다.

$$r_t = \alpha + \beta r_{mt} + e_t \qquad (11.2)$$

r_t : t 시점에서 예측되는 추정 주가수익률

r_{mt} : t 시점에서 형성된 시장수익률

r_t는 해당 시점에서 형성된 주가수익률을 의미하며 해당 기업의 날짜별 주가수익률을 의미한다. r_{mt}는 해당 기업이 속한 시장수익률, 즉 KOSPI 지수, KOSDAQ 지수, NASDAQ 지수와 같은 해당 기업이 속한 지수의 수익률을 이용하여 사용한다. α와 β는 각각 사건이 발생하기 전 추정기간의 수익률 자료를 이용하여 회귀분석으로 산출된 시장모형의 회귀상수와 회귀계수를 의미하고 t일 오차항을 일컫는다.

$$AR_t = R_t - r_t \qquad (11.3)$$

AR_t = 비정상수익률

R_t = 실제수익률

r_t = 추정수익률

그 후 위 회귀모형에 의해 추정된 추정수익률을 바탕으로 실제수익률에서 추정수익률을 빼주면 비정상수익률을 도출할 수 있게 된다. 해당 비정상수익률은 시장에 의하면 해당 가격의 수익률이 형성되어야 하지만 실제로는 다른 수익률이 형성되었고 얼마큼의 비정상수익률이 나타났는지를 보여주는 것으로써 실제 이벤트가 어느 정도 영향을 미쳤는지를 알 수 있게 해준다. 위의 식에서 구한 값을 바탕으로 예측기간의 일자를 모두 더하여 나누어준다면 평균 비정상수익률을 구할 수 있게 된다.

$$AAR_t = \frac{1}{t}\sum_1^t AR_t \qquad\qquad (11.4)$$

그럼 해당 이벤트가 통계적으로 유의한지는 어떻게 판단할 수 있을까? 먼저 해당 시점에서 이미 관찰된 값으로써 해당 분포가 T 분포를 따르는 것으로 규정한다. 이에 따라 T 검정을 진행하여 해당 일의 이벤트의 AR 값이 유의미한지를 판단할 수 있게 된다. 해당 T 검정의 검정통계량 식은 다음과 같다.

$$T = \left|\frac{AR}{\sqrt{\frac{1}{250}\sum_{i=-251}^{-1}(AR_t)^2}}\right| \qquad\qquad (11.5)$$

250을 기준으로 0.5 이하의 P 값을 갖는 T 값은 1.98 정도로 이 값보다 높게 나오게 되면 해당 이벤트는 유의미한 이벤트라고 판단할 수 있게 된다.

11.2 적용예제 : FDA 주가 공시가 바이오 기업에 미치는 영향

분석개요

글로벌 제약 및 의료정밀기기 시장은 선진국의 고령 및 초고령 사회로의 진입으로 지난 13~17년 연평균 5%가 넘는 고성장을 하였다. 이에 각국의 정부와 기업들은 지대한 관심을 보이고 있다. 특히 한국은 2019년 바이오·헬스 국가비전 선포식에서도 볼 수 있듯이 제약 및 의료정밀기기 시장을 반도체에 버금가는 미래성장동력으로 주목하게 되었다. 이러한 산업군에 속한 기업들이 시장에서 경쟁력을 갖추기 위해 가장 중시하는 것은 경쟁사보다 안전한 신약이

나 의료기기를 먼저 개발하는 것이다. 이러한 신약이나 신제품을 검증받기 위해 각 기업은 많은 R&D 비용을 투자하고 있다(DiMasi et al., 2016). 전 세계 의료 분야의 안전성을 검증하는 기관 중 유럽의 EMA(European Medicines Agency)와 함께 가장 권위 있다고 평가받는 미국의 FDA는 해당 산업군의 기업들이 승인을 받기 위해 가장 노력하는 기관이다. FDA의 신제품 승인/거절 여부는 해당 기업의 시장가치평가(주가)에 어떠한 방향으로든 영향을 미칠 수밖에 없다. 따라서 국내 제약 및 의료정밀기기 산업에 대한 FDA 승인 정보가 주가에 즉각적으로 반영된다는 사실을 바탕으로 사건연구 방법을 적용해 보고자 한다.

전제 : FDA 승인 공시는 기업의 주가에 영향을 미칠 것이다

유가증권시장에서는 기업 간 정보의 차이가 존재할 수 있으며 기업 내의 정보에 대해서도 기업의 내부 및 외부 이해관계자 간 정보의 차이가 존재한다. 이러한 정보비대칭으로 인하여 투자자들은 역선택을 할 수 있다. 역선택은 투자자들에게 큰 손실을 초래할 수 있다. 또한 정보비대칭이 심화되면 투자자들에게 정보의 제약이 있으므로 주식시장의 유동성에도 악영향을 미쳐 시장에 문제를 야기할 수도 있다. 정보비대칭은 주식시장에서 기업의 규모에 따라 차이가 있다(Barry and Brown, 1984). Arbel 등(1983)은 주식시장에서 정보가용성이 낮을수록 투자자들에게 소외되며 이런 기업일수록 더 높은 주가수익률을 나타내며 이러한 현상을 소기업효과라고 정의하였다. 소기업효과는 주로 기업의 규모가 작을수록 명백하게 나타난다. 따라서 소기업일수록 정보비대칭이 크고, 정보의 파급력이 더 강하게 나타나므로 주가변동성이 크게 나타날 것이다. FDA 승인 공시라는 정보의 파급력이 대기업이나 중견기업보다는 소기업 및 중소기업에서 더 강하게 나타날 것이며, 이에 따라 기업 규모가 작을수록 주가변동성이 크게 나타나므로 주가의 차이가 있을 것임을 알 수 있다. 추가적으로 특정 이슈의 공시에 따른 주가의 반응이 통상 기업 규모가 작을수록 크게 나타난다는 기업규모효과가 많은 선행연구에서 보고되어 있다. Moeller 등(2004)은 합병기업의 규모에 따라 합병 공시에 따른 수익률에 차이가 나타나는 규모의 효과를 발견하였다. FDA 승인/거절 또한 하나의 이슈로서 이에 대한 공시가 기업의 주가에 변동성을 야기하는 요인으로도 볼 수 있다(Bosch and Lee, 1994).

데이터 선정

먼저 1개의 기업을 예시로 설정하여 살펴보고자 한다. 2016년 6월 27일 경보제약은 무균 GMP

생산설비가 FDA 승인을 받는 이벤트가 있었다. 따라서 해당 사건이 경보제약의 주가에 유의미한 영향을 미쳤는지를 살펴보고자 한다. 추정기간은 60일로 설정하였으며 해당 데이터의 요약은 〈표 11.1〉과 같다. 시장수익률은 KOSPI 지수를 이용하여 산정하였다.

표 11.1   사건 및 데이터 요약

기업명	경보제약
사건	무균 GMP 생산설비 FDA 승인
사건일	2016년 6월 27일
추정기간	60일(2016.03.28.~2016.06.23.)
예측기간	5일(2016.06.24.~2016.06.28.)

11.3 분석절차

먼저 분석은 엑셀 2016 버전을 이용하여 진행한다. 사용하는 수식들은 엑셀 하위 버전에도 충분히 존재하는 함수이므로 꼭 2016으로 분석을 진행하지 않아도 괜찮다. 먼저 데이터의 수집은 '한국거래소' 사이트에서 찾아볼 수 있다. 먼저 한국거래소 공식 사이트(http://www.krx. co.kr/main/main.jsp)에 접속하자.

접속 후 홈페이지의 '정보데이터 시스템' 페이지에 접속한다. 먼저 경보제약의 기업주가를 다운로드 받는다.

접속 후 상단의 '종목검색'에서 경보제약을 검색하면 다음과 같은 페이지가 나타난다.

검색 후 나오는 결과 페이지에서 '일자별 시세' 부분의 '+' 버튼을 클릭해준다.

일자별 시세

일자	종가	대비		등락률	거래량	거래대금
2021/02/19	13,200	▼	150	-1.12	185,009	2,409,651,500
2021/02/18	13,350	▼	300	-2.20	119,811	1,616,085,750
2021/02/17	13,650	▼	200	-1.44	161,958	2,193,889,500

데이터 분석 기간인 20160328~20160628까지의 데이터를 조회기간에 입력 후 [조회] 버튼을 클릭한다. 그 후 3번 아이콘을 클릭하여 [EXCEL] 버튼을 눌러 데이터 다운로드를 진행한다. 위와 같이 데이터를 다운로드하였다면 다음은 시장지수에 대해 데이터를 다운로드한다.

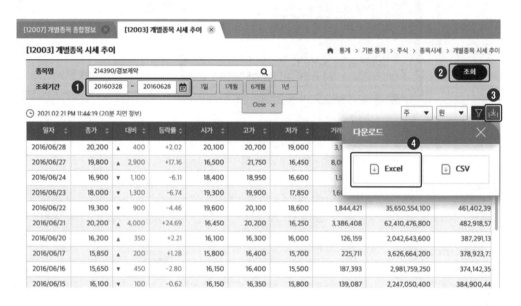

사이트 좌측의 [지수] → [개별지수 종합정보]를 클릭 후 '일자별 시세'의 '+' 버튼을 눌러준다.

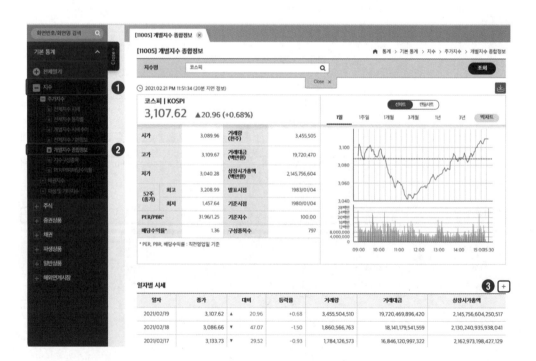

데이터 분석 기간인 20160328~20160628까지의 데이터를 조회기간에 입력 후 [조회] 버튼을 클릭한다. 그 후 3번 아이콘을 클릭하여 [EXCEL] 버튼을 눌러 데이터 다운로드를 진행한다.

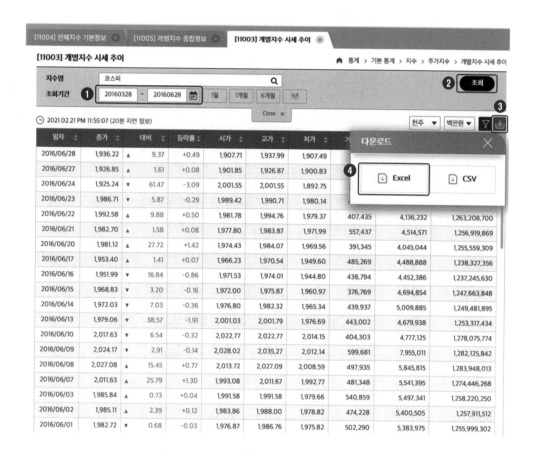

그 후 데이터를 정리하는 작업을 거쳐야 한다. 먼저 새로운 엑셀파일을 하나 만들어 2개의 탭을 생성해준다. 각각의 탭은 '추정기간', '예측기간'으로 네이밍한다.

추정기간 예측기간 ⊕

2개의 탭을 만들었다면 먼저 '추정기간' 탭에 20160328~20160628 기간의 기업 데이터와 시장 데이터를 정리한다.

첫 열(1번)에는 거래기간을 복사하고 두 번째 열(2번)에는 기업주가, 세 번째 열(3번)에는 시장지수 데이터를 넣어준다.

❶ 년/월/일	❷ 종가	❸ KOSPI
2016/03/28	15,750	1,982.54
2016/03/29	15,700	1,994.91
2016/03/30	16,400	2,002.14
2016/03/31	16,150	1,995.85
2016/04/01	16,800	1,973.57
2016/04/04	17,450	1,978.97
2016/04/05	17,450	1,962.74
2016/04/06	17,500	1,971.32
2016/04/07	16,700	1,973.89
2016/04/08	17,350	1,972.05
2016/04/11	17,100	1,970.37
2016/04/12	16,500	1,981.32
2016/04/14	16,750	2,015.93
2016/04/15	16,600	2,014.71
2016/04/18	16,200	2,009.10
2016/04/19	16,100	2,011.36
2016/04/20	16,250	2,005.83
2016/04/21	15,850	2,022.10
2016/04/22	16,000	2,015.49
2016/04/25	16,050	2,014.55
2016/04/26	16,650	2,019.63
2016/04/27	16,300	2,015.40
2016/04/28	16,150	2,000.93
2016/04/29	15,900	1,994.15
2016/05/02	14,900	1,978.15
2016/05/03	14,950	1,986.41

마찬가지로 '예측기간' 탭에 20160624~20160628 기간의 데이터를 넣어 정리해준다.

1 년/월/일	2 실제주가	3 KOSPI
2016/06/24	16,900	1,925.24
2016/06/27	19,800	1,926.85
2016/06/28	20,200	1,936.22

　해당 엑셀에 다음과 같이 정리하였다면 다시 '추정기간' 탭으로 돌아가 KOSPI 열 옆의 열들에 기업주가와 KOSPI 지수의 로그수익률을 계산한다. 먼저 열을 2개 생성하여 '경보제약 수익률', 'kospi 수익률' 열을 만들어준다. 그 후 각 열의 두 번째 줄에 LN(당일주가/전일주가)라는 함수를 입력해준다. 계산된 셀을 선택하게 되면 셀의 우하단 모서리 부분에 조그만 상자가 생

기게 된다. 해당 상자를 더블클릭하면 옆 열들이 위의 수식으로 전부 자동 계산이 되게 된다.

D3	▼	× ✓ fx	=LN(B3/B2)		
▲	A	B	C	D	E
1	년/월/일	종가	KOSPI	경보제약 수익률	kospi 수익률
2	2016/03/28	15,750	1,982.54		
3	2016/03/29	15,700		-0.00318	0.00622
4	2016/03/30	16,400	LN(당일주가 /전일주가)	0.043621	0.003618
5	2016/03/31	16,150		-0.01536	-0.00315
6	2016/04/01	16,800		0.039459	-0.01123
7	2016/04/04	17,450	1,978.97	0.037961	0.002732
8	2016/04/05	17,450	1,962.74	0	-0.00824
9	2016/04/06	17,500	1,971.32	0.002861	0.004362
10	2016/04/07	16,700	1,973.89	-0.04679	0.001303
11	2016/04/08	17,350	1,972.05	0.038184	-0.00093

$$r_t = \alpha + \beta r_{mt} + e_t \tag{11.6}$$

다음으로는 시장모형에 맞게 α, β값을 구해준다. 먼저 α값을 구할 데이터에서 조금 떨어진 셀을 하나 클릭한다. 클릭 후 α를 구할 함수를 입력해준다. α값의 함수는 intercept(기업데이터 60일 수익률, KOSPI 60일 수익률), β값의 함수는 slope(기업데이터 60일 수익률, KOSPI 60일 수익률)이다.

	A	B	C	D	E	F	G	H	I	J	K	L	M
	년/월/일	종가	KOSPI	거래량(주)	고가	경보제약 수익률	kospi 수익 률	경보제약 추정수익	잔차				
	2016/03/28	15,750	1,982.54	336,178	16,750			Intercept(기업데이터 60일 수익률, KOSPI 60일 수익률)					
	2016/03/29	15,700	1,994.91	220,855	16,900	-0.00318	0.00622	0.008135	0.000128012			intercept	0.002229
	2016/03/30	16,400	2,002.14	117,251	16,550	0.043621	0.003618	0.005664	0.001440711			slope	0.949366
								slope(기업데이터 60일 수익률, KOSPI 60일 수익률)					

이제 추정기간에서 해당 회귀식을 이용한 값들을 도출하는 데 성공했다. 다음으로는 도출한 α, β값을 이용해 실제 추정에 적용해보도록 한다. 마찬가지로 예측기간의 데이터 또한 5일을 기준으로 정리한 후 로그수익률을 계산하는 방식을 이용해 정리해주도록 한다.

년/월/일	실제주가	KOSPI	경보제약 실제수익 률	KOSPI 실 제수익률
		A	D	E
2016/06/24	16,900	LN(당일주가 /전일주가)		
2016/06/27	19,800		0.158368	0.000836
2016/06/28	20,200	1,936.22	0.020001	0.004851

이 후 앞서 추정한 α, β값을 사용해 정상수익률을 추정해야 한다. 아까 구한 값을 '추정 기간' 탭에서 데이디와 겹치지 않는 셀을 선택하여 '값 붙여넣기' 기능을 이용해 복사하도록 한다.

	M	N	O	P	Q	R	S	T
intercept		0.002229						
slope		0.949						
MSE		0.00						
RMSE		0.037						
	20,200							
	19,300							
	18,000							
	16,900							
	19,800							
	20,200							
	20,000							
	20,900							
	20,150							
	20,800							
	20,800							

먼저 해당 α, β값을 복사 후 원하는 위치에 마우스 오른쪽 클릭 → [선택하여 붙여넣기](1번) → [값 붙여넣기](2번)를 클릭하게 되면 해당 값이 복사된다.

본 예제에서는 N2, N3행에 두었다고 가정하고 분석을 실시한다. 이제 다시 수익률 열 쪽으로 넘어가 '정상수익률' 열을 만들어준다. 그 후 해당 회귀식에 맞는 식의 함수를 넣어준다. 해당 함수는 $N$2 + $N$3*E3로 KOSPI의 실제수익률만이 변화하도록 해준다.

		:	×	✓	*fx*	=$N$2+$N$3*E3

	A	B	C	D	E	F	
	년/월/일	실제주가	KOSPI	경보제약 실제수익률	KOSPI 실 제수익률	정상수익률	
	2016/06/24	16,900	1,925.24	a + b*KOSPI수익률 = $N$2 + $N$3*E3			
	2016/06/27	19,800	1,926.85			0.003023	

엑셀의 '$' 표시는 해당 셀의 위치 변화 없이 오직 그 셀만 참조한다는 절대참조의 역할을 하며 본 분석에서는 α, β값의 변화가 있으면 안 되므로 절대참조를 해준 후 분석을 실시한다. 해당 정상수익률을 이용해 비정상수익률을 구하는 것은 실제수익률에 정상수익률을 빼주면 된다.

	✓	*fx*	=D3-F3

B	C	D	E	F	G
실제주가	KOSPI	경보제약 실제수익률	KOSPI 실 제수익률	정상수익률	비정상수익 률
16,900	1,925.24				
19,800	1,926.85	0.158?	= 기업수익률 − 정상수익률		0.155345

현재 우리는 모든 수익률의 계산을 로그수익률을 이용해 실시하였다. 따라서 정상주가를 원한다면 로그를 풀어주어 곱하면 정상주가를 도출할 수 있게 된다. 해당 함수는 '전일의 형성주가*EXP(1)^정상수익률'이다.

	✓	*fx*	=I2*EXP(1)^F4

B	C	D	E	F	G	H	I
실제주가	KOSPI	경보제약 실제수익률	KOSPI 실 제수익률	정상수익률	비정상수익 률	누적비정상 수익률	정상주가
16,900	1,925.24						16,900
19,800	1,926.85	0.158368	0.0008	= 전일의 형성 주가*EXP(1)^정상수익률			17015.91

하지만 우리가 무엇보다 궁금한 것은 바로 해당 사건이 진정으로 주가에 영향을 미쳤는가이다. 이를 위해 '추정기간'의 잔차를 구해야 한다. 해당 추정기간의 잔차를 구하기 위해서는 추정기간의 형성수익률과 시장모형에서 구해진 α, β값을 이용한 추정수익률을 빼주어야 한다. 따라서 다시 '추정기간' 탭으로 돌아가 잔차값을 구해보도록 하겠다. 본 예제에서는 추정기간에서 사용되는 α, β값을 각각 M3, M4 열에 두고 분석을 진행하였다.

fx   =$M$3+$M$4*G3

	A	B	C	D	E	F	G	H	I
	년/월/일	종가	KOSPI	거래량(주)	고가	경보제약 수익률	kospi 수익률	경보제약 추정수익률	잔차
	2016/03/28	15,750	1,982.54	336,178	16,750				
	2016/03/29	15,700	1,994.91	220,855		a + b*kospi수익률 = $N$2 + $N$3*E3		0.008135	0.000128012
	2016/03/30	16,400	2,002.14	117,251				0.005664	0.001440711
	2016/03/31	16,150	1,995.85	157,336				-0.00076	0.000213261

fx   =(F3-H3)^2

	A	B	C	D	E	F	G	H	I
	년/월/일	종가	KOSPI	거래량(주)	고가	경보제약 수익률	kospi 수익률	경보제약 추정수익률	잔차
	2016/03/28	15,750	1,982.54	336	= (경보제약 수익률 – 경보제약 추정수익률)^2				
	2016/03/29	15,700	1,994.91	220					0.000128012

해당 기간의 구해진 잔차들을 모두 더한 후 평균을 내주어 '평균제곱오차(MSE)' 값을 구해준다.

=SUM(G3:G61)/COUNTA(G3:G61)

	C	D	E	F	G	H	I	J	K
	KOSPI	경보제약 수익률	kospi 수익률	경보제약 추정수익률	잔차				
	1,982.54								
	1,994.91	-0.0031797	0.00622	0.008135	0.000128	= 잔차의합/데이터의 숫자 = SUM(잔차열)/COUNTA(잔차열)			0.002229
	2,002.14	0.04362062	0.003618	0.005664	0.001440				0.949366
	1,995.85	-0.0153613	-0.00315	-0.00076	0.000213				0.00144
	1,973.57	0.03945884	-0.01123	-0.00843	0.002293157				
	1,978.97	0.03796076	0.002732	0.004824	0.001098078				

이제 다시 예측기간 탭으로 넘어가 추정기간의 MSE 값을 예측기간에 옮겨준다. 본 예제에서는 N4에 옮겨주도록 하겠다. 구한 추정기간의 MSE 값을 루트(root)를 씌워 RMSE 값으로 변환시켜준다. 함수는 SQRT(MSE셀)이다.

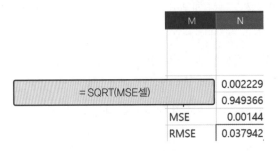

	M	N
		0.002229
= SQRT(MSE셀)		0.949366
	MSE	0.00144
	RMSE	0.037942

해당 RMSE 값을 이용해 예측기간 사건일의 T 값은 '비정상수익률/RMSE 값'이다. 즉, 해당 함수로는 '비정상수익률행/RMSE행'이다.

				fx	=G3/$N$5					
A	B	C	D	E	F	G	H	I	J	K
년/월/일	실제주가	KOSPI	경보제약 실제수익률	KOSPI 실제수익률	정상수익률	비정상수익률	누적비정상수익률	정상주가	GAP	T통계량
2016/06/24	16,900	1,925.24								
2016/06/27	19,800	1,926.85	0.158368	0.000836	0.003023	0.1553	= 비정상수익률/RMSE			4.094235

이로써 최종적인 T 통계량까지 산출하였다.

11.4 결과 해석

60을 기준으로 한 T 값의 기각역은 2.000~2.021 사이이다. 해당 기업의 FDA 공시 T 통계량은 4.09로 매우 유의미한 통계량을 보이는 것을 알 수 있다. 따라서 경보제약의 무균 GNP 생산설비 FDA 승인이라는 사건은 주가에 유의미한 영향을 준 것이라고 판단이 된다. 즉, 전제 1에서 주장했던 "FDA 승인 공시는 주가에 유의미한 영향을 줄 것이다"라는 전제는 경보제약에서는 유의미한 사건이라고 할 수 있다.

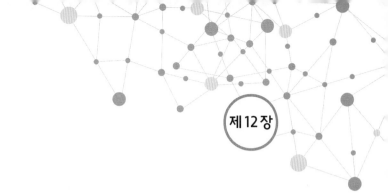

## 제 12장

Bass의 혁신확산모형

12.1 기본개념

Bass의 혁신확산모형의 개념

만약 특정 제품에서 '혁신'이 일어나게 될 경우 소비자들은 어떻게 반응할까? 그리고 그 경제적 효과는 어떻게 측정할 수 있을까? 이런 의문점에서 출발하게 된 혁신 이론은 Rogers에 의해 1062년 처음 제시되었고 Frans Bass가 1969년 체계화된 모델을 제시하게 되며 발전하게 되었다. Rogers는 혁신 수용자를 여러 범주로 분류한 **혁신확산모형**(Innovation Diffusion Model)을 제시하고 혁신확산을 "시간이 지남에 따라 특정 채널을 통해 사회 시스템의 구성원 간에 전달되는 과정"이라고 정의하였다.

그림 12.1 혁신확산모형의 구분

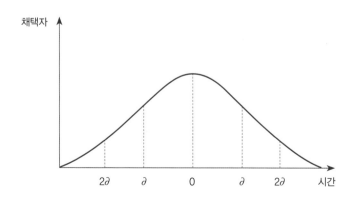

이런 확산과정은 '혁신, 통신경로, 시간, 사회체계'의 네 가지 주요 요소로 구성되어 있다고 Rogers는 말하였다. 이런 확산과정에 따라 혁신의 확산을 5개 집단으로 나누어 정규분포로 살펴보면 그 확산은 수요량의 누적에 의해 S자형의 곡선 형태를 갖는다고 설명하고 있다.

이런 혁신확산모형을 이루는 구성은 크게 5개 집단으로 설명되며 5개 집단의 정의는 다음과 같다.

표 12.1　혁신확산모형 집단별 구분

집단	설명
혁신자(Innovator)	신제품을 받아들이는 최초의 집단
초기 채택자(Opinion Leader or Early Adapters)	신제품을 상대적으로 빨리 받아들이는 집단
초기 대다수(Early Majority)	신제품 수용에 대한 의심과 위험회피를 위해 다수 채택 후 수용하는 집단
후기 대다수(Late Majority)	초기 대다수와 동일한 집단
혁신 지체자(Laggards or Late Adapters)	채택이 대부분 확산된 이후 가장 늦게 수용하는 집단

해당 집단 구성을 살펴보면 당연히 최초의 혁신자 집단과 초기 채택자 집단은 상대적으로 적게 분포할 수밖에 없다. 따라서 정규분포의 최초 꼬리부분을 맡고 있으며 중간 수용 집단의 경우 당연히 초기 집단보다는 많아질 것이다. 가장 마지막에 받아들이는 집단의 경우 정규분포의 꼬리를 차지하게 될 것이다.

Bass는 따라서 이 확산과정을 정식 모형으로 제시하였다. BASS의 모델은 혁신자를 다룬 Coleman의 1966년 논문과 외부영향 모델과 모방자를 다룬 Mansfield의 1961년 내부영향 모델을 혼합하였고, 하나의 모델로써 제시하였다. Bass 모형의 목적은 시간과 상품이나 서비스가 전파되는 수준을 나타내는 것으로 '채택자' 수의 연속적 증가를 서술하고, 이미 진행 중인 확산과정의 연속적인 발전을 예측하는 것에 있다. 일반적으로 혁신자 집단의 구매는 다른 구매자들과의 결정과는 독립적으로 대중매체에 의해서만 영향을 받게 되며, 그 비중은 위 그림에서 나타나듯 시간이 지남에 따라 감소하게 된다. 반면 모방자 집단은 다른 구매자들의 의사결정에 영향을 받게 되며 전파과정은 구전을 통해서 이루어지게 된다.

모형 구체화

Bass가 주장한 혼합모형은 식 (12.1)과 같다.

$$\frac{dN(t)}{dt} = p[m - N(t)] + \frac{q}{m}N(t)[m - N(t)] \tag{12.1}$$

$N(t)$와 $n(t)$는 $dN(t)/dt$로 정의되며 $N(t)$는 t기의 누적 채택자수를 의미하며 $n(t)$는 t기의 신규 채택자수를 의미한다. 해당 모형은 두 가지 파트로 구분되어 설명될 수 있다. 모형의 앞부분인 $p[m - N(t)]$는 혁신자 집단을 나타내고 두 번째 파트인 $\frac{q}{m}N(t)[m - N(t)]$ 부분은 모방자 집단을 나타낸다. $N(t)$의 경우 3개의 파라미터에 의존하여 설명할 수 있으며 해당 파라미터의 정의는 다음과 같다.

표 12.2 모형 파라미터

파라미터	설명
p	혁신계수 혹은 외부영향
q	모방계수 혹은 내부영향
m	총시장의 잠재력

해당 모형에 의거한 파라미터에 따라 누적 채택자수 추정모형은 식 (12.2)와 같다.

$$N(t; m, p, q) = m\frac{1 - e^{-(p+q)t}}{1 + \frac{q}{p}e^{-(p+q)t}}, \ t \geq 0 \tag{12.2}$$

해당 모형에 의거하여 신규 채택자수를 추정하는 모형은 식 (12.3)과 같다.

$$n(t; m, p, q) = m\frac{(p+q)^2}{p}\frac{e^{-(p+q)t}}{(1 + \frac{q}{p}e^{-(p+q)t})^2}, \ t \geq 0 \tag{12.3}$$

해당 모형의 기간에 따른 그래프는 다음과 같다. 해당 그래프는 N에 대한 반영곡선이라고 불리며 흔히 'S형' 곡선이라고 부른다.

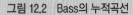
그림 12.2 Bass의 누적곡선

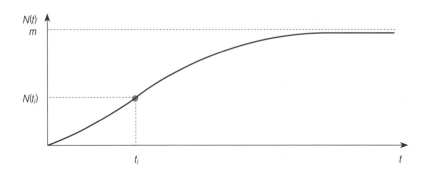

파라미터의 추정

파라미터는 어떻게 추정할 수 있을까? 먼저 파라미터의 측정은 1986년 Mahajan이 주장한 OLS(Ordinary Least Squares) 추정법부터 1982년 Mahajan의 MLE(Maximum Likelihood Estimation)를 이용한 방법, 1986년 Srinivasan이 주장한 NLS(Nonlinear Least Squares)를 이용한 방법, 그리고 1986년 Mahajan이 발표한 AE(Algebraic Estimation)를 이용한 방법 등 다양한 방법이 존재한다. 이 책에서는 가장 널리 받아들여지는 추정법인 NLS를 이용하여 추정하는 식을 세워볼 것이다.

관찰 가능한 채택자들 X_i가 존재하고 기간을 (τ_{i-1}, τ_i)라고 정의하자. 해당 채택자들을 전부 관찰하는 모형은 식 (12.4)와 같다.

$$X_i = N(\tau_i; m, p, q) - N(\tau_{i-1}; m\epsilon, p, q) + \varepsilon_i, \quad i = 1, \cdots, K \tag{12.4}$$

즉, 해당 기간의 채택자에서 바로 전기의 채택자들을 빼주어 해당 기간의 채택자들을 관찰하게 하는 모형이다. 여기서 $\tau_0 = 0$이라고 정의하고 최소제곱법에 의거해 최소화하여 추정하는 식을 도출하면 식 (12.5)와 같다.

$$\begin{aligned} &S(m, p, q) \\ &\sum_{i=1}^{K} [X_i - (N(\tau_i; m, p, q) - N(\tau_{i-1}; m, p, q))]^2 \end{aligned} \tag{12.5}$$

12.2 적용예제 : An analysis of the trilemma phenomenon for Apple iPhone and Samsung Galaxy

분석개요

본 연구는 Fast Follower 전략을 추진할 경우 전략 간 상충효과와 추격자 집단의 저가공세 등으로 인해 시장점유율, 영업이익률, 브랜드 혁신성 간에 발생하는 넛크래커 효과(Nutcracker Effect)를 규명하기 위한 논문으로써 위 현상을 설명하기 위해 상충모형과 혁신확산모형을 이용해 스마트폰 시장의 경쟁양상에 대한 실질적 탐구와 트릴레마 현상의 확인을 도모하고자 한 논문이다. Fast Follower의 시장지배를 위한 몸집 불리기와 이를 위한 막대한 비용투입은 시장점유율 향상에는 도움이 되지만 영업이익률의 향상과 First Mover의 브랜드 혁신성을 뛰어넘는 데는 한계성을 보인다. 즉, Fast Follower로서 혁신기업에 최대한 빠르게 다가서야 하지만 이로 인해 포기하는 시장점유율, 영업이익률, 브랜드 혁신성으로 인해 해당 부분들에 대해 상대적 강점을 부각시키며 쫓아오는 추격자 집단들과의 격차를 더 벌리기는 힘들게 되는 한계성을 보이게 된다. 이를 위해 실제 혁신효과를 관찰하기 위하여 Bass 모형에서 주장되는 구전효과를 키워드 검색량으로 조사하였다.

따라서 본 예제에서는 시장점유율, 영업이익률, 브랜드 혁신성 등을 이용하여 삼성과 애플 간의 데이터 T 테스트를 이용하여 차이가 있는지를 분석하고 추가적으로 Bass 모형을 이용하여 애플과 삼성의 스마트폰 출시 시점부터 최근까지의 분기별 데이터를 사용하여 브랜드 혁신성을 설명할 수 있는 양사의 제품 출하량과 키워드 검색량의 혁신효과, 모방효과 값을 구한 후 유의미한 구간에서 T 검정을 통해 그 차이를 검증할 예정이다.

이론적 배경

넛크래커 현상

넛크래커 현상(Nutcracker Phenomenon)은 마치 '호두까기 기계'처럼 위아래로 끼어 어쩔 수 없는 호두처럼 위태로운 상황을 의미한다. 해당 논문에서는 삼성의 스마트폰 지위가 위로는 혁신과 하이엔드 마켓을 점령하고 있는 애플과 아래로는 저가공세로 똘똘뭉친 중국계 스마트폰 기업 사이에서 넛크래커 속의 호두처럼 위태로운 상황을 '넛크래커 현상'이라고 주장하였다.

상충모형

상충모형(Trade-off Model)이란 기업이 특정 부분에서 강점을 갖기 위해서는 어느 다른 부분의 경쟁 강점을 포기해야 얻을 수 있다는 이론이다. 삼성은 보통 애플에 비해 후발주자로 분류되며, 이를 위해 시장이익률을 포기한 전략과 큰 규모의 마케팅 전략과 기술혁신을 도모하고자 한다. 이런 결과로 3년 만에 애플의 마켓 점유율을 따라잡았다. 하지만 긴 기간을 기대하자면 시장점유율을 유지하기 위해 저가공세를 지속하는 것은 삼성이 추구하고자 하는 비즈니스 이익과 브랜드 혁신성과는 거리가 멀어질 수밖에 없다. 따라서 Fast Followers는 마켓 점유율과 영업이익률, 그리고 브랜드 혁신성 사이에서 어떤 것을 선택하여 움직여야 하는지에 대헤 모순이 생기게 된다. 본 연구에서는 해당 트릴레마를 시장점유율, 영업이익률, 브랜드 혁신성 세 가지로 규정하여 살펴본다.

가설

시장점유율

Urban의 1986년 연구에 의하면 시장 후발주자의 경우 우수한 제품을 개발하고 광고에 많은 자원을 투자하게 된다면 잠재적으로 시장점유율을 높일 수 있을 것이라 주장했다. Schanaars의 1994년 연구에 의하면 후발주자들이 저가격과 고품질, 그리고 시장점유 전략을 사용하여 초기 경쟁자와의 경쟁에서 승리하여 성공할 것이라 주장하였다. 삼성의 경우 애플에 비해 비용 효율적이라고 판단되고 있으며 단기간에 시장점유율을 따라잡기 위해 마케팅 비용에 더 많이 투자하고 있음을 알 수 있다. 따라서 애플에 비해 스마트폰 시장의 후발주자인 삼성의 경우 시장점유율에서 애플에 비해 앞설 것이다.

H1   Fast followers have higher market shares than first movers.

H1.1   During the embryonic stage, first movers have higher market shares than fast followers.

H1.2   During the early growth stage, fast followers have higher market shares than first movers.

H1.3   During the later growth stage, fast followers have higher market shares than first movers.

영업이익률

초기 단계에서 Fast Mover들은 기술 모방 덕분에 낮은 비용으로 제품을 개발하고 시장에 진입할 수 있다. 따라서 높은 영업이익률을 기대할 수 있어야 하지만 삼성과 애플의 시장진입 기간의 차이는 1년으로 해당 기간은 모방을 통해 영업이익률 개선을 요하기에는 짧은 시간이다. 또한 스마트폰의 경우 초기뿐만 아니라 지속적으로 막대한 투자비용이 소모된다. 따라서 삼성은 실제 영업이익률에서 많은 것을 포기하여 저가전략을 구사하여 애플을 따라잡으려 할 수밖에 없었다. 따라서 주장하고자 하는 가설은 다음과 같다.

H2   First movers have a higher business profit rate than fast followers.

H2.1   During the embryonic stage, first movers have a higher business profit rate than fast followers.

H2.2   During the early growth stage, first movers have a higher business profit rate than fast followers.

H2.3   During the later growth stage, first movers have a higher business profit rate than fast followers.

브랜드 혁신성

Fast Follower는 기존 시장에 First Mover보다 빠르게 진입하여 대규모 마케팅을 실시하고 시장점유율을 높임으로써 브랜드 혁신성에 대해 긍정적 소비자 인지도를 얻을 수 있다. First Mover의 경우 Fast Follower가 구축한 브랜드 혁신성에 도전하기 위해 R&D와 끊임없는 제품 개발을 실시하게 된다. 반대로 애플의 경우 혁신 이미지 구축, 개인 고객의 충성도, 제품 인식과 디자인에 중점을 두며 브랜드 전략을 구축하고 있고, 이는 시장에 반영되어 브랜드 혁신성을 유지하고 있다. 따라서 다음의 가설을 주장할 수 있다.

H3   First movers have higher brand innovativeness than fast followers.

H3.1   First movers have a higher innovation effect on product sales than fast followers.

H3.2   First movers have a higher innovation effect on the keyword search volume than fast followers.

H3.3   Innovation effect of first movers on the keyword search volume is stronger than that on product sales.

H3.4　Fast followers have a stronger imitation effect on product sales than first movers.

H3.5　Fast followers have a stronger imitation effect on the keyword search volume than do first movers.

H3.6　The imitation effect of fast followers on the keyword search volume is stronger than that on product sales.

12.3 분석절차

실습은 R을 활용하여 진행할 예정이다. 먼저 우리가 Bass 모형을 활용해 분석할 가설은 가설 3(H3)이다. 먼저 가설 3.1(H3.1)을 검증해보자. 우리가 검증해야 할 것은 스마트폰 판매량에서 애플의 혁신효과가 삼성의 혁신효과보다 높은지를 알아보는 것이다. 따라서 먼저 삼성 스마트폰의 혁신효과를 구해보도록 한다.

H3.1　First movers have a higher innovation effect on product sales than fast followers.

```
> bass=read.csv('bass.csv', header=T)
> names(bass) = c('Quarter',
+                 'Samsung.SP', 'Apple.SP',
+                 'Samsung.SP.Cum', 'Apple.SP.Cum',
+                 'Samsung.SP.Inter', 'Apple.SP.inter',
+                 'Samsung.SP.Inter.Cum', 'Apple.SP.inter.Cum',
+                 'Samsung.SP.Sales.Cum', 'Apple.SP.Sales.Cum',
+                 'Samsung.SP.Search.Cum', 'Apple.SP.Search.Cum'
+
+                 )
```

먼저 read.csv 함수를 통해 우리에게 주어진 데이터를 입력한 후 이름을 알아보기 쉽도록 바꿔주도록 한다. 해당 names 함수는 독자 마음대로 바꿔도 상관없다.

```
> head(bass)
```

	Quarter	Samsung.SP	Apple.SP	Samsung.SP.Cum	Apple.SP.Cum
1	1Q	0.000	0.990	0.000	0.990
2	2Q	0.000	1.850	0.000	2.840
3	3Q	0.000	1.600	0.000	4.440
4	4Q	0.000	0.896	0.000	5.336
5	5Q	1.036	4.773	1.036	10.109
6	6Q	0.988	4.066	2.024	14.175

	Samsung.SP.Inter	Apple.SP.inter	Samsung.SP.Inter.Cum
1	0.000	3.333	0.000
2	0.000	3.667	0.000
3	0.000	3.000	0.000
4	0.000	4.667	0.000
5	3.667	6.333	3.667
6	6.333	4.000	10.000

	Apple.SP.inter.Cum	Samsung.SP.Sales.Cum	Apple.SP.Sales.Cum
1	3.333	0.000	0%
2	7.000	0.000	0%
3	10.000	0.000	0%
4	14.667	0.000	0%
5	21.000	0%	1%
6	25.000	0%	1%

	Samsung.SP.Search.Cum	Apple.SP.Search.Cum
1	0.000	1%
2	0.000	2%
3	0.000	3%
4	0.000	5%
5	0%	7%
6	1%	8%

```
> dim(bass)
[1] 39 13
> summary(bass)
  Quarter               Samsung.SP            Apple.SP
  Length:39             Min.   : 0.000        Min.   : 0.896
  Class :character      1st Qu.: 2.074        1st Qu.: 8.477
  Mode  :character      Median :50.232        Median :28.251
                        Mean   :42.985        Mean   :29.673
                        3rd Qu.:78.061        3rd Qu.:46.456
                        Max.   :86.856        Max.   :78.442
  Samsung.SP.Cum        Apple.SP.Cum          Samsung.SP.Inter
  Min.   :   0.000      Min.   :   0.99       Min.   : 0.000
  1st Qu.:   8.485      1st Qu.:  43.40       1st Qu.: 5.333
  Median :  215.287     Median :  238.49      Median :46.000
  Mean   :  491.690     Mean   :  366.60      Mean   :43.556
  3rd Qu.:  926.904     3rd Qu.:  621.14      3rd Qu.:73.666
  Max.   : 1676.398     Max.   : 1157.25      Max.   :93.333
  Apple.SP.inter        Samsung.SP.Inter.Cum  Apple.SP.inter.Cum
  Min.   : 3.000        Min.   :   0.0        Min.   :  3.333
  1st Qu.: 6.000        1st Qu.:  31.0        1st Qu.: 48.000
  Median : 7.667        Median : 371.3        Median :126.667
  Mean   : 8.051        Mean   : 606.5        Mean   :138.513
  3rd Qu.:10.000        3rd Qu.:1172.5        3rd Qu.:221.333
  Max.   :14.333        Max.   :1698.7        Max.   :314.000
  Samsung.SP.Sales.Cum  Apple.SP.Sales.Cum    Samsung.SP.Search.Cum
  Length:39             Length:39             Length:39
  Class :character      Class :character      Class :character
  Mode  :character      Mode  :character      Mode  :character
```

```
Apple.SP.Search.Cum
Length:39
Class :character
Mode  :character
```

해당 데이터의 구조에 대해서 간단하게 알아보았다. 다음은 본격적으로 분석을 실시하도록
한다. 먼저 혁신효과와 모방효과를 추정하기 위해 NLS 방법에 의거해 분석을 진행하도록 한다.
우리가 분석할 모형의 경우 해당 분기별 스마트폰 판매량을 이용해 분석을 진행하게 된다.
따라서 이용하게 될 이용자 산정 모형은 다음과 같다.

$$X_i = N(\tau_i;\, m,\, p,\, q) - N(\tau_{i-1};\, m,\, p,\, q) + \varepsilon_i, \quad i = 1,\, \cdots,\, K$$

해당 모델에 맞춰 삼성 스마트폰 판매량의 혁신효과와 모방효과를 추정한 결과는 다음과
같다.

```
> install.packages('minpack.lm')
> library(minpack.lm)
> bass.nls.ss.p=nlsLM(bass$Samsung.SP~(m*((1-exp(-(p+q)*1
:length(bass$Quarter))))) /
+ (1+(q/p) * exp(-(p+q)*1:length(bass$Quarter)-1))) -
+ (m*((1 - exp(-(p+q)*(1:length(bass$Quarter)-1)))) /
+ (1+(q/p) * exp(-(p+q)*(1:length(bass$Quarter)-1)))),
+ start=list(m=sum(bass$Samsung.SP), p=0.001, q=0.001),
+ data=bass, control = list(maxiter=1000))

> summary(bass.nls.ss.p)

Formula: bass$Samsung.SP~(m*((1-exp(-(p + q) * 1:length
(bass$Quarter)))))/(1 +
    (q/p) * exp(-(p + q) * 1:length(bass$Quarter) - 1))) - (m *
```

```
    ((1 - exp(-(p + q) * (1:length(bass$Quarter) - 1))))/(1 +

    (q/p) * exp(-(p + q) * (1:length(bass$Quarter) - 1))))


Parameters:

      Estimate  Std. Error t value          Pr(>|t|)

m 315.7935220   7.9974314  39.487 < 0.0000000000000002 ***

p   0.0007551   0.0001639   4.608           0.0000495 ***

q   0.1565585   0.0103372  15.145 < 0.0000000000000002 ***

---

Signif. codes:  0 '***' 0.001 '**' 0.01 '*' 0.05 '.' 0.1 ' ' 1


Residual standard error: 8.094 on 36 degrees of freedom


Number of iterations to convergence: 63

Achieved convergence tolerance: 0.0000000149
```

삼성의 경우 스마트폰 판매에서 혁신효과가 0.0007551, 모방효과가 0.1565585로 나타났다. 다음은 애플을 같은 방식으로 분석해보도록 하겠다.

```
> bass.nls.ap.p=nlsLM(bass$Apple.SP ~ (m*((1 - exp(-(p+q)*1
:length(bass$Quarter)))) /
+ (1+(q/p) * exp(-(p+q)*1:length(bass$Quarter)-1))) -
+ (m*((1 - exp(-(p+q)*(1:length(bass$Quarter)-1)))) /
+ (1+(q/p) * exp(-(p+q)*(1:length(bass$Quarter)-1)))),
+ start=list(m=sum(bass$Apple.SP), p=0.001, q=0.001),
+ data=bass, control = list(maxiter=1000))
> summary(bass.nls.ap.p)


Formula: bass$Apple.SP ~ (m * ((1 - exp(-(p + q) * 1:length
(bass$Quarter)))))/(1 +
```

```
    (q/p) * exp(-(p + q) * 1:length(bass$Quarter) - 1))) - (m *
    ((1 - exp(-(p + q) * (1:length(bass$Quarter) - 1))))/(1 +
    (q/p) * exp(-(p + q) * (1:length(bass$Quarter) - 1))))


Parameters:
     Estimate  Std. Error t value         Pr(>|t|)
m 214.5690936 13.6279227  15.745 < 0.0000000000000002 ***
p   0.0015438  0.0005229   2.953             0.00552 **
q   0.1051458  0.0216949   4.847            0.000024 ***
---
Signif. codes:  0 '***' 0.001 '**' 0.01 '*' 0.05 '.' 0.1 ' ' 1


Residual standard error: 9.032 on 36 degrees of freedom


Number of iterations to convergence: 70
Achieved convergence tolerance: 0.0000000149
```

애플의 경우 스마트폰 판매에서 혁신효과는 0.0015438, 모방효과는 0.1051458로 삼성에 비해 혁신효과는 2배, 모방효과는 2/3 수준으로 나타났다. 따라서 가설 3.1(H3.1)은 지지할 수 있게 되었다.

H3.1 First movers have a higher innovation effect on product sales than fast followers. → 채택

다음으로 가설 3.2(H3.2)이다. 삼성과 애플 간의 키워드 검색의 혁신효과의 차이를 비교하는 가설로 두 회사의 키워드 검색 데이터를 활용하여 분석을 실시한다.

H3.2 First movers have a higher innovation effect on the keyword search volume than fast followers.

```
> bass.nls.ss.inter=nlsLM(bass$Samsung.SP.Inter ~ (m*((1 - exp(-(p+q)*1:
length(bass$Quarter)))) /
+ (1+(q/p) * exp(-(p+q)*1:length(bass$Quarter)-1))) -
+ (m*((1 - exp(-(p+q)*(1:length(bass$Quarter)-1)))) /
+ (1+(q/p) * exp(-(p+q)*(1:length(bass$Quarter)-1)))),
+ start=list(m=sum(bass$Samsung.SP.Inter), p=0.001, q=0.001),
+ data=bass, control = list(maxiter=1000))
> summary(bass.nls.ss.inter)


Formula: bass$Samsung.SP.Inter ~ (m * ((1 - exp(-(p + q) * 1:length
(bass$Quarter)))))/(1 +
    (q/p) * exp(-(p + q) * 1:length(bass$Quarter) - 1))) - (m *
    ((1 - exp(-(p + q) * (1:length(bass$Quarter) - 1))))/(1 +
    (q/p) * exp(-(p + q) * (1:length(bass$Quarter) - 1))))


Parameters:
      Estimate  Std. Error t value          Pr(>|t|)
m 312.9276239  8.2085761  38.122 < 0.0000000000000002 ***
p   0.0008182  0.0001548   5.285          0.00000628 ***
q   0.1914671  0.0090434  21.172 < 0.0000000000000002 ***
---
Signif. codes:  0 '***' 0.001 '**' 0.01 '*' 0.05 '.' 0.1 ' ' 1

Residual standard error: 7.942 on 36 degrees of freedom


Number of iterations to convergence: 27
Achieved convergence tolerance: 0.0000000149
```

삼성의 혁신효과는 0.0008182, 모방효과는 0.1914671로 나타났다. 다음으로 애플의 검색어 분석을 실시한다.

```
> bass.nls.ap.inter=nlsLM(bass$Apple.SP.inter ~ (m*((1 - exp(-(p+q)*1:
length(bass$Quarter))))) /
+ (1+(q/p) * exp(-(p+q)*1:length(bass$Quarter)-1))) -
+ (m*((1 - exp(-(p+q)*(1:length(bass$Quarter)-1))))) /
+ (1+(q/p) * exp(-(p+q)*(1:length(bass$Quarter)-1)))),
+ start=list(m=sum(bass$Apple.SP.inter), p=0.0001, q=0.0001),
+ data=bass, control = list(maxiter=1000))
> summary(bass.nls.ap.inter)


Formula: bass$Apple.SP.inter ~ (m * ((1 - exp(-(p + q) * 1:length
(bass$Quarter)))))/(1 +
    (q/p) * exp(-(p + q) * 1:length(bass$Quarter) - 1))) - (m *
    ((1 - exp(-(p + q) * (1:length(bass$Quarter) - 1)))))/(1 +
    (q/p) * exp(-(p + q) * (1:length(bass$Quarter) - 1))))


Parameters:
    Estimate Std. Error t value    Pr(>|t|)
m 131.912468  77.159485   1.710      0.0959 .
p   0.015299   0.002408   6.353 0.000000235 ***
q   0.008709   0.008133   1.071      0.2914
---
Signif. codes:  0 '***' 0.001 '**' 0.01 '*' 0.05 '.' 0.1 ' ' 1


Residual standard error: 1.974 on 36 degrees of freedom


Number of iterations to convergence: 33
Achieved convergence tolerance: 0.0000000149
```

검색어에서 애플의 혁신효과는 0.015299, 모방효과는 0.008709로 나왔으나 모방효과의 경우 유의미하지 않은 결과가 도출되었다. 따라서 혁신효과만을 비교한다면 애플은 삼성에 비해

약 20배 높은 수치를 보였다. 따라서 가설 3.2(H3.2) 또한 채택하게 된다.

H3.2 First movers have a higher innovation effect on the keyword search volume than fast
followers. → 채택

다음은 가설 3.3(H3.3)에 대해서 검증한다.

H3.3 Innovation effect of first movers on the keyword search volume is stronger than that on
product sales.

애플 판매량의 혁신효과와 검색어의 혁신효과 간의 비교로 각각 효과는 다음과 같다.

```
> bass.nls.ap.p=nlsLM(bass$Apple.SP ~ (m*((1 - exp(-(p+q)*1:
length(bass$Quarter)))) /
+ (1+(q/p) * exp(-(p+q)*1:length(bass$Quarter)-1))) -
+ (m*((1 - exp(-(p+q)*(1:length(bass$Quarter)-1)))) /
+ (1+(q/p) * exp(-(p+q)*(1:length(bass$Quarter)-1)))),
+ start=list(m=sum(bass$Apple.SP), p=0.001, q=0.001),
+ data=bass, control = list(maxiter=1000))
> summary(bass.nls.ap.p)


Formula: bass$Apple.SP ~ (m * ((1 - exp(-(p + q) * 1:length
(bass$Quarter))))/(1 +
    (q/p) * exp(-(p + q) * 1:length(bass$Quarter) - 1))) - (m *
    ((1 - exp(-(p + q) * (1:length(bass$Quarter) - 1))))/(1 +
    (q/p) * exp(-(p + q) * (1:length(bass$Quarter) - 1))))

Parameters:
    Estimate  Std. Error t value            Pr(>|t|)
```

```
m 214.5690936  13.6279227  15.745 < 0.0000000000000002 ***

p  0.0015438   0.0005229   2.953                0.00552 **

q  0.1051458   0.0216949   4.847              0.000024 ***

---

Signif. codes:  0 '***' 0.001 '**' 0.01 '*' 0.05 '.' 0.1 ' ' 1


Residual standard error: 9.032 on 36 degrees of freedom


Number of iterations to convergence: 70

Achieved convergence tolerance: 0.0000000149


> bass.nls.ap.inter=nlsLM(bass$Apple.SP.inter ~ (m*((1 - exp(-(p+q)*1:
length(bass$Quarter))))) /
+ (1+(q/p) * exp(-(p+q)*1:length(bass$Quarter)-1))) -
+ (m*((1 - exp(-(p+q)*(1:length(bass$Quarter)-1)))) /
+ (1+(q/p) * exp(-(p+q)*(1:length(bass$Quarter)-1)))),
+ start=list(m=sum(bass$Apple.SP.inter), p=0.0001, q=0.0001),
+ data=bass, control = list(maxiter=1000))
> summary(bass.nls.ap.inter)


Formula: bass$Apple.SP.inter ~ (m * ((1 - exp(-(p + q) * 1:length
(bass$Quarter)))))/(1 +
    (q/p) * exp(-(p + q) * 1:length(bass$Quarter) - 1))) - (m *
    ((1 - exp(-(p + q) * (1:length(bass$Quarter) - 1)))))/(1 +
    (q/p) * exp(-(p + q) * (1:length(bass$Quarter) - 1))))


Parameters:
    Estimate Std. Error t value   Pr(>|t|)
m 131.912468  77.159485   1.710     0.0959 .
p   0.015299   0.002408   6.353 0.000000235 ***
```

```
q   0.008709   0.008133   1.071       0.2914

---

Signif. codes:  0 '***' 0.001 '**' 0.01 '*' 0.05 '.' 0.1 ' ' 1


Residual standard error: 1.974 on 36 degrees of freedom


Number of iterations to convergence: 33

Achieved convergence tolerance: 0.0000000149
```

표 12.3 애플의 검색어, 판매량 혁신효과 비교

검색어 혁신효과	판매량 혁신효과
0.015	0.0015

검색어의 혁신효과가 10배 더 높은 것으로 나타났다. 따라서 가설 3.3(H3.3) 또한 채택할 수 있다.

H3.3   Innovation effect of first movers on the keyword search volume is stronger than that on product sales. → 채택

다음은 가설 3.4(H3.4)에 대해서 검증한다.

H3.4   Fast followers have a stronger imitation effect on product sales than first movers.

```
> bass.nls.ss.p=nlsLM(bass$Samsung.SP ~ (m*((1 - exp(-(p+q)*1:
length(bass$Quarter)))) /
+ (1+(q/p) * exp(-(p+q)*1:length(bass$Quarter)-1))) -
+ (m*((1 - exp(-(p+q)*(1:length(bass$Quarter)-1)))) /
+ (1+(q/p) * exp(-(p+q)*(1:length(bass$Quarter)-1)))),
+ start=list(m=sum(bass$Samsung.SP), p=0.001, q=0.001),
+ data=bass, control = list(maxiter=1000))
```

```
> summary(bass.nls.ss.p)


Formula: bass$Samsung.SP ~ (m * ((1 - exp(-(p + q) * 1:length
(bass$Quarter))))/(1 +

    (q/p) * exp(-(p + q) * 1:length(bass$Quarter) - 1))) - (m *

    ((1 - exp(-(p + q) * (1:length(bass$Quarter) - 1))))/(1 +

    (q/p) * exp(-(p + q) * (1:length(bass$Quarter) - 1))))


Parameters:
    Estimate  Std. Error t value        Pr(>|t|)
m 315.7935220   7.9974314  39.487 < 0.0000000000000002 ***

p   0.0007551   0.0001639   4.608           0.0000495 ***

q   0.1565585   0.0103372  15.145 < 0.0000000000000002 ***
---
Signif. codes:  0 '***' 0.001 '**' 0.01 '*' 0.05 '.' 0.1 ' ' 1


Residual standard error: 8.094 on 36 degrees of freedom


Number of iterations to convergence: 63
Achieved convergence tolerance: 0.0000000149


> bass.nls.ap.p=nlsLM(bass$Apple.SP ~ (m*((1 - exp(-(p+q)*1:
length(bass$Quarter)))) /
+ (1+(q/p) * exp(-(p+q)*1:length(bass$Quarter)-1))) -
+ (m*((1 - exp(-(p+q)*(1:length(bass$Quarter)-1)))) /
+ (1+(q/p) * exp(-(p+q)*(1:length(bass$Quarter)-1)))),
+ start=list(m=sum(bass$Apple.SP), p=0.001, q=0.001),
+ data=bass, control = list(maxiter=1000))
> summary(bass.nls.ap.p)
```

```
Formula: bass$Apple.SP ~ (m * ((1 - exp(-(p + q) * 1:length
(bass$Quarter))))/(1 +
    (q/p) * exp(-(p + q) * 1:length(bass$Quarter) - 1))) - (m *
    ((1 - exp(-(p + q) * (1:length(bass$Quarter) - 1))))/(1 +
    (q/p) * exp(-(p + q) * (1:length(bass$Quarter) - 1))))

Parameters:
    Estimate  Std. Error  t value          Pr(>|t|)
m 214.5690936  13.6279227  15.745 < 0.0000000000000002 ***
p   0.0015438   0.0005229   2.953            0.00552 **
q   0.1051458   0.0216949   4.847            0.000024 ***
---
Signif. codes:  0 '***' 0.001 '**' 0.01 '*' 0.05 '.' 0.1 ' ' 1

Residual standard error: 9.032 on 36 degrees of freedom

Number of iterations to convergence: 70
Achieved convergence tolerance: 0.0000000149
```

각각의 효과를 비교하면 다음과 같다.

표 12.4　애플과 삼성의 판매량 모방효과 비교

애플 판매량 모방효과	삼성 판매량 모방효과
0.1051	0.1565

삼성의 모방효과가 약 33%가량 높게 도출되었다. 따라서 가설 3.4(H3.4)를 채택할 수 있다.

H3.4　Fast followers have a stronger imitation effect on product sales than first movers. →
채택

다음은 가설 3.5(H3.5)에 대해서 검증한다. 애플과 삼성의 검색어 모방효과의 비교 분석이다.

H3.5 Fast followers have a stronger imitation effect on the keyword search volume than do first movers.

```
> bass.nls.ss.inter=nlsLM(bass$Samsung.SP.Inter ~ (m*((1 - exp(-(p+q)*1:
length(bass$Quarter)))) /
+ (1+(q/p) * exp(-(p+q)*1:length(bass$Quarter)-1))) -
+ (m*((1 - exp(-(p+q)*(1:length(bass$Quarter)-1)))) /
+ (1+(q/p) * exp(-(p+q)*(1:length(bass$Quarter)-1)))),
+ start=list(m=sum(bass$Samsung.SP.Inter), p=0.001, q=0.001),
+ data=bass, control = list(maxiter=1000))
> summary(bass.nls.ss.inter)


Formula: bass$Samsung.SP.Inter ~ (m * ((1 - exp(-(p + q) * 1:length
(bass$Quarter))))/(1 +
    (q/p) * exp(-(p + q) * 1:length(bass$Quarter) - 1))) - (m *
    ((1 - exp(-(p + q) * (1:length(bass$Quarter) - 1))))/(1 +
    (q/p) * exp(-(p + q) * (1:length(bass$Quarter) - 1))))


Parameters:
     Estimate  Std. Error t value           Pr(>|t|)
m 312.9276239   8.2085761  38.122 < 0.0000000000000002 ***
p   0.0008182   0.0001548   5.285           0.00000628 ***
q   0.1914671   0.0090434  21.172 < 0.0000000000000002 ***
---
Signif. codes:  0 '***' 0.001 '**' 0.01 '*' 0.05 '.' 0.1 ' ' 1


Residual standard error: 7.942 on 36 degrees of freedom


Number of iterations to convergence: 27
Achieved convergence tolerance: 0.0000000149
```

```
> bass.nls.ap.inter=nlsLM(bass$Apple.SP.inter ~ (m*((1 - exp(-(p+q)*1:
length(bass$Quarter)))) /
+ (1+(q/p) * exp(-(p+q)*1:length(bass$Quarter)-1))) -
+ (m*((1 - exp(-(p+q)*(1:length(bass$Quarter)-1)))) /
+ (1+(q/p) * exp(-(p+q)*(1:length(bass$Quarter)-1)))),
+ start=list(m=sum(bass$Apple.SP.inter), p=0.0001, q=0.0001),
+ data=bass, control = list(maxiter=1000))
> summary(bass.nls.ap.inter)


Formula: bass$Apple.SP.inter ~ (m * ((1 - exp(-(p + q) * 1:length
(bass$Quarter)))))/(1 +
    (q/p) * exp(-(p + q) * 1:length(bass$Quarter) - 1))) - (m *
    ((1 - exp(-(p + q) * (1:length(bass$Quarter) - 1))))/(1 +
    (q/p) * exp(-(p + q) * (1:length(bass$Quarter) - 1))))


Parameters:
    Estimate Std. Error t value    Pr(>|t|)
m 131.912468  77.159485   1.710      0.0959 .
p   0.015299   0.002408   6.353 0.000000235 ***
q   0.008709   0.008133   1.071      0.2914
---
Signif. codes:  0 '***' 0.001 '**' 0.01 '*' 0.05 '.' 0.1 ' ' 1


Residual standard error: 1.974 on 36 degrees of freedom


Number of iterations to convergence: 33
Achieved convergence tolerance: 0.0000000149
```

각각의 검색어 모방효과에 대해서 비교한 표는 다음과 같다.

표 12.5   애플과 삼성의 검색어 모방효과 비교

애플 검색어 모방효과	삼성 검색어 모방효과
0.0087	0.1914

검색어에서 삼성의 모방효과가 월등히 높게 나온 것을 알 수 있다. 하지만 애플 검색어 모방
효과의 경우 유의미한 결과가 도출되지는 못하였다. 따라서 완전한 결과의 도출이라고 보기는
어렵다고 판단된다. 하지만 도출된 값에 대해서 월등한 차이를 보이므로 차이가 있다고 보는
것이 타당해 보인다. 결과는 다음과 같다.

H3.5   Fast followers have a stronger imitation effect on the keyword search volume than do
first movers. → 준채택

다음으로는 가설 3.6(H3.6)에 대해서 검정해보도록 하겠다. 삼성의 검색어와 판매량 간 모
방효과의 비교에 대한 검정이다.

H3.6   The imitation effect of fast followers on the keyword search volume is stronger than
that on product sales.

```
> bass.nls.ss.p=nlsLM(bass$Samsung.SP ~ (m*((1 - exp(-(p+q)*1:
length(bass$Quarter)))) /
+ (1+(q/p) * exp(-(p+q)*1:length(bass$Quarter)-1))) -
+ (m*((1 - exp(-(p+q)*(1:length(bass$Quarter)-1)))) /
+ (1+(q/p) * exp(-(p+q)*(1:length(bass$Quarter)-1)))),
+ start=list(m=sum(bass$Samsung.SP), p=0.001, q=0.001),
+ data=bass, control = list(maxiter=1000))
> summary(bass.nls.ss.p)

Formula: bass$Samsung.SP ~ (m * ((1 - exp(-(p + q) * 1:length
(bass$Quarter))))/(1 +
```

```
    (q/p) * exp(-(p + q) * 1:length(bass$Quarter) - 1))) - (m *
    ((1 - exp(-(p + q) * (1:length(bass$Quarter) - 1))))/(1 +
    (q/p) * exp(-(p + q) * (1:length(bass$Quarter) - 1))))


Parameters:
     Estimate  Std. Error t value          Pr(>|t|)
m 315.7935220  7.9974314  39.487 < 0.0000000000000002 ***
p   0.0007551  0.0001639   4.608            0.0000495 ***
q   0.1565585  0.0103372  15.145 < 0.0000000000000002 ***
---
Signif. codes:  0 '***' 0.001 '**' 0.01 '*' 0.05 '.' 0.1 ' ' 1


Residual standard error: 8.094 on 36 degrees of freedom


Number of iterations to convergence: 63
Achieved convergence tolerance: 0.0000000149


> bass.nls.ss.inter=nlsLM(bass$Samsung.SP.Inter ~ (m*((1 - exp(-(p+q)*1:
length(bass$Quarter))))) /
+ (1+(q/p) * exp(-(p+q)*1:length(bass$Quarter)-1))) -
+ (m*((1 - exp(-(p+q)*(1:length(bass$Quarter)-1))))) /
+ (1+(q/p) * exp(-(p+q)*(1:length(bass$Quarter)-1)))),
+ start=list(m=sum(bass$Samsung.SP.Inter), p=0.001, q=0.001),
+ data=bass, control = list(maxiter=1000))
> summary(bass.nls.ss.inter)


Formula: bass$Samsung.SP.Inter ~ (m * ((1 - exp(-(p + q) * 1:length
(bass$Quarter))))/(1 +
    (q/p) * exp(-(p + q) * 1:length(bass$Quarter) - 1))) - (m *
```

```
((1 - exp(-(p + q) * (1:length(bass$Quarter) - 1))))/(1 +

(q/p) * exp(-(p + q) * (1:length(bass$Quarter) - 1))))
```

Parameters:

```
    Estimate  Std. Error t value           Pr(>|t|)
m 312.9276239  8.2085761  38.122 < 0.0000000000000002 ***

p   0.0008182  0.0001548   5.285           0.00000628 ***

q   0.1914671  0.0090434  21.172 < 0.0000000000000002 ***

---
Signif. codes:  0 '***' 0.001 '**' 0.01 '*' 0.05 '.' 0.1 ' ' 1


Residual standard error: 7.942 on 36 degrees of freedom


Number of iterations to convergence: 27
Achieved convergence tolerance: 0.0000000149
```

표 12.6 삼성의 검색어, 판매량 모방효과 비교

삼성 검색어 모방효과	삼성 판매량 모방효과
0.1914	0.1565

해당 분석에 대해서도 검색어의 모방효과가 더 높게 나왔다. 따라서 최종적으로 가설 3.6(H3.6) 또한 채택할 수 있게 되었다.

H3.6 The imitation effect of fast followers on the keyword search volume is stronger than that on product sales. → 채택

12.4 결과 해석

본 장에서는 Bass 모형을 활용하여 혁신효과와 모방효과의 도출을 통해 가설 3(H3)을 검증해보는 실습을 거쳐보았다. 해당 분석결과를 요약한 표는 다음과 같다.

표 12.7   분석결과 요약

가설		채택 여부
H3.1	First movers have a higher innovation effect on product sales than fast followers.	채딕
H3.2	First movers have a higher innovation effect on the keyword search volume than fast followers.	채택
H3.3	Innovation effect of first movers on the keyword search volume is stronger than that on product sales.	채택
H3.4	Fast followers have a stronger imitation effect on product sales than first movers.	채택
H3.5	Fast followers have a stronger imitation effect on the keyword search volume than do first movers.	준채택
H3.6	The imitation effect of fast followers on the keyword search volume is stronger than that on product sales.	채택

각 기업 간 혁신효과와 모방효과를 요약한 표는 다음과 같다.

표 12.8   삼성과 애플의 혁신효과 및 모방효과 요약

삼성				애플			
판매량		검색어		판매량		검색어	
혁신효과	모방효과	혁신효과	모방효과	혁신효과	모방효과	혁신효과	모방효과
0.0007***	0.1565***	0.0008***	0.1914***	0.0015***	0.1051***	0.015***	0.0087

$P < 0.001 = ^{***}$
$P < 0.01 = ^{**}$
$P < 0.05 = ^{*}$

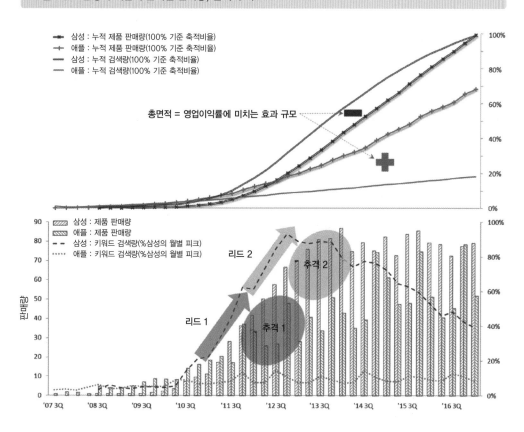

그림 12.3 삼성과 애플의 분기별 판매량, 검색어 비교

즉, 애플은 삼성에 비해 시장 초기진입자의 지위를 매우 잘 이용하고 있으며, 삼성은 이를
뒤집기 위해서는 다른 전략을 사용하여 접근하는 것이 좋아 보인다.

## 제 13 장

비모수 통계 검정

13.1 기본개념

비모수 통계 검정의 개념

그동안 설명한, 그리고 아마 이 책을 읽는 독자분들도 대부분의 통계방법론은 정규분포, T분포, F분포 등 특정 분포를 가정한 상태에서 통계 이론이 전개되는 것으로 알고 있을 것이다. 하지만 때로는 우리가 가지고 있는 데이터가 어떤 분포를 따르는지 추정하기 어렵거나 특정 분포를 따르지 않을 수도 있다. 생각을 조금 달리해보면 여러 통계학자의 기여로 이미 자연상황에서는 대부분의 데이터가 중심극한정리에 의거해 정규분포를 보이는 것으로 증명되었다. 하지만 자료분포가 정규분포와 너무 다르게 나타나거나 자료 수가 적은 경우에는 다른 방법으로의 접근방식이 필요하다.

이 장에서는 해당 상황에서 분석되는 방법론인 **비모수 통계 검정**(Non-Parametric Methods)의 분석방법들에 대해서 알아보겠다. 여기서는 적합도 검정에 대한 비모수 분석방법을 다루고 일표본에서의 **윌콕슨 부호순위 검정**(Wilcoxon's Signed Rank Test)과 독립표본 검정법인 **맨휘트니 검정**(Man-Whitney Test)과 이표본 이상의 검정법인 **크루스칼–월리스 검정**(Kruskal-Wallis Test)에 대해서 여러 예제를 통해서 알아보기로 한다.

비모수 검정의 가정

비모수 방법에서 사용되는 모집단에 대한 가정은 특정 분포를 따른다는 가정이 아닌 '자료는 매트릭 척도의 연속형 분포를 갖는다' 정도의 가정만을 하며 조금 더 강력하다면 '자료의 분포는 대칭 분포를 갖는다' 정도의 가정이다. 따라서 비모수 분석은 어떠한 형태의 분포에도 적용될 수 있으며 분포와 무관한 방법이라 부를 수 있다.

비모수 분석에서 주로 사용되는 통계량은 부호(Sign), 순위(Rank)이다. 부호는 해당 데이터가 기준값보다 크고 작음을 기준으로 양의 부호와 음의 부호가 몇 개 존재하는지를 파악하여 분석하는 방법이다. 순위는 관측값을 작은 값에서 큰 값 순으로 나열하였을 때 순서를 의미한다. 이런 비모수 통계에서 주로 사용되는 통계량은 평균이 아닌 중앙값을 대표적으로 사용하게 된다.

적합도 검정

먼저 비모수 검정을 위해서는 해당 데이터가 특정한 분포를 따르는지에 대해 판단하는 것이 필요하다. 이럴 경우 필요한 것이 바로 **적합도 검정**(Goodness of Fit Test)이다. 적합도 검정이란 연구자가 가정한 분포를 따르는지의 여부를 자료를 이용하여 검정하는 방법을 의미한다. 적합도 검정에서의 가설 형태는 다음과 같다.

H0 : 자료의 분포는 특정한 분포를 따른다.
H1 : 자료의 분포는 귀무가설에서 설정된 특정한 분포를 따르지 않는다.

해당 적합도 검정을 실시한 후 특정 분포를 따르는지, 따르지 않는지를 판단하여 모수적 방법론들을 사용할 것인지 아니면 비모수적 방법론들을 사용할 것인지를 구분하게 된다.

비모수 검정의 종류

비모수 검정의 종류는 매우 많지만 큰 줄기에서 구분하자면 다음과 같은 종류가 있다.

그림 13.1 비모수 검정의 종류

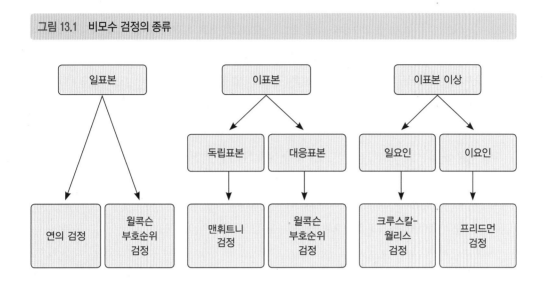

13.2 적용예제

본 예제에서는 일표본(one sample)에서의 윌콕슨 부호검정(Wilcoxon Signed-Rank Test), 이표본(two sample) 독립표본(Incependent sample)에서 맨휘트니 검정(Mann-Whitney Test), 이표본 이상(More Than two sample)에서의 크루스칼–월리스 검정(Kruskal-Wallis Test)에 대해 알아본다.

일표본 윌콕슨 부호순위 검정

일표본 윌콕슨 부호순위 검정이란 모수적 방법에서 일표본 T 검정(One-Sample T-test)과 비교되는 방법으로 1개의 표본이 해당 분포의 모수의 통계적 특징과 같은지에 대해 알아보는 방법이다. 모수적 방법의 T 검정과 마찬가지로 해당 방법은 기존 조사나 이론적 데이터를 검증하기 위해 주로 사용된다. 아래의 예제를 통해 좀 더 자세하게 살펴보겠다. 따라서 원래 관측치 대신 관측치의 '순위'를 새로 데이터 표를 만들어 사용하며 단일 순위 중위수로 예상되는 중앙값과의 비교를 통해서 진행된다. 이 경우 장점은 정규성 가정에서의 자유로움과 중앙값을 이용한 비교를 통해 이상치 데이터에 대한 영향력이 작아지게 된다. 하지만 여기서 가정 하나가 추가되는데 바로 데이터는 대칭적이어야 한다는 것이다.

【예제 1】 대전광역시 소재 중소기업의 고용 종업원 중앙값은 8로 알려져 있다. 이때 대덕구 소재의 중소기업의 고용 종업원의 숫자가 대전시 평균에 비해 적은지 알아보고자 한다. 대덕구 소재 중소기업의 종업원 숫자가 대전시 평균과 다른지 알아보자.(대덕구 중소기업 종업원 수 : 기업 A = 13, 기업 B = 17, 기업 C = 11, 기업 D = 20, 기업 E = 5인)

해당 예제에 다르면 중앙값은 8이므로 해당 예제의 가설 검정은 다음과 같이 할 수 있다.

H0 : 대덕구와 대전광역시의 종업원 중앙값은 같다. (중앙값은 8이다.)

H1 : 대덕구와 대전광역시의 종업원 중앙값은 다르다. (중앙값은 8이 아니다.)

해당 데이터를 검증하기 위해 대덕구 소재 중소기업 종업원 데이터 표에서 중앙값을 뺀 표를 새로 만들어준다. 이때 음수는 밑줄로 표시한 후 그대로 정렬한다.

	A	B	C	D	E
대덕구	13	17	11	20	5

대덕구의 각 값에 중앙값을 뺀 값을 정리한 표는 다음과 같다.

	G	C	A	B	D
대덕구	<u>3</u>	3	5	9	12

해당 표에 맞게 순위를 매긴다. 밑줄 표시된 수는 마이너스(−)로, 밑줄 표시가 안 된 경우 플러스(+)로 구해준 후 모두 더해준다. 만약 동점이 있을 경우 해당하는 순위들을 합한 후 평균을 내준다(예 : 2, 3위 경우 2 + 3 = 5 후 평균인 2.5로 순위를 적용한다.)

대덕구	<u>−1.5</u>	1.5	3	4	5

구해진 값은 12로 해당 값을 W통계량이라 부른다. 이 W통계량은 평균과 분산을 갖는 통계량으로 평균과 분산 식은 다음과 같다.

$$평균 = \frac{n(n+1)}{4}, \ 분산 = \sqrt{\frac{n(n+1)(2n+1)}{24}} \tag{13.1}$$

주어진 평균과 분산을 통해 표준화 Z값을 구하면 다음과 같다.

$$Z = \frac{12 - 7.5}{\sqrt{\dfrac{5(5+1)(10+1)}{24}}} = 1.22 \qquad (13.2)$$

표준정규분포표에 의하면 0.25를 기준으로 한 기각역은 $-1.96 < Z < 1.96$이다. 따라서 1.22는 기각역 사이에 있으므로 H0을 기각하지 못하게 된다. 따라서 결론은 다음과 같다

HO : 대덕구와 대전광역시의 종업원 중앙값은 같다.

독립 이표본 맨휘트니 검정

독립 이표본 맨휘트니 검정은 2개의 독립된 표본을 측정하여 판단하는 분석방법이다. 모수적 방법에서는 독립표본 T 검정과 유사한 방법이다. 맨휘트니 검정은 T분포를 따라야 하거나 표본의 크기가 충분해야 하는 T 검정의 단점을 메꾸기 위해 만들어졌으며 비모수 검정방법 중 가장 많이 사용되는 방법의 하나이다. 예시를 통해 좀 더 알아보자.

【예제 2】서울특별시 소재의 마포구는 공덕을 중심으로 떠오르는 혁신 중소기업의 소재지로서 성장이 두드러지는 곳으로 매출액의 증가로 종업원의 고용수가 높을 것으로 예상된다. 반면 중랑구의 경우 상대적으로 서울 끝자락의 소외된 지역에 위치하여 지역 중소기업의 활력이 다소 떨어져 종업원의 고용수가 낮을 것이라 판단된다. 실제로 해당 구들의 종업원 평균 고용수가 다른지 검정해보자.

마포구	7	18	14	33	22	24
중랑구	13	17	11	20	5	

먼저 해당 예시에 대한 가설을 생각해보자.

HO : 마포구와 중랑구의 종업원 고용수 중앙값은 동일할 것이다.

H1 : 마포구와 중랑구의 종업원 고용수 중앙값은 동일하지 않을 것이다.

해당 자치구 간의 종업원 측정치를 풀어 순서대로 나열한다. 이때 측정치는 어떤 구에 속하는지 알아볼 수 있게 한다. (빨간색 칸 : 마포구, 색깔 없는 칸 : 중랑구)

나열	5	7	11	13	14	17	18	20	22	24	33

나열된 숫자에 맞게 순위를 부여한다. 해당 순위도 어떤 자치구에 속하는지 알아볼 수 있도록 한다.

순위	1	2	3	4	5	6	7	8	9	10	11

해당 구들의 순위 합을 구해준다.

마포구 순위 합	중랑구 순위 합
44	22

맨휘트니 검정 표준화 공식은 다음과 같다.

$$Z = \frac{T_1 - T_2}{(n_1 + n_2)\sqrt{\dfrac{n_1 + n_2}{12 n_1 n_2}}} \tag{13.3}$$

T_2 : B군 순위 합
n_1 : A군 측정치 개수
n_2 : B군 측정치 개수

따라서 공식에 대해 넣은 값은 다음과 같다.

$$Z = \frac{44 - 22}{(6 + 5)\sqrt{\dfrac{5 + 6}{12 \times 5 \times 6}}} = 11.44 \tag{13.4}$$

표준정규분포표의 기각역은 $-1.96 < Z < 1.96$이다. 따라서 대립가설 H1을 채택하게 된다.

H1 : 마포구와 중랑구의 종업원 고용수 중앙값은 동일하지 않을 것이다.

이표본 이상 크루스칼-월리스 검정

이표본 이상 크루스칼-월리스 검정은 모수적 방법에서의 일표본 분산분석과 대응되는 분석방법이다. 즉, 3개 이상의 표본에 독립변수가 1개일 경우 집단 간 종속변수의 평균 차이를 비교하는 분석방법이다. 크루스칼-월리스 검정의 확장판으로 모든 값에 대해 순위를 매기고, 집단별로 순위의 합을 구해 검정통계량을 계산하게 된다. 즉, 맨휘트니 검정을 표본수에 따라서 반복하여 차이를 알아내는 방법이다. 사후검정은 본페로니 사후검정에 의해 진행된다. 예시를 통해 좀 더 알아보자.

【예제 3】한·중·일은 문화가 각기 다르며, 이는 평균 현금보유량의 차이에서도 뚜렷한 추세를 보일 것으로 생각된다. 일본의 경우 현금을 가장 많이 사용하는 나라로 현금보유량이 높을 것이라 판단된다. 반면 중국은 국가 차원에서 사이버 결제를 장려하여 현금보유량이 가장 낮을 것으로 판단된다. 한국은 중국과 일본의 중간 정도로서 중간 정도의 현금보유량을 보일 것이라 판단된다. 실제로 3개국 간 현금보유량에서 차이가 있는지 검정해보자.

한국	25	25	19	18	23	20
중국	19	23	18	19	17	18
일본	27	25	24	23	22	21

먼저 가설을 세워보도록 하자.

H0 : 한국, 중국, 일본은 현금보유량의 중앙값이 같을 것이다.
H1 : 한국, 중국, 일본은 현금보유량의 중앙값이 다를 것이다.(한국≠중국, 중국≠일본, 일본≠중국)

첫 번째로 세 나라의 측정치를 모두 풀어 크기순으로 정렬해준다. 정렬 시 어떤 나라에 해당되는지 표시해준다. (빨간색 칸 : 한국, 색깔 없는 칸 : 중국, 회색 칸 : 일본)

17	18	18	18	19	19	19	20	21	22	23	23	23	24	25	25	25	27

두 번째로 크기순으로 순위를 부여한다. 이때 동률은 순위의 평균값을 부여한다.

| 1 | 3 | 3 | 3 | 6 | 6 | 6 | 8 | 9 | 10 | 12 | 12 | 12 | 14 | 16 | 16 | 16 | 18 |

세 번째로 나라별로 평균 순위을 구하여 이를 비교해준다. 순위의 합을 구한 것은 다음과 같다.

한국	중국	일본
10.17	5.17	13.17

여기서 일단 차이가 나타나는 것처럼 보인다. 하지만 우리는 아직 사후검정을 실시한 상태가 아니므로 정확히 어떠한 상태인지는 알 수가 없는 상태이다. 따라서 맨휘트니 검정을 이용해 사후검정을 실시한 결과는 다음과 같다.

한국 vs 중국

$$Z = \frac{10.17 - 5.17}{(6+6)\sqrt{\dfrac{6+6}{12 \times 6 \times 6}}} = 2.5 \tag{13.5}$$

기각역은 $-1.96 < Z < 1.96$이므로 한국과 중국의 중앙값은 다르다. 따라서 한국과 중국의 현금보유량은 다른 것으로 나타났고, 한국의 현금보유량이 중국에 비해 더 높은 것으로 나타났다.

중국 vs 일본

$$Z = \frac{5.17 - 13.17}{(6+6)\sqrt{\dfrac{6+6}{12 \times 6 \times 6}}} = -4 \tag{13.6}$$

기각역은 $-1.96 < Z < 1.96$이므로 중국과 일본의 중앙값은 다르다. 따라서 중국과 일본의 현금보유량은 다르며 일본의 현금보유량이 더 높게 나타났음을 알 수 있다.

일본 vs 한국

$$Z = \frac{13.17 - 10.17}{(6+6)\sqrt{\dfrac{6+6}{12 \times 6 \times 6}}} = 1.5 \tag{13.7}$$

기각역은 $-1.96 < Z < 1.96$이므로 한국과 일본의 중앙값은 크게 다르지 않음을 알 수 있다. 따라서 한국과 일본의 현금보유량은 차이가 없다고 할 수 있다. 위의 결과를 정리하면 다음과 같다.

한국 vs 중국	중국 vs 일본	일본 vs 한국
다름(H0 기각)	다름(H0 기각)	차이가 없음(H0 채택)

13.3 분석절차

이 장에서는 범용적 통계 소프트웨어인 R을 이용하여 비모수 검정의 대표적 방법인 크루스칼–월리스 검정을 적용해보겠다. 또한 해당 방법과 모수적 방법인 일표본 ANOVA와의 비교를 통해 살펴보는 시간을 가져보겠다. 이용되는 예시는 위의 예시 3을 이용하여 살펴본다. 아래 코드의 표에서 ‘>’ 뒤에 붙는 것은 실행 코드, ‘+’는 코드의 연장, ‘>’와 ‘+’ 표시가 없다면 해당 코드가 실행된 결과값이다.

사용될 데이터의 모습은 다음과 같다.

25	25	44	18	23	300
450	3	3	3	2	3
500	53	53	53	52	53

(1) 데이터 입력, (2) 정규성 검정, (3) 데이터 분석, (4) 사후검정 순으로 진행한다.

데이터 입력

```
# 해당 국가의 데이터에 맞게 데이터들의 해당 값들에 대해 데이터를 입력하였다.
> cash=c(25,25,44,18,23,300,450,3,3,3,2,3,500,53,53,53,52,53)
#해당 명령어는 cash라는 단어를 선언한 후 c라는 함수를 이용해 묶인 데이터들을 입력하겠다라는
의미이다.
> country=c("A","A", "A","A", "A", "A","B","B","B","B","B","C","C","C","C","C","C")
#해당 명령어는 country라는 변수에 c로 묶인 '국가 코드'들을 입력하겠다라는 의미이다.
> country=as.factor(country)
#R에서는 여러 가지 데이터 타입이 존재하는데 as.factor의 경우 factor형 변수로 country의 데이
터들을 바꿔주겠다는 의미이다. factor형 변수의 경우는 범주형 변수이다.
> cash_data=data.frame(cash, country)
#완성된 데이터를 데이터 프레임 형태로 만들어주는 함수이다.
#완성된 데이터 프레임이 잘 만들어졌는지 head()함수를 이용하여 확인해보겠다.
> head(cash_data)
  cash country
1  25 A
2  25 A
3  44 A
4  18 A
5  23 A
6  300A
# 무리 없이 잘 만들어 졌으므로 그대로 분석을 진행하겠다.
```

　해당된 데이터들을 무리 없이 입력하였다면 분석할 준비는 모두 마쳤다. 두 번째로 해당 데이터가 정규성을 통과하는지 테스트를 해보자.

정규성 검정

```
#정규성 검정에 앞서 먼저 데이터의 구조부터 살펴보겠다. 탐색적 분석의 대표적 방식인 박스 플롯
을 이용하여 먼저 확인해보겠다.
> attach(cash_data)
```

```
> boxplot(cash~country,
+ main="한·중·일 3개국 현금사용 데이터",
+ xlab="Facotr levels",
+ ylab="Cash")
```

그림 13.2   데이터 박스 플롯

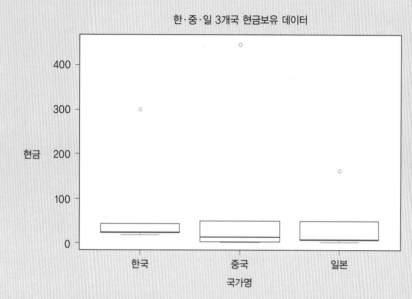

#다음으로 평균, 중앙값들에 대해서 알아보겠다.
```
> tapply(cash, country, summary)
  $A
  Min.   1st Qu.  Median   Mean   3rd Qu.  Max.
  18.00  23.50    25.00    72.50  39.25    300.00
  $B
  Min.   1st Qu.  Median   Mean   3rd Qu.  Max.
  2.00   3.00     3.00     77.33  3.00     450.00
  $C
  Min.   1st Qu.  Median   Mean   3rd Qu.  Max.
  52.0   53.0     53.0     127.3  53.0     500.0
```
#이제 데이터의 구조를 살펴보았으니 본격적인 정규성 검정을 실시해보겠다.
#Q-Q 검정과 샤피로 검정 두 가지를 이용하여 실시하겠다.

```
> qqnorm(cash[country=="A"]) ; qqline(cash[country=="A"], col="red")
> qqnorm(cash[country=="B"]) ; qqline(cash[country=="B"], col="red")
> qqnorm(cash[country=="C"]) ; qqline(cash[country=="C"], col="red")
```

그림 13.3   한국 Q-Q 검정 그래프

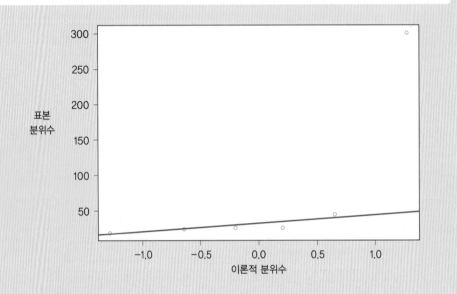

그림 13.4   중국 Q-Q 검정 그래프

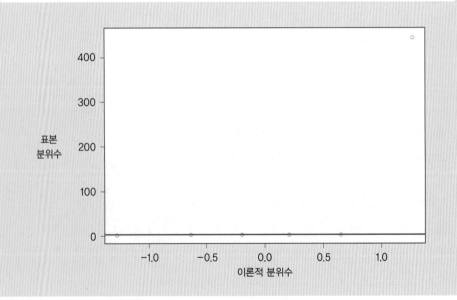

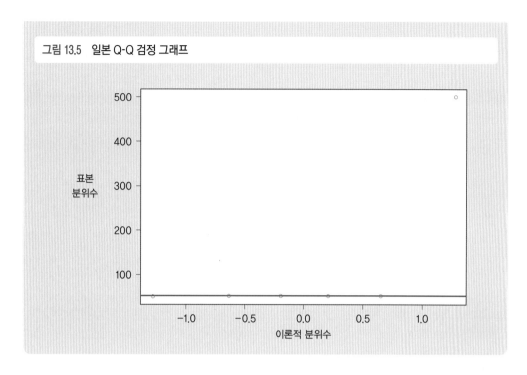

그림 13.5 일본 Q-Q 검정 그래프

3개의 그래프 모두 적은 데이터로 인해 특정한 정규성을 찾기란 힘들어 보인다. 다음으로는 히스토그램을 통해 분포를 살펴보도록 하겠다.

```
> hist(cash[country=="A"])
```

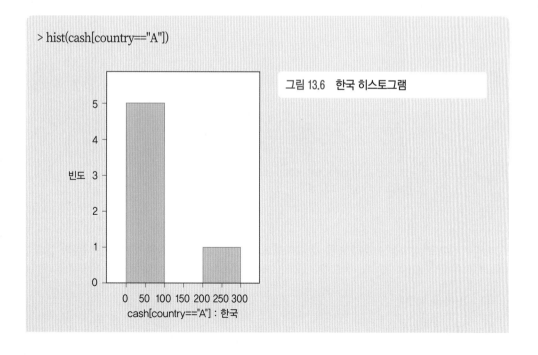

그림 13.6 한국 히스토그램

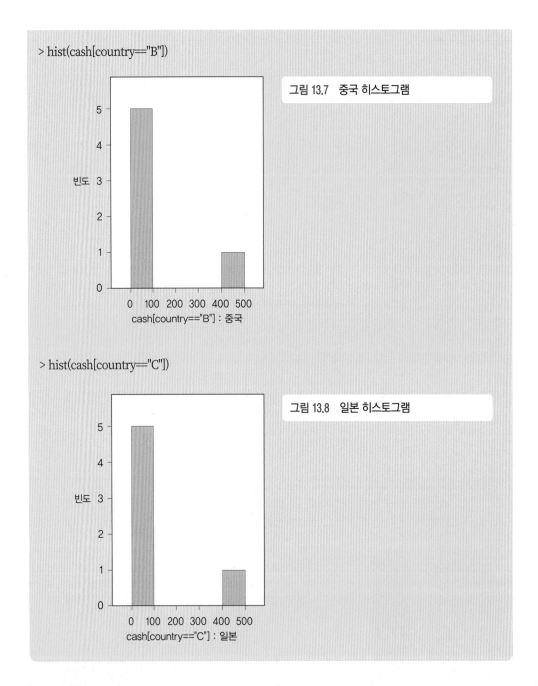

> hist(cash[country=="B"])

그림 13.7 중국 히스토그램

cash[country=="B"] : 중국

> hist(cash[country=="C"])

그림 13.8 일본 히스토그램

cash[country=="C"] : 일본

따라서 샤피로 검정을 이용하여 좀 더 살펴보도록 하겠다. 샤피로 검정의 가설은 다음과 같다.

H0 : 정규성을 따른다.

H1 : 정규성을 따르지 않는다.

```
> shapiro.test(cash[country=="A"])
   Shapiro-Wilk normality test

   data: cash[country == "A"]
   W = 0.56076, p-value = 0.0001498
> shapiro.test(cash[country=="B"])
   Shapiro-Wilk normality test

   data: cash[country == "B"]
   W = 0.49787, p-value = 2.194e-05
> shapiro.test(cash[country=="C"])
   Shapiro-Wilk normality tes

   data: cash[country == "C"]
   W = 0.49787, p-value = 2.194e-05
```

정규성 검정결과 세 가지 모두 정규성을 따르지 않는다고 나왔다. 따라서 비모수 분석을 진행하여 살펴보겠다.

데이터 분석

```
# 먼저 필요한 패키지를 설치하도록 한다.
> install.packages('pgirmess')
> library(pgirmess)
#이후 데이터 분석을 진행해보겠다.
> kruskal.test(cash~country)
   Kruskal-Wallis rank sum test
   data: cash by country
   Kruskal-Wallis chi-squared = 7.7827, df = 2, p-value =0.02042
```

분석결과 비모수 검정에서는 H0을 기각하며 3개의 국가 중앙값이 다르다는 결과를 받을 수 있었다. 그럼 모수 검정과의 차이 또한 존재할지에 대해서 의문이 생길 수 있다. 따라서 모수 검정 또한 같이 분석하여 비교하도록 해보자.

추가분석 : 모수 검정과 비모수 검정의 결과 차이

```
# 분산분석 코드의 경우 aov이다. 따라서 aov를 통해 분석을 실시한 결과는 다음과 같다.
> aov(cash~country)
  Call:
    aov(formula = cash ~ country)
  Terms:
    country Residuals
  Sum of Squares 11060.1 395816.2
  Deg. of Freedom   2        15
  Residual standard error: 162.443
  Estimated effects may be unbalanced
> summary(aov(cash~country))
            Df   Sum Sq   Mean Sq   F value   Pr(>F)
  country    2   11060    5530      0.21      0.813
  Residuals 15   395816   26388
```

분석결과 모수 검정법인 일원분산 ANOVA 검정의 경우 유의미하지 않은 결과를 나타냈다. 즉, 세 집단 간 차이가 없었다는 의미이다. 이와 같이 모수 검정과 비모수 검정에서의 차이가 나타나는 이유는 데이터를 바라보는 관점에서 차이가 나기 때문이다.

비모수 검정의 경우 부호와 순위를 이용하여 분석을 실시하기에 기본적으로 특이값에 굉장히 강한 면모를 보인다. 데이터를 살펴보면 특이값이 상당히 많이 분포하는 것을 알 수 있다. 따라서 이럴 경우 모수적 분석을 사용할 시 올바른 분석이 실시되기 어렵다는 것을 알 수 있다. 추가적으로 사후검정 또한 진행하도록 하겠다.

사후검정

```
> kruskalmc(cash~country)
Multiple comparison test after Kruskal-Wallis
p.value: 0.05
Comparisons
      obs.dif critical.dif difference
```

```
A-B    4.0    7.378741 FALSE
A-C    4.5    7.378741 FALSE
B-C    8.5    7.378741 TRUE
```

사후검정 결과 A ≧ B > C의 순서로 크기 차이가 나타났음을 알 수 있다. 조금 더 나아가 모수 검정에서의 방법에 대해서도 비교를 통해 알아보도록 하자.

사후검정 : 모수적 방법

```
#먼저 모수적 방법의 사후검정에서 필요한 패키지를 설치해주도록 하자.
> install.packages('agricolae')
> library(agricolae)
#분석 결과는 다음과 같다.
> cash_aov=aov(cash~country)
> summary(cash_aov)
            Df   Sum Sq  Mean Sq
  country   2    11060   5530
  Residuals 15   395816  26388
            F      value    Pr(>F)
  country   0.21    0.813
  Residuals

> LSD=LSD.test(cash_aov, "country", p.adj='bonferroni' )
> LSD
  $statistics
  MSerror   Df   Mean      CV
  26387.74  15   92.38889  175.8253
  t.value      MSD
  2.693739     252.6365
```

```
$parameters
  test p.ajusted name.t
  Fisher-LSD bonferroni country
  ntr    alpha
  3      0.05

$means
         cash        std        r
  A    72.50000    111.8047   6
  B    77.33333    182.5691   6
  C    127.33333   82.5691    6
         LCL         UCL        Min      Max
  A    -68.85155   213.8515   18       300
  B    -64.01821   218.6849   2        450
  C    -14.01821   268.6849   52       500
         Q25    Q50    Q75
  A    23.5    25    39.25
  B    3.0     3     3.00
  C    53.0    53    53.00

$comparison
NULL

$groups
         cash        groups
  C    127.33333   a
  B    77.33333    a
  A    72.50000    a

attr(,"class")
[1] "group"
```

분석결과를 살펴보면 $groups의 파트에서 모두 'aaa' 그룹으로 나타나는 것을 알 수 있다. 하지만 그 안에서 순서를 살펴보면 비모수 검정과의 순서와는 상이하다는 것을 알 수 있다. 비모수 검정의 경우 A ≧ B > C 순으로 나타났지만 모수 검정의 사후검정의 경우 C ≧ B ≧ A 순이며 모두 같은 그룹으로 나타났다. 이는 특이값에 매우 취약한 모수 검정의 특징을 보여주며, 특정 분포를 따르지 않고 이상치가 보인다면 비모수 검정이 강점을 가질 수 있다는 것을 보여주는 결과라고 할 수 있다.

13.4 결과 해석

이 장에서는 비모수적 방법론들에 대해서 알아보았다. 모수적 방법론에 비해 비모수적 방법론이 갖는 장점은 다음과 같다.

❶ 가정이 만족되지 않음으로써 발생하는 오류의 가능성이 현저히 작아진다.

❷ 데이터가 순위척도로 주어지는 경우 비모수적 방법이 유용하다.

❸ 통계적 의미를 직관적으로 이해하기가 쉽다.

❹ 통계량의 계산이 모수적 방법에 비해 상대적으로 쉽다.

❺ 모수적 방법론에 비해 특이값에 대해 강한 면을 보인다.

단점 또한 물론 존재한다.

❶ 비모수적 추론에 사용되는 통계량의 분포는 모수적 방법에 비해 매우 복잡하여 이론 전개에 어려움을 겪을 수 있다.

❷ 데이터가 특정 분포를 따를 경우 모수적 방법에 비해 효율이 매우 떨어진다.

❸ 통계량의 계산법이 비교적 간단하지만 단순 반복 작업의 연속이다.

❹ 일표본, 이표본 위치문제 등에 대해서는 매우 성공적이지만 회귀 모형과 시계열 모형에서 사용하기는 어려움이 따른다는 특징을 가지고 있다. 추후 비모수적 방법을 사용할 경우 해당 사항을 참고하여 논지를 전개한다면 좋은 결과를 얻을 수 있을 것이다.

## 제14장

텍스트 마이닝

14.1 기본개념

텍스트 마이닝의 개념

IBM의 보고서에 따르면 전 세계 데이터의 80%가 텍스트와 같은 비정형 데이터로 이루어져 있다. 하루에도 수억 건의 비정형 데이터가 발생하고 있고, 이런 텍스트 데이터들은 통계적으로는 알 수 없는 많은 정보를 담고 있다. 따라서 사회현상을 분석하는 데도 많은 지식을 가져다준다. 즉, 이전처럼 정형화된 데이터들만을 다루는 통계기법을 이용해서 사회현상을 분석하기는 매우 부족하고 비정형화된 데이터를 다루는 테크닉을 익혀야 할 필요롤 말해주는 사례라고 할 수 있다. 텍스트 마이닝이란 비정형 데이터인 텍스트를 컴퓨터가 읽고 분석할 수 있도록 고안된 알고리즘을 다루는 분야이다. **텍스트 마이닝**(Text Mining)은 이미 우리 생활과 매우 밀접한 관계를 보이고 있는데 특정 주제어로 검색을 하거나 책을 찾을 때 텍스트 마이닝으로 키워드 추출된 데이터를 바탕으로 우리에게 관심사를 추천해주거나 제품 출시 타이밍에 소비자들의 반응을 감성 분석을 통해 알아보기도 한다. 또는 전화나 인터넷으로 소비자의 서비스 불만을 분석하여 향후 서비스 향상에 사용을 하기도 한다. 이렇듯 이미 텍스트 마이닝은 우리 생활 깊숙이 들어와 환경을 바꿔놓고 있으며 삶의 질을 높이는 선순환을 보이고 있다. 이 장에서는 이런 텍스트 마이닝 테크닉에 대해서 R을 활용하여 알아보고자 한다.

텍스트 데이터의 특징

기존 수치자료와 다른 텍스트 데이터가 지닌 특징은 바로 비구조성, **모호성**, 다의성이다. 이런 모호성은 텍스트에서 정보를 추출하는 데 상당한 장해를 가져오게 된다. 따라서 비정형 데이터를 분석할 경우 '전처리'에 굉장히 많은 공을 들여야 한다.

14.2 적용예제 : 텍스트 마이닝 실습

텍스트 마이닝에는 여러 가지 방법론이 존재한다. 텍스트 마이닝의 분석 과정은 보통 텍스트 수집 → 텍스트 전처리 → 텍스트 빈도화 → 분석 정도의 과정을 거치게 된다. 이 장에서는 '네이버 뉴스를 크롤링하여 텍스트 워드 클라우드를 그려보도록 하겠다.

텍스트 수집

텍스트 수집부터 시작이 되는데, R을 활용하여 크롤링을 할 것이다. '>'는 코드이며, '#'은 주석, '+'는 코드의 연장이며 특정 표시가 없을 경우 결과값이 된다.

```
# naver_news라는 함수를 만들어주어 넣도록 하겠다. 해당 함수는 신문사, 기사의 발행 시간, 뉴스 기사, 링크를 크롤링하여 data_frame 형태로 fcuntion(x)는 naver_news를 함수화시켜주는 함수이다.
# 먼저 필요한 패키지를 불러온다.
> install.packages('tidyverse')
> install.packages('rvest')
> library(tidyverse)
> library(rvest)
```

웹구조 파악

크롤링을 하려면 먼저 원하고자 하는 웹페이지의 구조에 대해 살펴보아야 한다. 해당 작업은 크롬을 통해 진행한다. 본 예제에서는 '삼성전자'라는 키워드로 텍스트 분석을 진행해보도록 하겠다. 네이버 뉴스란으로 첫 페이지를 시작한다. 먼저 크롬을 켜고 네이버 뉴스란에서 '삼성전자'를 검색해보겠다.

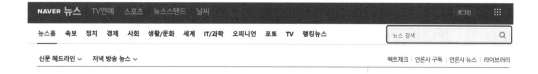

그 후 다음 화면과 같이 보이면 성공이다. 먼저 크롤링을 할 때 사이트의 구조가 같아야 크롤링하기가 편하다. 따라서 해당 URL을 수집할 때 '네이버 뉴스'의 링크만을 수집하게 되면 한결 수월하게 데이터를 가져올 수 있다. 따라서 '네이버 뉴스'의 CSS 위치를 알아보는 방법을 살펴본다.

먼저 해당 페이지에서 '페이지 URL'을 추출한다.

해당 URL은 https://search.naver.com/search.naver?&where=news&query=%EC%82%BC%EC%84%B1%EC%A0%84%EC%9E%90&sm=tab_pge&sort=0&photo=0&field=0&reporter_article=&pd=0&ds=&de=&docid=&nso=so:r,p:all,a:all&mynews=0&cluster_rank=162&start=1&refresh_start=0이다. 그럼 다음 페이지로 넘어갈 경우 어떤 차이가 있을까? 페이지를 넘겨 URL을 다시 복사해준다. https://search.naver.com/search.naver?&where=news&query=%EC%82%BC%EC%84%B1%EC%A0%84%EC%9E%90&sm=tab_pge&sort=0&photo=0&field=0&reporter_article=&pd=0&ds=&de=&docid=&nso=so:r,p:all,a:all&mynews=0&cluster_rank=179&start=11&refresh_start=0

해당 URL을 살펴보면 'cluster_rank' 부분과 'start' 부분에서 차이를 보이는 것을 알 수 있다. 우리는 'cluster rank'는 신경쓰지 않고 'start' 부분의 변화에만 집중하면 된다. 해당 뉴스 페이지는 10개의 기사씩을 표시하고 있고 10개를 넘기면 다음 페이지로 넘어간다고 이해할 수 있다. 따라서 규칙에 맞게 'start' 부분에 10씩을 추가해주면 페이지 URL이 알아서 자동으로 넘어가게 될 것이다. 다시 R로 돌아가도록 하자.

```
>base_url='https://search.naver.com/search.naver?&where=news&query=%EC%82%BC%E
C%84%B1%EC%A0%84%EC%9E%90&sm=tab_pge&sort=0&photo=0&field=0&reporter_art
icle=&pd=0&ds=&de=&docid=&nso=so:r,p:all,a:all&mynews=0&cluster_rank=52&start='
> use_url='&refresh_start=0'
#우리는 'start='에서 10만큼 추가되는 변화가 필요하다. 따라서 해당 부분 앞부분까지의 URL과 해
당 부분 뒤쪽의 URL을 따로 분리하여 저장하도록 한다. 이 장에서는 기사 100개가량을 크롤링하여
분석할 예정이다. 따라서 다음과 같은 코드를 고안해보도록 하겠다.
> urls=NULL
> for (x in 0:9) {
+ urls = c(urls, paste(base_url, x*10+1, use_url, sep=""))
+ }
> urls
[1]
"https://search.naver.com/search.naver?&where=news&query=%EC%82%BC%EC%84%B1
%EC%A0%84%EC%9E%90&sm=tab_pge&sort=0&photo=0&field=0&reporter_article=&pd
=0&ds=&de=&docid=&nso=so:r,p:all,a:all&mynews=0&cluster_rank=52&start=1&refresh_
start=0"
```

[2]

"https://search.naver.com/search.naver?&where=news&query=%EC%82%BC%EC%84%B1%EC%A0%84%EC%9E%90&sm=tab_pge&sort=0&photo=0&field=0&reporter_article=&pd=0&ds=&de=&docid=&nso=so:r,p:all,a:all&mynews=0&cluster_rank=52&start=11&refresh_start=0"

[3]

"https://search.naver.com/search.naver?&where=news&query=%EC%82%BC%EC%84%B1%EC%A0%84%EC%9E%90&sm=tab_pge&sort=0&photo=0&field=0&reporter_article=&pd=0&ds=&de=&docid=&nso=so:r,p:all,a:all&mynews=0&cluster_rank=52&start=21&refresh_start=0"

[4]

"https://search.naver.com/search.naver?&where=news&query=%EC%82%BC%EC%84%B1%EC%A0%84%EC%9E%90&sm=tab_pge&sort=0&photo=0&field=0&reporter_article=&pd=0&ds=&de=&docid=&nso=so:r,p:all,a:all&mynews=0&cluster_rank=52&start=31&refresh_start=0"

[5]

"https://search.naver.com/search.naver?&where=news&query=%EC%82%BC%EC%84%B1%EC%A0%84%EC%9E%90&sm=tab_pge&sort=0&photo=0&field=0&reporter_article=&pd=0&ds=&de=&docid=&nso=so:r,p:all,a:all&mynews=0&cluster_rank=52&start=41&refresh_start=0"

[6]

"https://search.naver.com/search.naver?&where=news&query=%EC%82%BC%EC%84%B1%EC%A0%84%EC%9E%90&sm=tab_pge&sort=0&photo=0&field=0&reporter_article=&pd=0&ds=&de=&docid=&nso=so:r,p:all,a:all&mynews=0&cluster_rank=52&start=51&refresh_start=0"

[7]

"https://search.naver.com/search.naver?&where=news&query=%EC%82%BC%EC%84%B1%EC%A0%84%EC%9E%90&sm=tab_pge&sort=0&photo=0&field=0&reporter_article=&pd=0&ds=&de=&docid=&nso=so:r,p:all,a:all&mynews=0&cluster_rank=52&start=61&refresh_start=0"

[8]
"https://search.naver.com/search.naver?&where=news&query=%EC%82%BC%EC%84%B1
%EC%A0%84%EC%9E%90&sm=tab_pge&sort=0&photo=0&field=0&reporter_article=&pd
=0&ds=&de=&docid=&nso=so:r,p:all,a:all&mynews=0&cluster_rank=52&start=71&refresh_
start=0"

[9]
"https://search.naver.com/search.naver?&where=news&query=%EC%82%BC%EC%84%B1
%EC%A0%84%EC%9E%90&sm=tab_pge&sort=0&photo=0&field=0&reporter_article=&pd
=0&ds=&de=&docid=&nso=so:r,p:all,a:all&mynews=0&cluster_rank=52&start=81&refresh_
start=0"

[10]
"https://search.naver.com/search.naver?&where=news&query=%EC%82%BC%EC%84%B1
%EC%A0%84%EC%9E%90&sm=tab_pge&sort=0&photo=0&field=0&reporter_article=&pd
=0&ds=&de=&docid=&nso=so:r,p:all,a:all&mynews=0&cluster_rank=52&start=91&refresh_
start=0"

for 문을 이용하여 url의 구조에 10씩을 추가하는 코드를 고안하였다. 따라서 총 100개의 뉴스
URL을 가져올 수 있게 되었다.

뉴스들의 큰 URL을 가져올 수 있게 되었으니 이제 세세한 부분들을 가져온다.

다시 네이버 뉴스 페이지로 돌아가 '개발자 모드'로 진입한다. 진입방법은 키보드의 F12 버튼을 눌러주면 바로 진입이 가능하다.

위와 같은 모습이 보이면 성공이다. 여기서 우리는 저 '네이버 뉴스'로의 이동 URL이 궁금하다. 알아보는 법은 매우 간단하다. 개발자 모드의 탭의 왼쪽 상단의 '커서 모양'의 버튼을 클릭해준다.

이제 우리가 원하는 웹페이지의 구조에 대해서 알아보도록 하자. 우리가 원하는 '네이버 뉴스'로의 이동 URL을 얻어내는 것이다. 방법은 매우 간단하다. 먼저 다음 그림을 살펴보도록 하자.

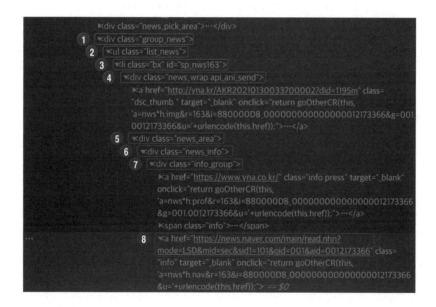

해당 개발자 모드를 살펴보면 우리가 클릭으로 알아낸 URL의 위치를 알 수 있다. 해당 URL은 위와 같이 8단계 정도의 트리 구조로 위치하고 있다. 이제 우리는 해당 트리의 앞부분의 '클래스' 명을 보고 R로 돌아가 코드에 적어 넣도록 하자.

텍스트 데이터 수집

```
>html=read_html(urls[1])
>html1=html_nodes(html, 'div > ul.list_news > li > div > div > div > div > a')
>html_href=html_attr(html1, 'href')
> html_href
[1] "https://www.yna.co.kr/"
[2] "https://news.naver.com/main/read.nhn?mode=LSD&mid=sec&sid1=101&oid=001&a
id=0012173366"
[3] "http://yna.kr/AKR20210130033700002?did=1195m"
[4] "http://news1.kr/"
[5] "https://news.naver.com/main/read.nhn?mode=LSD&mid=sec&sid1=101&oid=421&a
id=0005137455"
[6] "https://www.news1.kr/articles/?4197553"
[7] "http://www.hankyung.com/"
[8] "https://news.naver.com/main/read.nhn?mode=LSD&mid=sec&sid1=105&oid=015&a
id=0004492370"
[9] "https://www.hankyung.com/it/article/202101311387i"
[10] "http://www.mk.co.kr/"
```

#해당 페이지를 살펴보면 불운하게도 우리가 원하는 '네이버 뉴스'의 URL만이 나오는 것이 아닌 다른 페이지의 URL도 같이 섞여 있는 것을 알 수 있다. 이는 마지막 'a' 구조에서 다른 사이트와의 중복성이 있어서 그러하다. 따라서 순수한 네이버 뉴스의 URL만을 가져올 수 있도록 코드를 한 줄 더 추가하도록 한다.

```
> href_naver=html_attr[grep("news.naver.com", html_attr)]
> href_naver
[1] "https://news.naver.com/main/read.nhn?mode=LSD&mid=sec&sid1=101&oid=001&aid
=0012173366"
[2] "https://news.naver.com/main/read.nhn?mode=LSD&mid=sec&sid1=101&oid=421&aid
=0005137455"
[3] "https://news.naver.com/main/read.nhn?mode=LSD&mid=sec&sid1=105&oid=015&aid
=0004492370"
[4] "https://news.naver.com/main/read.nhn?mode=LSD&mid=sec&sid1=101&oid=016&aid
=0001787211"
```

[5] "https://news.naver.com/main/read.nhn?mode=LSD&mid=sec&sid1=105&oid=277&aid=0004837703"

[6] "https://news.naver.com/main/read.nhn?mode=LSD&mid=sec&sid1=101&oid=081&aid=0003159737"

[7] "https://news.naver.com/main/read.nhn?mode=LSD&mid=sec&sid1=101&oid=003&aid=0010319319"

[8] "https://news.naver.com/main/read.nhn?mode=LSD&mid=sec&sid1=105&oid=366&aid=0000661399"

[9] "https://news.naver.com/main/read.nhn?mode=LSD&mid=sec&sid1=105&oid=009&aid=0004741923"

[10] "https://news.naver.com/main/read.nhn?mode=LSD&mid=sec&sid1=101&oid=469&aid=0000576351"

#네이버 뉴스 사이트들로만 URL을 가져올 수 있게 되었다.

이제 다음으로는 실제 뉴스의 내용과 타이틀을 가져와 보도록 하겠다. 기사 중 하나를 클릭하여 들어가 다시 웹페이지 구조를 살펴본다. 뉴스로 이동한 후 다시 F12를 눌러 개발자 모드로 진입한다.

처음으로는 먼저 뉴스 제목을 크롤링해보도록 하겠다. 다시 개발자 모드 왼쪽 상단에 위치한 '속성 선택'을 클릭하여 '기사 제목'을 클릭해준다.

해당 타이틀의 트리 구조는 다음과 같다.

따라서 해당 트리에 맞게 크롤링하는 코드를 짜보도록 한다.

> read_html(news_links_naver[1]) %>%
+ html_nodes('td > div > div > div >h3#articleTitle') %>%
+ html_text()
[1] "1월에 개인들 삼성전자 주식 10조원 쓸어담았다"
read_html 함수는 해당 URL의 웹페이지를 html 형식으로 불러오는 함수이다.
html_nodes 함수는 html 구조에서 옆에 적어놓은 트리를 거쳐 마지막에 있는 데이터를 호출하겠다는 의미이다.
html_text는 해당 html 구조에 있는 텍스트 데이터를 불러오는 것이다.

타이틀을 불러와 보았으니 메인 콘텐츠도 불러온다. 다시 개발자 모드로 진입해 이번에는 메인 콘텐츠 쪽에 커서를 움직여 본다.

해당 메인 콘텐츠의 트리 구조는 다음과 같다.

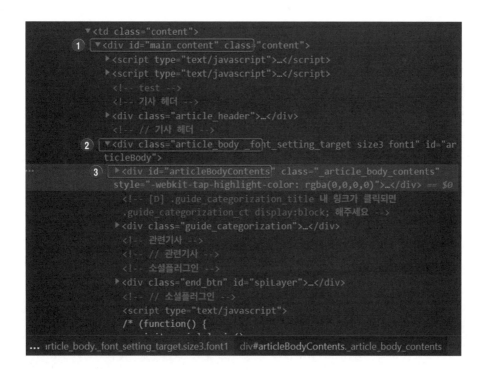

따라서 해당 구조에 맞게 크롤링 코드를 짜보면 다음과 같다.

```
> read_html(news_links_naver[1]) %>%
+ html_nodes('div > div > div#articleBodyContents') %>%
+ html_text()
[1] "\n\t\n\t\n\n\n// flash 오류를 우회하기 위한 함수 추가\nfunction_flash_removeCallback()
{}\n지난해 연간 순매수 금액 넘어서 서울 서초동 삼성 사옥 앞 기. [연합뉴스 자료사진] (서울=연합
뉴스) 김태종 기자 = 1월 한 달간 개인 투자자들이 삼성전자에 투자한 돈이 지난해 전체보다 많다. 이
달 들어 지난 29일까지 개인들은 삼성전자 주식을 10조1천563억원 순매수했다. 지난해 연간 순매수
(9조5천951억원)를 넘는 규모다. 작년 1월(1조2천769억)과 비교하면 8배, 월별 기준으로 지난해 가
장 많았던 3월(4억9천587억원)과 비교하면 두배에 달한다. 이 같은 순매수 금액은 이달에 개인들의
유가증권시장 전체 순매수(24조355억원)의 42.2%를 차지한다. 이달 개인들의 삼성전자 순매수는
꾸준한 흐름을 보였다. 20거래일 중 16거래일을 순매수 했다. 하루 1천만주 넘게 순매수한 날도 3차
례였다.
```

위와 같이 나오면 성공이다.

지금까지는 1가지씩만 크롤링을 해보았지만 이제는 100개의 기사들을 한 번에 크롤링해보
도록 하겠다.

```
contents=NULL
title=NULL
date=NULL
date1=NULL
for (link in news_links_naver) {
html=read_html(link)
contents=c(contents, html %>% html_nodes('div > div >div#articleBodyContents') %>%
html_text())
title = c(title, html %>% html_nodes('td > div > div > div >h3#articleTitle') %>%
html_text())
}
```

크롤링해온 데이터를 리스트 형태의 데이터 구조에서 데이터 프레임 형태로 바꿔주도록 하겠다.

```
> contents1 = data.frame(contents)
> title1 = data.frame(title)
> naver_news=cbind(title1, contents1)
> view(naver_news)
```

해당 화면과 맞게 데이터가 만들어졌다면 완성이다. contents의 맨 처음이 모두 같은 건 공통사항이고 실제 콘텐츠에서는 문제가 없으므로 그대로 진행하면 된다.

14.3 분석절차

이 장에서는 위에서 수집한 텍스트 데이터를 활용하여 실질적으로 분석을 실시해보겠다.

데이터 전처리

위에서 크롤링된 데이터들을 그대로 사용하여 분석이 되면 좋겠지만 안타깝게도 그대로 분석은 힘든 상태이다. 따라서 적절한 전처리가 필요하다.

```
#먼저 필요한 패키지를 로드한다.
> install.packages( 'tidyverse' )
> install.packages('reshape2')
> library(reshape2)
> library(tidyverse)
```

#Tidyverse 패키지 안에 있는 stringr 패키지는 문자열 데이터를 가공할 때 매우 유용하게 사용될 수 있다. 우리는 이제 패키지 안에 존재하는 str_remove()라는 함수를 이용해 필요없는 단어들을 제거하도록 할 것이다.

#먼저 가장 거슬리는 'flash 오류를 우회하기 위한 함수 추가\nfunction _flash_removeCallback()' 를 제거하도록 하겠다.

```
> rm_flash <- 'flash 오류를 우회하기 위한 함수 추가\nfunction _flash_removeCallback()'
> rm_video <- '동영상 뉴스'
> body = naver_news$contents %>% str_remove(rm_flash) %>% str_remove(rm_video)
> body[1]
```

#해당 코드를 실행시키면 문자열이 제거된 것을 확인할 수 있을 것이다. 이 데이터를 txt 파일로 저장해 readLines 함수를 이용하여 콘텐츠 하나씩 불러오도록 하겠다.

```
> write.table(body, 'contents.txt', row.names=F)
> doc = readLines('contents.txt')
```

전처리 준비는 모두 마쳤다. 이제 추가로 데이터 전처리에 필요한 패키지들을 설치하도록 하겠다.

```
> install.packages('KoNLP')
> library(KoNLP)
```

#KoNLP 패키지는 한국어 텍스트 마이닝에 유용한 패키지로써 텍스트 마이닝 시 자주 사용할 패키지이므로 알아두면 좋을 것이다.

해당 뉴스기사들의 데이터를 9개의 품사로 구분시키겠다.

```
> word_sp=SimplePos09(doc)
> view(word_sp)
```

word_sp의 형태는 다음과 같다.

 각각의 단어들이 품사태그를 단 채로 구분이 되었다.

이 내용들을 이용해 한번 간단한 워드클라우드 그림을 그려보도록 하겠다.

현재 word_sp는 데이터 프레임 형식이 아니므로 이를 데이터 프레임으로 바꿔준다.

그렇게 하기 위해 melt() 함수를 이용하여 바꿔주도록 하겠다.

```
> word_spm=word_sp %>%
```

```
> melt %>%
> as_tibble
```

Name	Type	Value
word_sp	list [1877]	List of length 1877
[[1]]	list [2]	List of length 2
[[2]]	list [1]	List of length 1
[[3]]	list [1]	List of length 1
[[4]]	list [1]	List of length 1
[[5]]	list [1]	List of length 1
[[6]]	list [1]	List of length 1
[[7]]	list [1]	List of length 1
[[8]]	list [4]	List of length 4
[[9]]	list [182]	List of length 182
[[10]]	list [1]	List of length 1
[[11]]	list [1]	List of length 1
[[12]]	list [1]	List of length 1
[[13]]	list [1]	List of length 1
[[14]]	list [1]	List of length 1
[[15]]	list [1]	List of length 1
[[16]]	list [1]	List of length 1
[[17]]	list [1]	List of length 1
[[18]]	list [4]	List of length 4
[[19]]	list [402]	List of length 402

	value	L2	L1
1	"/S+x/F	"x	1
2	"/S	"	1
3	"/S	"	2
4			3
5			4
6			5
7			6
8			7
9	///S	//	8
10	0/S	0	8
11	{/S	{	8
12	}/S	}	8
13	지난해/N	지난해	9
14	연간/N	연간	9
15	순매수/N	순매수	9
16	금액/N	금액	9
17	넘어서서울/N	넘어서서울	9
18	서초동/N	서초동	9
19	삼성/N	삼성	9
20	사옥/N	사옥	9
21	앞/N	앞	9
22	기/N	기	9

value 열에는 각각의 형태소에 대한 태그가 붙어 있고 L2열에는 원래 값, L1에는 몇 번째 라인에 속해 있던 값인지를 나타낸다. 여기서 L2열은 필요가 없으니 L1과 value행만 가져오도록 한다. 여기서 우리는 '체언'(명사, 대명사, 수사)에 해당하는 단어들을 가져와 워드클라우드를 그려보도록 하겠다.

```
> word_spm %>%
+ select(3,1) %>%
+ mutate(noun=str_match(value, '([가-힣]+|[a-zA-Z]+)/N')[,2]) %>%
+ na.omit(noun)
# A tibble: 52,652 x 3
```

	L1	value	noun
	\<int\>	\<chr\>	\<chr\>
1	9	지난해/N	지난해
2	9	연간/N	연간
3	9	순매수/N	순매수
4	9	금액/N	금액
5	9	넘어서 서울/N	넘어서 서울
6	9	서초동/N	서초동
7	9	삼성/N	삼성
8	9	사옥/N	사옥
9	9	앞/N	앞
10	9	기/N	기

위와 같은 결과가 나온다면 성공이다.

데이터 빈도화 및 분석

단어 빈도화

해당 결과를 활용하여 워드클라우드를 그리기 앞서 각 단어가 얼마나 많이 등장했는지 확인해보자. 하지만 이 중 길이가 2 미만인 단어들은 대부분 뜻이 없는 단어이므로 이런 단어들을 제외하여 보도록 하자.

```
> word_spm %>%
+ select(3,1) %>%
+ mutate(noun=str_match(value, '([가-힣]+|[a-zA-Z]+)/N')[,2]) %>%
+ na.omit(noun) %>%
+ count(noun, sort=T) %>%
+ filter(str_length(noun)>=2)
# A tibble: 4,071 x 2
        noun        n
        <chr>      <int>
1       삼성전자    1298
2       억원        620
3       반도체      566
4       지난해      486
5       영업이익    482
6       분기        412
7       매출        396
8       삼성        375
9       실적        348
10      갤럭시      278
```

\# 삼성전자로 했기 때문에 키워드인 삼성전자가 많이 나오는 것을 알 수 있다. 여기서 상위 100개의 단어들을 이용해 워드클라우드를 그려보도록 하겠다.

```
> word_spm %>%
+ select(3,1) %>%
+ mutate(noun=str_match(value, '([가-힣]+|[a-zA-Z]+)/N')[,2]) %>%
+ na.omit(noun) %>%
+ count(noun, sort=T) %>%
```

```
+ filter(str_length(noun)>=2) %>%
+ filter(n>=n[100]) %>%
+ wordcloud2()
```

\# 이대로 끝내도 물론 나쁘지 않다. 하지만 의미 없는 단어들과 일반적인 단어들이 눈에 띄므로 필요 없는 단어들을 삭제해보도록 하겠다.

```
> word_spm %>%
+ select(3,1) %>%
+ mutate(noun=str_match(value, '([가-힣]+|[a-zA-Z]+)/N')[,2]) %>%
+ na.omit(noun) %>%
+ count(noun, sort=T) %>%
+ filter(str_length(noun)>=2) %>%
+ filter(noun !='삼성전자', noun !='억원', noun !='지난해', noun !='분기') %>%
+ filter(noun !='전년', noun !='확대', noun !='대비', noun !='조원', noun
!='무단전제', noun !='영업이익') %>%
+ filter(n>=n[100]) %>%
+ wordcloud2()
```

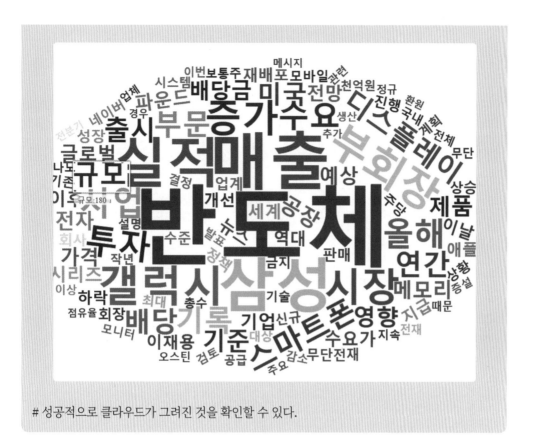

성공적으로 클라우드가 그려진 것을 확인할 수 있다.

14.4 결과 해석

워드클라우드를 살펴보면 삼성전자와 관련하여 반도체, 실적, 매출 등의 단어가 고빈도로 출현한 것을 알 수 있다. 이는 최근 삼성의 실적이 반도체와 관련되어 상승했기에 반영된 결과라고 할 수 있다. 이 장에서는 지면상의 한계로 워드클라우드 및 빈도분석만을 실시하였으나 추후 토픽모델링, SNA, 군집화 등 다양한 텍스트 마이닝 분석법을 활용할 수 있다면 좀 더 심도 있는 분석이 될 것이다.

제1장

1. 김용정, 풍가음, 송영욱(2015), 중국시장의 NB와 PB제품 고객만족과 재구매의도에 대한 내·외재적 단서의 영향요인 연구, 국제경영리뷰, 19(2), pp.49-89.
2. 노경섭(2018), 제대로 알고 쓰는 논문 통계분석, 한빛아카데미.
3. 이훈영(2017), 이훈영 교수의 연구조사방법론, 도서출판 청람.
4. 이효남(2017), 몬테칼로 시뮬레이션 및 통계적 결과분석, 자유아카데미.
5. Jacoby J., Olsen, J. J. and Haddock, R. A.(1971), Price, Brand Name and Product Composition Characteristics as Determinants of Perceived Quality, *Journal of Applied Psychology*, 56(6), 570-579.
6. Kirmani, A. and Zeithaml, A.(1993), *Advertising, Perceived Quality and Brand Image*, in David A. Aaker and Alexander Biel (ed) *Brand Equity and Advertising*, Erlbaum: NJ, 143-162.

제2장

1. 강주희(2010), SPSS 프로그램을 활용한 따라하는 통계분석, 크라운출판사.
2. 김용정, 주예, 송영욱(2015), 중국진출 외국계 프랜차이즈 커피전문점의 고객만족 및 브랜드 충성도에 대한 영향요인분석, 무역연구, 11(1), pp.261-286.
3. 김용정, 풍가음, 송영욱(2015), 중국시장의 NB와 PB제품 고객만족과 재 구매의도에 대한 내·외재적 단서의 영향요인 연구, 국제경영리뷰, 19(2), pp.49-89.
4. 노경섭(2018), 제대로 알고 쓰는 논문 통계분석, 한빛아카데미.
5. 이훈영(2017), 이훈영 교수의 연구조사방법론, 도서출판 청람.
6. 이훈영(2009), SPSS를 이용한 데이터분석, 도서출판 청람.
7. 이효남(2017), 몬테칼로 시뮬레이션 및 통계적 결과분석, 자유아카데미.
8. McGoldrick, P. J.(1984), Grocery Generics-An Extension of the Private Label Concept, *European Journal of Marketing, 18*(1), 5-24.

제3장

1. 강주희(2010), SPSS 프로그램을 활용한 따라하는 통계분석, 크라운출판사.
2. 노경섭(2018), 제대로 알고 쓰는 논문 통계분석, 한빛아카데미.
3. 서울대학교 통계학과(2014), SPSS를 이용한 자료분석 입문, 자유아카데미.
4. 여가흔(2020), 중국 IT기업 근로자의 조직시스템 및 대인관계가 이직의도에 미치는 영향에 관한 연구, 충북대학교 대학원 석사학위논문.
5. 이훈영(2017), 이훈영 교수의 연구조사방법론, 도서출판 청람.
6. 이훈영(2009), SPSS를 이용한 데이터분석, 도서출판 청람.

제4장

1. 김용정, 조강필, 정중재(2013), DEA 모형을 이용한 아시아 국제공항의 항공물류부문 효율성 분석 — 공항시설과 화물처리량의 관계를 중심으로, 무역학회지, 38(5), pp.257-289.
2. 박만희(2008), DEA 효율성 및 Malmquist 생산성 분석시스템 개발, 생산성논집, 22(2), pp.241 -265.
3. 박만희(2008), 효율성과 생산성 분석, 한국학술정보.
4. Banker, R. D., Charnes, A. and Cooper, W. W.(1984), Models for the Estimation of Technical and Scale Efficiencies in Data Envelopment Analysis, *Management Science, 30*, pp.1078-1092.
5. Boussofinance, A., Dyson, R. G., and Thanassoulis, E.(1991), Applied Data Envelopment Analysis, *European Journal of Operations Research, 52*, pp.1-15.
6. Charnes, A., Clark, C. T., Cooper, W. W. and Golany, B.(1985), A Developmental Study of Data Envelopment Analysis in Measuring the Efficiency of Maintenance Units in the U.S. Air Force, *Annals of Operations Research, 2*(1), pp.95-112.
7. Charnes, A., Cooper, W. W. and Rhodes, E. L.(1978), Measuring the efficiency of Decision Making Units, *European Journal of Operational Research, 2*(6), pp.429-444.
8. Charnes, A., Cooper, W. W. and Rhodes, E. L.(1978), Evaluating Program and managerial Efficiency: An Application of Data Envelopment Analysis to Program Follow Through, *Management Science, 27*(6), pp.668-697.
9. Charnes, A., Cooper, W. W. Golany, B., Seiford, S. and Stutz, J.(1985), Foundation of Data Envelopment Analysis for Pareto-Koopmans Efficient Empirical Production Functions, *Journal of Econometrics, 30*(1-2), pp.91-107.
10. Farrell, M. J.(1957), The Measurement of Productive Efficiency, *Journal of Royal Statistical Society, Series A, 120*(3), pp.252-267.

제5장

1. 김성희, 정병호, 김재경(2005), 의사결정 분석 및 응용, 영지문화사.

2. 박용성(2009), AHP에 의한 의사결정, 교우사

3. 이주희(2019), SWOT-AHP 방법을 이용한 한국 뷰티서비스산업(K-Beauty)의 발전전략 연구, 서강대학교 경영전문대학원 석사학위논문.

4. 조근태, 조용곤, 강현수(2003), 계층분석적 의사결정, 동현출판사.

5. 키노시타 에이조, 오오야 타카오(권재현 옮김)(2012), 전략적 의사결정기법 AHP, 청람출판사

6. 토마스 사티(조근태 옮김)(2004), 네트워크 분석적 의사결정, 동현출판사.

7. Saaty, T. L.(2007), *The Fundamentals of Decision Making and Priority Theory with the Analytic Hierarchy Process*, Pittsburgh: RWS Publications.

8. Saaty, T. L.(2008), *Decision Making for Leaders: The Analytic Hierarchy Process for Decisions in a Complex World*, Pittsburgh: RWS Publications.

제6장

1. Lee, S. M., Lee, S. G., & Yoo, S. (2004). An integrative model of computer abuse based on social control and general deterrence theories. *Information & Management, 41*(6), 707-718.

2. Kim, A., Kim, Y. J (2021). 디지털 기업가 정신과 기업성과, 경영학연구, 50(1), 1-22.

제7장

1. Tenenhaus, M., Vinzi, V. E., Chatelin, Y. M., & Lauro, C. (2005). PLS Path Modeling. *Computational Statistics and Data Analysis. 48*(1), 159-205.

2. Fornell, C. and D. F. Larcker,(1981), "Structural equation models with unobservable variables and measurement error: Algebra and statistics," *Journal of Marketing Research, 18*(3), pp.382-388.

3. Nunnally. J. C. & Berrnstein, I. H. (1978). *Psychometric Theory*, Second Edition New York: McGraw-Hill Colleage.

4. Wetzels, M., Odekerken-Schröder, G., & Van Oppen, C. (2009). Using PLS path modeling for assessing hierarchical construct models: Guidelines and empirical illustration. *MIS Quarterly*, 177-195.

5. 김아현, 윤보성, & 김용진. (2019). 지식서비스기업의 관리프로세스 비효율에 영향을 미치는 요인 연구. *Information Systems Review, 21*(4), 69-97.

제8장

1. Cox, D. R. (1972). Regression models and life–tables. *Journal of the Royal Statistical Society: Series B (Methodological), 34*(2), 187–202.

제9장

1. Liu, X., Wang, C., & Wei, Y. (2009). Do local manufacturing firms benefit from transactional linkages with multinational enterprises in China? *Journal of International Business Studies, 40*(7), 1113-1130.

2. Kim, A., & Lee, S. G. (2020). A comparative study on production inducement effects in key industries of Korea and the Netherlands. *Global Business & Finance Review* (GBFR), 25(1), 13-32.

제10장

1. Burt, R. S. (2009). *Structural holes: The social structure of competition*. Harvard University Press.

2. Burt, R. S. (2005). *Brokerage and closure: An introduction to social capital*. Oxford University Press.

3. Hwang, S.-H. (2017). An Analysis of Convergence Phenomenon using Industrial Convergence Coefficient, *Journal of the Korea Contents Association, 17*(3), 666–674

4. Lee, D. H., Hong, G. Y., and Lee, S.-G. (2019). The Relationship among Competitive Advantage, Catch-Up, and Linkage Effects: AComparative Study on ICT Industry between South Korea and India, *Service Business, 13*(3), 603-624. doi:10.1007/s11628-019-00397-2

5. Lee, C., and Kim, S. (2019). An Empirical Study on the Quality Attributes of Museum Service by ICT: Comparisons of South Korea and Austria, *Journal of the Korea Industrial Information Systems Research, 24*(1), 65–79

6. Im J.-W., and Lee, S.-G. (2018). A Competitive Study on the Linkage Effects of Primary Industry among Korea, China and Japan, *Journal of the Korea Industrial Information Systems Research, 23*(5), 103–118.

7. Timmer, M. P., Dietzenbacher, E., Los, B., Stehrer, R., and de Vries, G. J. (2015). An Illustrated User Guide to the World Input-Output Database: The Case of Global Automotive Production, *Review of International Economics, 23*(3), 575-605. doi:10.1111/roie.12178

8. Burt, R. S. (2004). Structural holes and good ideas. *American Journal of Sociology, 110*(2), 349 –399.

9. Burt, R. S. (2000). The network structure of social capital. *Research in Organizational Behavior, 22*, 345-423.

10. Nohria, N., Eccles, R. G., & Press, H. B. (Eds.). (1992). *Networks and organizations: Structure, form, and action* (Vol. 367). Boston: Harvard Business School Press.

제11장

1. Fama, E. F., Fisher, L., Jensen, M. C., & Roll, R. (1969). The adjustment of stock prices to new information. *International Economic Review, 10*(1), 1-21.

2. Fama, E. F. (1991). Efficient capital markets: II. *The Journal of Finance, 46*(5), 1575-1617.

3. Brown, S. J., & Warner, J. B. (1980). Measuring security price performance. *Journal of Financial Economics, 8*(3), 205-258.

4. Brown, S. J., & Warner, J. B. (1985). Using daily stock returns: The case of event studies. *Journal of Financial Economics, 14*(1), 3-31.

5. DiMasi, J. A., Grabowski, H. G., & Hansen, R. W. (2016). Innovation in the pharmaceutical industry: new estimates of R&D costs. *Journal of Health Economics, 47*, 20-33.

6. Barry, C. B., & Brown, S. J. (1984). Differential information and the small firm effect. *Journal of Financial Economics, 13*(2), 283-294.

7. Arbel, A., Carvell, S., & Strebel, P. (1983). Giraffes, institutions and neglected firms. *Financial Analysts Journal, 39*(3), 57-63.

8. Moeller, S. B., Schlingemann, F. P., & Stulz, R. M. (2004). Firm size and the gains from acquisitions. *Journal of Financial Economics, 73*(2), 201-228.

제12장

1. Orbach, Y. (2016). Parametric analysis of the Bass model. *Innovative Marketing, 12*(1), 29-40.

2. Marković, D., & Jukić, D. (2013). On parameter estimation in the bass model by nonlinear least squares fitting the adoption curve. *International Journal of Applied Mathematics and Computer Science, 23*(1), 145-155.

3. Yun, B. S., Lee, S. G., & Aoshima, Y. (2019). An analysis of the trilemma phenomenon for Apple iPhone and Samsung Galaxy. *Service Business, 13*(4), 779-812.

4. Rogers, E. M. (1962). *Diffusion of Innovations the Free Press of Glencoe.* NY, 32, 891-937.

5. Bailey, N. T. (1975). *The mathematical theory of infectious diseases and its applications.* Charles

Griffin & Company Ltd, 5a Crendon Street, High Wycombe, Bucks HP13 6LE.

6. Bailey, N.T.J. (1957). *The Mathematical Theory of Epidemics*, Griffin, London.

7. Bass, F. M. (1969). A new product growth for model consumer durables. *Management Science, 15*(5), 215–227.

8. Mahajan, V. Muller, E. and Wind, Y. (Eds.). (2000). *NewProduct Diffusion Models*, Kluwer Academic Publishers, London.

9. Mahajan, V., Mason, C.H. and Srinivasan, V. (1986). *An evaluation of estimation procedures for new product diffusion models*, in V. Mahajan and Y. Wind (Eds.), *Innovation diffusion models of new product acceptance*, Ballinger Publishing Company, Cambridge, pp. 203–232.

10. Mahajan, V. and Sharma, S. (1986). A simple algebraic estimation procedure for innovation diffusion models of new product acceptance, *Technological Forecasting and Social Change 30*(4): 331–346.

11. Srinivasan, V., & Mason, C. H. (1986). Nonlinear least squares estimation of new product diffusion models. *Marketing Science, 5*(2), 169–178.

제13장

1. Mann, H. B., & Whitney, D. R. (1947). On a test of whether one of two random variables is stochastically larger than the other. *The Annals of Mathematical Statistics*, 50–60.

2. Wilcoxon, F. (1945). *Individual comparisons by ranking methods. In Breakthroughs in statistics* (pp. 196-202). Springer, New York, NY.

3. Kruskal, W. H., & Wallis, W. A. (1952). Use of ranks in one-criterion variance analysis. *Journal of the American Statistical Association, 47*(260), 583–621.

4. 이군희. (2014). 연구방법론의 이해. 북넷.

5. 송문섭, 박창순, & 김홍기. (2015). 비모수통계학: R과 함께. 자유아카데미.

6. Corder, G. W., & Foreman, D. I. (2011). *Nonparametric statistics for non-statisticians*.

7. Dunn, O. J. (1964). Multiple comparisons using rank sums. *Technometrics, 6*(3), 241–252.

8. Conover, W. J., & Iman, R. L. (1979). *Multiple-comparisons procedures*. Informal(NO.LA-7677-MS). Los Alamos Scientific Laboratory, NM(USA).

9. Siegel, S. (1956). *Nonparametric statistics for the behavioral sciences*. McGraw-Hill.

10. Pratt, J. W. (1964). Obustness of Some Procedures for the Two-Sample Location Problem. *Journal of the American Statistical Association, 59*(307), 665–680.

11. Cureton, E. E. (1956). Rank-biserial correlation. *Psychometrika, 21*(3), 287–290.

12. Conover, W. J. (1998). *Practical nonparametric statistics* (Vol. 350). John Wiley & Sons.

제14장

1. Hearst, M. (2003). *What is text mining.* SIMS, UC Berkeley, 5.

2. Feldman, R., & Sanger, J. (2007). *The text mining handbook: advanced approaches in analyzing unstructured data.* Cambridge University press.

3. Cohen, K. B., & Hunter, L. (2008). Getting started in text mining. *PLoS Comput Biol, 4*(1), e20.

4. 송민. (2017). 텍스트 마이닝. 청람, 1-200.

5. 김원표. (2018). R을 활용한 텍스트 마이닝. 와이즈인컴퍼니.

6. 백영민. (2020). R을 이용한 텍스트 마이닝. 한울아카데미.

7. 김수현. (2019). 경제분석을 위한 텍스트 마이닝. 한국은행.

8. Hearst, M. A. (1999, June). *Untangling text data mining.* In Proceedings of the 37th Annual meeting of the Association for Computational Linguistics (pp. 3-10).

9. Sudhahar, S., De Fazio, G., Franzosi, R., & Cristianini, N. (2015). Network analysis of narrative content in large corpora. *Natural Language Engineering, 21*(1), 81.

찾아보기

지은이

이상근

미국 네브래스카대학교(링컨)에서 경영정보학으로 박사학위를 취득하였으며, 현재 서강대학교에서 경영학부 교수로 재직하고 있다. 연구분야는 블록체인, 암호화폐, 메타버스 등이다. 연구실적으로 *Journal of World Business, Information & Management, International Journal of Information Management* 등 50여 편의 SCI급 국제저널을 포함하여 100편 남짓의 논문을 게재하였다. 또한 이러한 연구실적에 대한 공로로 2018년에 Who's Who 평생공로상을 수상하였으며, 2018년과 2020년 영국 에메랄드 리터리티 어워드 우수논문상을 수상하였다.

김용정

서강대학교에서 경영학 박사학위를 취득하였으며 물류, 서비스운영관리, 서비스사이언스, SCM을 전공하였다. 현재 물류기업의 전문연구원이자 충북대학교 국제경영학과 겸임교수로 재직하고 있으며, 충북대학교, 단국대학교, 연세대학교의 학부와 대학원에서 물류, 운송, 국제경영, 경영전략, 마케팅을 강의하고 있다. SSCI, SCIE, SCOPUS 국제저널을 포함하여 국내외 저널에 35편의 논문을 발표하였고, 우수논문 학술상을 8회 수상하였다.

김아현

서강대학교에서 경영학 석사학위를 취득하였으며 동 대학원에서 박사를 수료하였다. 현재 동양미래대학교 경영학과 조교수로 재직 중이며 경영정보시스템, 소셜미디어, 물류, 경영전략 등을 강의하고 있다. 연구 관심사는 ERP, 물류, SNS 데이터 분석 등이다. SCI 저널인 *Technological Forecasting and Social Change*를 비롯하여 국내외 저널에 6편의 논문을 게재하였다.

강호준

서강대학교에서 경영학 석사학위를 취득하고 박사과정에 재학 중이다. 연구 관심 분야는 블록체인, AI의 경제적 가치에 관한 것이며, 현재 서강대학교 지능형 블록체인 연구센터에서 연구원으로 활동하고 있다. 또한 SSCI 저널인 *Journal of Computer Information System*을 비롯하여 국내외 저널에 4편을 게재하였고, 우수논문 학술상을 3회 수상하였다.